教育勅語と御真影

近代天皇制と教育

小野雅章

講談社現代新書

2701

目次

【注記】

1．史料の引用については、読み易さを優先して、読点やふりがな、さらに濁点を補い、原則として、片仮名を平仮名に、旧仮名遣いは現代仮名遣いに直した。
2．史料については、原文だけを引用したほか、必要に応じて、「現代語訳・大意（原文）」の方式で記述した。

3．旧字体は基本的に新字体に改めた。

4．本文中の引用文献・参考文献には、著者（編者）名と文献名のみを記した。詳しくは、巻末の主要参考文献で確認してもらいたい。

5．和暦は明治五年一二月三日まで、一八七三年～は西暦で記した。

はじめに――天皇・天皇観の変容過程と教育

人命よりも優先

アジア太平洋戦争の戦況が極端に悪化し、本土空襲が現実の問題になった一九四三年九月、文部省は防空対策の指針として、「学校防空指針」を提示した。これは、「学校防空上特に必要なる事項を記述」したもので、各学校はこの指針に従って防空対策を行った。このなかで「学校に於ける自衛防空」について、「自衛防空」は、学校長の責任の下《もと》、教職員学生生徒及び傭員が全力を挙げて被害を最小限に止めることを目的にしたものであると定義された後、以下の通りその対象が示されている。

（1）　御真影、勅語謄本、詔書謄本の奉護
（2）　学生生徒及び児童の保護
（3）　貴重なる文献、研究資料及び重要研究施設等の防護
（4）　校舎の防護

（近代日本教育制度史料編纂会編『近代日本教育制度史料』第七巻）

ここからわかるように、「学校に於ける自衛防空」で最も重視されたのは、天皇・皇后の公式肖像写真である御真影《ごしんえい》、勅語《ちょくご》（教育勅語・青少年学徒ニ賜ハリタル勅語）謄本《とうほん》、詔書《しょうしょ》（戊申《ぼしん》詔書・国民精神作興ニ関スル詔書）謄本の「奉護」であった。「学生生徒及び児童の保護」よりも優先されていたのである。

空襲の激化に備え、御真影の集団疎開も実施された。それは、一九四四年八月、東京都区内の国民学校初等科三年生から六年生を対象に実施された集団疎開を皮切りに、都市在住の子どもを対象として全国的に実施された集団学童疎開に先立って行われた。疎開先での御真影「奉護」は、各校の校長が二名ずつ輪番で宿直し「奉護」するという、きわめて厳格なものだった。「万一の場合は身を以て御真影の奉護に当ること」（「東京都特定奉遷所に於ける御真影奉護心得」）とあるように、生命を賭しての「奉護」が求められていたのである。

これは東京都の事例だけではなかった。ポツダム宣言受諾が公表された翌日の一九四五年八月一六日、広島工業専門学校長北沢忠男《きたざわただお》は文部大臣太田耕造《おおたこうぞう》宛に「御真影奉遷の件報告」との文書を送付した。そこには、同校「奉戴」の御真影について、七月二三日に同県安佐郡伴村伴国民学校奉安殿に「奉遷」したため、「御異状なく奉護致候条此段及報告候也」とある（小野雅章『御真影と学校――「奉護」の変容』）。同年八月六日広島市には世界初の原子爆弾が投下され、その人的被害は言語に絶するものであった。その状況下での報告である。神格化された御真影が人命よりも優先されていた実情を良く表しているといえよう。

御真影を護り殉職した校長

生命を賭して御真影を「奉護」する事例は、別段、戦時下だけのことではなかった。殉職教職員の原因と氏名を掲載した、帝国教育会編『教育塔誌』（帝国教育会、一九三七年）のなかに、一九二一年一月六日、長野県埴科郡南条尋常高等小学校の火災に際し、「挺身火中に入りて御真影を奉遷せむとし遂に殉職」した同校長中島《なかじま》仲重《なかじゅう》の記述がある。この火災は、宿直予定の教員が正月休暇の帰省中で、代理を代用教員に依頼するも家庭の事情で宿直せず、用務員も縁家先に年賀に赴いて不在の折りに発生した。学校に管理者が不在のなか火災が発生、校長が御真影「救護」のために火中に身を投じ、ついに「殉職」したのである。

この事件は、当時の地方紙にも大々的に報道された。しかし当時の世論の状況は、戦時下とはずいぶん違うものだった。

中島校長の殉職について、長野県の地方雑誌『信州』第三巻第二号は、「聖影焼失殉難と奉安の方途」を特集し、①中島の殉職に関する感想、および②御真影管理の最善の方法について、県内外の識者に意見を問い、その結果を掲載した。中島の行動を「国定思想の代表的発現」、「国家のため大慶至極《たいけいしごく》の次第」などとの回答がある一方、「御写真のために生命を殞すといふことは　陛下の御心でなからうと思ひます」、「一個の物品の為に決死の危険を冒すには及ばない生命を捨てるには及ばない。御真影を以て陛下同様に神聖視する如きは詩的感想にほかならず」との回答も同程度に確認できる。管理方法についても、神社様式の奉安殿を造り厳格な管理を求めるものがある一方で、「謹《つつしん》で御真影はすべて宮内省に奉還し万全の場所に安置し奉らん」と、御真影そのものが不要であるとの主張までもが確認できる。

一八七〇年代から一九四五年に至る近代日本の教育と天皇・天皇制との関係は、時代状況によりリベラルな天皇観と超国家主義的天皇観との間でつねに揺れ続けていた。従って、教育勅語が発布（一八九〇年）以降、戦前・戦中において一貫して、日本の教育を規制し続けたとする通説も、現在、修正されつつある。一般には、戦前日本の教育を大日本帝国憲法・教育勅語体制と一括りにとらえた上で、それを否定したのが戦後教育であるという枠組みで議論されることが多かった。しかし、戦前・戦中の教育と天皇・天皇制との関係の変化を精確に認識することで、初めて近代日本の構造の本質が浮かび上がってくるのではないだろうか。

そもそも教育勅語の実質的な起草者である井上毅《いのうえこわし》（当時の法制局長官）は、教育勅語が

「臣民」の良心の自由を制限することになるようなことは、大日本帝国憲法との関係であってはならないとの危惧を持ち、この点に細心の注意を払っていた。さらには日清戦争を経て日本が植民地を有する帝国主義国家へと転換する時期には、教育勅語は本国にのみ通用するものにすぎないので、新たな状況に合わせての改訂・追加・撤回論が権力内部で検討されていた。特に、伊藤博文《いとうひろぶみ》の腹心で後継者にも位置づけられる西園寺公望《さいおんじきんもち》は、文部大臣在任中、よりリベラルな方向で教育勅語を改訂すべく、明治天皇にも提案していたことは周知の事実になっている（小股憲明『明治期における不敬事件の研究』）。

今にまで続く問題

先述のとおり、一九二〇年代には、御真影「奉護」に関しても、たとえ天皇の肖像であろうとも写真は写真であり、それよりも「臣民」の生命が尊重されるべきとの議論が少なからず存在していた。それが、一九三〇年代以降になると、こうした議論は捨象され、国体主義にもとづく「現人神《あらひとがみ》」としての天皇が当然視されるようになってゆく、そしてこの天皇観に無批判に奉仕することが「臣民」の理想像と認識されることになった。

では、どうしてこのような状況になったのだろうか。さらには、戦後の日本はこれらの事実をどうとらえて現在に至っているのだろうか。このことを実証的な手続きで分析することは、近現代日本の本質を理解するうえできわめて重要と思われる。なかでも、教育というファクターをもとに上述の課題へ迫ることは、有効な方法の一つになると思われる。

明治維新以降、いくつかの段階を経ながらも、結果的には日本に壊滅的な状況をもたらした、国体主義による天皇への無条件の奉仕、およびそれを当然視するような状況を創り出すことに果たした教育の役割は計り知れない。神格化された天皇への絶対的服従の強制の重要な部分は、教育政策のルートを通じて、学校教育や社会教育の日々の実践をとおして具体化された。このことからも、国体主義による国民統治・統合に果たした教育の役割は、きわめて重要であるといえるだろう。

しかし天皇・天皇制と教育との関係は、戦前・戦中だけのものではない。戦後改革の成果としての日本国憲法では天皇は「国民統合の象徴」と位置づけられ、戦前・戦中と戦後とでは、天皇の位置づけは大きく変化した。しかし、この変化を意識しない、あるいは認めたくない人々も無視できない数で存在し、そのような人々が、現代の社会にも大きな影響を与えている。それを端的に示すのが、学校儀式（入学式・卒業式）における国旗・国歌の強制問題であり、二〇一七年の教育勅語の一部教材化容認の閣議決定である。天皇・天皇制を用いての国民統治・統合は、何も戦前・戦中に限られた問題ではない。いま現在にも続いている、まさしく現代の問題なのである。

明治維新以降現在に至る約一五〇年を顧みて、現在にまで直結する問題に内在する歴史性を明らかにしようとする著作として、辻田真佐憲『文部省の研究――「理想の日本人像」を求めた百五十年』（文春新書、二〇一七年）、山本義隆『近代日本一五〇年――科学技術総力戦体制の破綻』（岩波新書、二〇一八年）がある。筆者はこの二書に触発された。なかでも教育について分析した辻田の著書は、教育理念の変遷を文部行政のなかで扱っており、問題関心が重なるところがある。しかし、戦前・戦後を通して、日本の教育理念にかかわる課題は、天皇・天皇制と不可分の関係にあり、この関係を中心に考察することが極めて重要だと筆者は考えている。

本書は、このような問題意識にもとづき、天皇・天皇制と教育との関係を、近代教育成立期から現代までを射程に概観し、改めて近代日本の教育理念をめぐる基本的問題を提示しようとするものである。

第一章　明治初期の天皇制と教育

1 「和魂洋才」をめぐる保守・リベラルの協調と対立

国体概念の形成と天皇親政

明治国家はその成立当初から、国体主義を標榜《ひょうぼう》する政権内保守派と近代化を推進しようとする政権内開明派との対立と協調のなかで国家建設が進められた。当初は「王政復古」を目指す保守派により祭政一致の政策が取られたが、ほどなくして近代国家建設という開明派の方針により、欧米化へと大きな転回が計られた。教育の面においても同様に、漢学（儒学）と新たに勃興した洋学双方を国学の配下におくとする「皇学《こうがく》」の構想はそうそうに暗礁に乗り上げ、欧米文化を積極的に取り込もうとする教育近代化路線へと方向転換がなされた。

最初期の明治国家を主導した国学は、幕末に至り、中国（儒教）との差異を示すため日本の「国体」や「国柄」の優越性を強調するようになっていた。幕府を倒し「王政復古」による天皇親政を正統化するための基本的なイデオロギーを創り上げることにはこの幕末の国学が大きく貢献していた。そのためもあって「王政復古の大号令」により成立した明治新政府はその当初、天皇親政による祭政一致を標榜していた。明治二年七月に明治政府が採用した官制も、古代の令制に倣《なら》った二官六省であり、さらには神祇官《じんぎかん》を太政官《だじょうかん》の上に置いて形式上、祭政一致の姿勢を明らかにしていた。こうした復古・保守派の思想的背景をなしていたのが「国体論」であった。とりわけ明治期の国体論はその特徴として、①国体とは万世一系の天皇が日本を統治することを中心とする概念であること、②国体は古代から永続する日本固有のものであることが挙げられる。

しかし、近代国家建設を第一とする明治政府の方針転換により、祭政一致の政策は次第に後退していった。神祇官は太政官の一つの部局として神祇省へと格下げされ、さらには、教部省《きょうぶしょう》へと改編された（明治五年三月）。また教部省も一八七七年一月に廃止され、その機能は内務省社寺局へと移された。かくして戦前期を通じ、宗教に関する所管は内務省とされた。このことは、明治最初期における神道教義にもとづいた国民教化策が失敗に終わったことを意味していた。

これには、岩倉具視《いわくらともみ》遣外使節団の影響が大きかった。明治四年から諸外国に派遣された岩倉使節団は欧米の各地で、明治政府が旧幕府のキリスト教禁教政策を継承していることに厳しい批判を受けた。欧米各国は、「信教の自由の承認を条約改正交渉のための前提条件」としたため、「信教の自由の承認を各国政府に約束する」ことになり、神道を特別に保護することが不可能になったことから「日本型の政教分離」へと発展した（安丸良夫『神々の明治維新——神仏分離と廃仏毀釈』)。

しかし、これにより国体主義が衰退し、明治政府が完全に西欧的な立憲国家樹立へと舵《かじ》を切ったわけではなかった。その事実を物語るように、大日本帝国憲法第一条は、「大日本帝国は万世一系の天皇之を統治す」と、国体主義的色彩の強いものである。だがその一方では、岩倉使節団が欧米各国との間で約束した「信教の自由の承認」も、大日本帝国憲法第二八条の「日本臣民は、安寧秩序を妨げず、及び臣民たるの義務に背かざる限りに於て、信教の自由を有す」に結実している。「安寧秩序を妨げず」、「臣民たるの義務に背かざる」の条件が付けられたものの、「信教の自由」が認められたことからもわかるように、明治国家は、国体主義と近代化との微妙なバランスの上に成り立つものであった。

政権保守層は、日本が近代的な立憲君主国家となり国民意識が「欧化偏向」へと進むことを極度に恐れた。そのような彼らが考案した「近代化＝欧化」の是正策が、国体主義にもとづく国家道徳理念の策定であり、ひいてはそれが政権内保守派をして教育勅語の発布へと進ませることになってゆく。教育勅語は、条件付きで国民に信教の自由は認めるが、国家的祭祀としての神社神道を特権化し、その祭祀を国民に強制することをその前提として成り立っていた。すなわち教育勅語発布により、国体主義と国家道徳との一体不可分性が確立させられることになったのである。

保守路線と近代化路線との対立と協調

つぎに、この経緯を教育政策の面から見てゆこう。明治二年、旧昌平坂学問所《しょうへいざかがくもんじょ》を改編した大学校《だいがっこう》の開講に際して行われた「学神祭」において、それまで孔子を祀《まつ》るのが通例であったのを国学派が「八意思兼命《やごころおもいかねのみこと》」を祀ってこれを強行したことに端を発した両派の対立により、大学校そのものの機能が停止した。これを契機に明治政府の教育政策は、洋学一辺倒へと大転換が行われた。明治三年二月に制定された「大学規則」「中小学規則」は欧米を範とする教育の導入を明らかにし、欧米の学問摂取を目的とする大学とそれへの入学者を教育する「中学」「小学」を開設する方針を示した。

この欧米を範とする近代教育制度導入の方針は、明治五年八月の学制発布により、既定路線になった。学制は、「西洋文化の摂取を内容とする実学を、封建的身分差を問うことなしに『一般の人民』に教育するために、人民自らの負担において学校を設置すべき」（佐藤秀夫『教育の文化史1　学校の構造』）との方針を明確にし、この時点では、国学を中心にする教育は完全に否定されていた。

しかし、開明派官僚の有力者である大隈重信《おおくましげのぶ》との間の近代化の方向性をめぐる対立が表面化すると、自由民権運動の台頭もあり政権運営に苦慮した伊藤は保守派との協調（妥協）

へと政策を転換した。一八八〇年一二月に教育令を急遽改正（第二次教育令）し、普通教育の教育内容に儒教的要素を取り入れることを容認するとともに、教員に対する統制を強めた。

だがこの協調路線もまた長続きすることはなかった。一八八五年一二月に内閣制度が発足し、第一次伊藤博文内閣が組織されると、開明派官僚の代表格である森有礼《もりありのり》が文部大臣に就任した。森は儒教主義的色彩が強められた教育政策を再度否定するとともに、修身教育における教科書の使用を禁じる教育政策を進めた。

いっぽうこの時期になると、政権保守派の代表格として山県有朋《やまがたありとも》が台頭してくる。そもそも山県は、陸軍の幹部として軍部に大きな影響力を持っていたが、第一次伊藤内閣で初代内務大臣に就任し、その後、黒田清隆《くろだきよたか》内閣でも引き続き内務大臣を務め、内務省内に大きな影響力を持ち続けた。こうして陸軍・内務省内に山県閥を形成して、軍人であるとともに保守派政治家として開明派の伊藤博文に対峙《たいじ》することになった。

前述のとおり、教育勅語の発布には、大日本帝国憲法施行後の日本の急激な欧化を恐れる保守派官僚の巻き返しという面があった。制度的には立憲君主制を採用し、近代国家の体裁を整えるが、国民教化の理念としては国体主義にもとづく教育勅語によるという二面性を有する近代日本の国民統治の基本理念の確定は、保守派と開明派との歩み寄り（協調）の産物ととらえることができるだろう。

このように、日本の近代化は、「和魂洋才」を標榜しながらも、「和魂」を重視する保守派と「洋才」を重視する開明派・リベラル派との対立と協調の繰り返しの歴史であった。そしてこの構図は明治初期のことばかりではなく、戦後改革を経た現在でも継続しているとみるべきである。日本国憲法の「改憲」問題、旧教育基本法「改正」をめぐる問題、学校儀式における国旗掲揚・国歌斉唱問題、そして、近年の教育勅語の教材化一部容認に関する問題などは、みな戦前からの「和魂洋才」をめぐる問題と軌を一にするものであり、二一世紀に入った現在も進行中なのである。そこに潜む問題を解き明かすためには、少なくとも幕末以降現在に至る天皇・天皇制と教育との関係を概観する必要がある。以下、その概要を論じることにしたい。

2　近代化政策と新たな天皇観の構築

新たな天皇像の創出過程

江戸時代の御所は、現在の京都御所よりもやや西北寄りに位置し、規模もほぼ同じものであった。江戸時代の天皇は、そこを生活空間として静かに暮らしていた。しかも、そこから離れることはほとんどなかった。寛永三（一六二六）年の後水尾《ごみずのお》天皇の二条城行幸《にじょうじょうぎょうこう》から文久三（一八六三）年の孝明《こうめい》天皇の賀茂社《かもしゃ》行幸までの間、公式的な行幸は隣接の仙洞御所《せんとうごしょ》（退位した天皇の御所）への二回だけであった（安丸良夫『近代天皇像の形成』）。私的な外出についても、ほとんどなく、「近世の天子は、わずか三十分で一周できるような、〔中略〕信じがたいほどの狭い空間だけで生活してきた」（佐々木克『幕末の天皇・明治の天皇』）といわれている。

その天皇の出で立ちは、髷《まげ》を結い白粉《おしろい》と鉄漿《かね》を施した、女性的なものであった。しかし明治新政府の指導者たちにとって、徳川将軍家に代わる明治政府の新たな権威としての天皇は、軍事をも統括する主権者としての男性的な天皇でなければならなかった。

明治天皇の断髪が行われたのは、明治六年（一八七三）三月二〇日である。朝は髷を結い白粉を施して学問所へ向かった明治天皇が帰ってきたときには散髪姿で女官が驚愕した（宮内庁編『明治天皇紀』第三）と伝えられている。軍事をも統括する主権者としての天皇は、服装も変えなくてはならなかった。女性的な和装から凜々《りり》しい姿の服装への転換が求められた。明治四年八月二五日に天皇の服装を改めるという内容の「服制更革《ふくせいこうかく》の内勅」が発せられた。これには、現在の服装は軟弱なものであるので嘆かわしいとし、これからは服装を改め、自らが大元帥となり、「尚武《しょうぶ》の国体」に相応《ふさわ》しい服装にすると述べられていた。

一八七三年六月三日、天皇の軍服と略服が制定された。これは兵部省《ひょうぶしょう》の調査によって作られたものであり、「胸や袖に金線の飾りが施された、過剰気味の装飾が目立つフランス式軍服（肋骨服《ろっこつふく》）」（前掲『幕末の天皇・明治の天皇』）であった。一八七五年一二月九日には、束帯《そくたい》、直衣《ひたたれ》を着用する場合の規則を定め、宗教的儀礼には伝統的な和装として、それ以外は軍服を着用することになった。

天皇の全国「巡幸」と御真影「下賜」

洋装で、しかも大元帥としての軍服姿で髭《ひげ》を蓄えた、凜々しい天皇像が完成すると、明治政府はその天皇が徳川将軍家にかわり歴史的・民族的に支配の正統性をもつ、慈悲深く君徳ある君主であることを、すべての人々に周知徹底するような政策を推進した。これが明治天皇の全国「巡幸」である。

天皇の全国「巡幸」は全九七回（そのうち、日帰り三七回）に及ぶが、そのなかでも、①明治五年五月二三日から七月一二日（一八七二年六月二八日から八月一五日）の近畿・中国・九州地方への「巡幸」、②一八七六年六月二日から七月二一日の東北・北海道（函館《はこだて》）地方への「巡幸」、③一八七八年八月三〇日から一一月九日の北陸・東海道地方への「巡幸」、④一八八〇年六月一六日から七月二三日の甲州・東山道地方への「巡幸」、⑤一八八一年七月三〇日から一〇月一一日の山形・秋田・北海道地方への「巡幸」、そして⑥一八八五年七月二六日から八月一二日の山口・広島・岡山地方への「巡幸」は「六大巡幸」と呼ばれ、とくに注目されている。

この「巡幸」は、明治国家の統治者としての天皇を人々の間に浸透させるとともに、天皇を迎える地方官の権威を高め、軍の演習と関連付けることにより天皇と軍部を直結させるなど、近代天皇制の確立期における重要なプロパガンダとして機能した。この「巡幸」により、明治政府は支配の象徴として、天皇の視覚化の力が絶大であることを学んだ。しかし、天皇の「巡幸」をひとつの地域で二度以上繰り返すことは物理的に不可能で、天皇の「巡幸」の代替となるべき措置が必要になった。

そのために案出されたのが、天皇・皇后の肖像写真を撮影し、全国の官公庁や軍事施設に「下賜《かし》」することであった。その肖像写真は洋装で、しかも軍服姿であった。これが以後、「御真影」と通称されるようになった。天皇の写真撮影の最初は、明治四年一一月に工部省横須賀造船所への「行幸」時に、随行者とともに写したものとされている（前掲『明治天皇紀』第二）。公式の肖像写真としては、①明治五年七月から八月頃に宮廷写真師内田九一《うちだくいち》撮影による、伝統的な宮廷衣装（束帯および直衣）着用の二種類と、②翌一八七三年一〇月に、天皇の服装として軍装と略装が制定されたのを受け、同じく内田九一が撮影した、礼装の軍服を着用し長椅子に腰かけた数種類があった。さらに、③イタリア人御雇画師キヨッソ

明治天皇・昭憲皇太后「御真影」（佐藤秀夫編『続・現代史資料８』）

ーネ（Edoardo Chiossone）の描いた肖像画を宮廷写真師丸木利陽《まるきりよう》が一八八八年に撮影したもので、大勲位《だいくんい》の記章などをつけた大礼服を着用し、脱帽した帽子を傍らの机に置いたうえで、横にある専用椅子に腰かけ、左手で佩剣《はいけん》の柄《つか》を握りしめている肖像写真を三種類、確認できる（多木浩二『天皇の肖像』）。

　これらが、新たな国家の元首としての天皇の権威を継続的に明示するための「モノ」として、府県庁、鎮台《ちんだい》・軍艦、在外公館などの政府諸施設や高級官僚、外国使臣を対象にして「下賜」された。府県庁を対象にした御真影「下賜」の最初の事例は、一八七三年六月の奈良県庁であった。その目的は、新年・天長節などの祝日に県庁に御真影を掲げ、県官・県民がこれに「拝礼」することにあった（前掲『明治天皇紀』第三）。このような事例は、奈良県だけではなく、旧筑摩《ちくま》県や大阪府でも確認できる。

明治初期に府県庁に「下賜」された御真影は、その管理も後に学校で行われたような厳重なものではなく、その「奉掲」は、儀式のときだけではなく終日行われていた。保管（「奉置」）は室内に限定されず、府県庁の玄関前、楼上など、人々が自由に「拝観」できる場所が一般的であった。

この時期、政府諸施設のひとつとして、官立学校に御真影の「下賜」が行われていた。その嚆矢《こうし》は、一八七四年六月の開成《かいせい》学校への「下賜」であった。その後、一八八二年一二月には、官立大阪中学校・東京師範学校・東京女子師範学校の三校の官立学校に御真影の「下賜」が行われた。この時の「下賜」願に「聖上　皇后宮御写真を講堂に奉掲、常に敬拝為致度」（宮内省編「御写真録」）と記されていることからわかるように、学校に「下賜」された御真影は、国の機関である官立学校の教員・生徒に対して、新たな国家元首としての凛々しい天皇の「名代」となることが期待されていた。

このように、官立学校に「下賜」された御真影は、府県庁など政府諸機関に「下賜」された御真影同様、当該校の教員・生徒に国家元首としての天皇を周知させようとするものにすぎず、後に一般化するような、御真影を神格化し、「拝礼」の対象とする意図はここにはまったく見られない。

近代化政策の推進と教育

明治四年七月に廃藩置県を実施し、中央集権の統一国家体制を確立した明治政府は、その四日後に文教政策に関する中央官庁として文部省を設置した。この文部省には、初代文部大輔江藤新平《えとうしんぺい》のもと、討幕派・佐幕派の別なく数多くの優秀な若手洋学者を採用し、教育の近代化を推進した。明治四年一二月に箕作麟祥《みつくりりんしょう》などの多数の洋学者と少数の漢学者・国学者を学制取調掛に任命して、全国規模の近代学校制度の設計を開始した。学制取調掛は、アメリカ・オランダ・フランスなどの欧米各国の学校制度を参考にしながら、新たな教育制度を構想した。

その結果は、明治五年八月に学制（文部省布達）として公布された。学制は、全国を八つの大学区に分け、各大学区に一校ずつ大学を設置するとともに、その大学区の下に三二の中学区を置き、各中学区に中学校を一校設置するものであった。さらに中学区の下には二一〇の小学区を設置して、そこにそれぞれ一校ずつの小学校を設置するという壮大な計画であった。またこれは、幕藩体制下の教育とは異なり、人々の新たな生活にとって有用な学問や近代化に必要な欧米文化を教える新しい教育であり、そのためには、それまでの身分や職業、性別に関係なく、すべての人々が教育を受けなければならないとするものであった。

明治五年に公布された学制に通底する教育観は、教育は個人の自立のための知識を、身分や性に関係なく、それぞれ個々人の努力によって身につけるように奨励した点において優れて近代的な教育観にもとづくものであった。この教育観での教育が貫徹される限りにおいては、国体擁護派がもくろんだ、復古的な教育観は後退せざるを得ない状況に置かれた（佐藤秀夫『新訂　教育の歴史』）。

3　立憲国家の形成と御真影・学校儀式

教育観をめぐる新旧の対立と「明治一四年の政変」

明治期初頭の近代化推進の過程で、これに対応する新しい人材を養成するのか、伝統的な価値観を重視する人材を養成するのかという、教育観や人間観をめぐる新旧の相克が生じていた。これを受け、明治五年の学制発布以後の明治政府による教育近代化政策は、試行錯誤の繰り返しとならざるを得なかった。それは、教育の近代化を推進する明治政府内の開明派官僚と、「行き過ぎた」近代化を阻止し、幕藩体制下における儒教をもとにした教育への回帰を試みる宮中保守派官僚との相克として表面化した。

なかでも、一八七九年に明治政府内部で繰り広げられた「教学聖旨《きょうがくせいし》」をめぐる論争は、その典型ともいうべきものであった。同年八月に明治天皇の名義によって明治政府の中心的存在であった参議兼内務卿の伊藤博文に示されたのが、「教学聖旨」である。これは、総論の部分をなす「教学大旨」と各論の「小学条目二件」との二つからなる文書で、前年八月三〇日から一一月九日の北陸・東海道地方への「巡幸」における見聞にもとづき、天皇の教育に関する意見を侍講元田永孚《じこうもとだながざね》が書き留めた形式となっている。

その内容は、維新直後からの欧米化政策により教育が「智識才芸」に偏していることを批判し、今後は「孔子を主」とする儒教主義にもとづく道徳教育を中心に置き、「農商には農商の学科」を授けるなど身分制的教育の復活を求めるものであった。

明治政府にあっては、近代化推進をその基本方針とする一方で、本章冒頭で述べたように国体論にもとづく国威発揚も重要な課題とされていた。明治初年の宮中において、「保守派」として後者の推進に重きをなしていたのがこの元田永孚であった。

元田は熊本藩士の家に生まれ、藩校時習館に学び、藩政改革派として名をはせていた横井小楠《よこいしょうなん》の思想に強い影響を受けた漢学者である。維新後、大久保利通《おおくぼとしみち》の推挙で天皇の侍講を務め、側近として明治天皇から厚い信頼を寄せられていたと伝えられている。朱子学を自らの思想の基盤とする元田は「伝統的価値、徳治的教学論の一貫した視点から教育問題を始めとする政府の施策を批判」（森川輝紀『増補版　教育勅語への道――教育の政治史』）し、開明派官僚の代表格である森有礼とは終始対立した。教育勅語の成立に際しても、元田は同郷の開明派官僚の井上毅《いのうえこわし》とともに重要な役割を演じた。教育勅語とは言うなれば、宮中保守派元田と開明派井上の相克と妥協の産物であった。

伊藤博文は「教学聖旨」を宮中保守派官僚の政治介入と捉え、その反駁書《はんばくしょ》の起草を井上毅に委嘱し、同年九月、「教育議」として天皇に上奏した。伊藤はこの「教育議」において、現在の欧化政策を堅持するべきであり、儒教主義の復活は「反改革」、すなわち維新の成果を無にするものであると主張した。確かに「教学聖旨」が指摘するように、道徳や社会ルールの混乱、あるいは自由民権運動による過剰な「言論の敗《やぶ》れ」などの「風俗弊《ふうぞくのへい》」が認められるとしても、それは開国と近代化という大きな変革の結果生じたもので、教育がその原因ではない、普通教育では秩序道徳を重んずる教科書の編纂《へんさん》と、教員の政治的言動の規制、また高等教育では学生たちの関心を政治から逸らすため、専門の領域の研究に没頭させる指導が重要である、というのがその内容であった。

伊藤の反駁に業を煮やした元田は「教育議附議」を天皇に上奏し反論したが、その内容は「教学聖旨」の趣旨を繰り返すものでしかなかった。教育観をめぐるそれぞれの文書を上奏された天皇が、終始、中立的な態度をとっていたのは興味深い事実である。一八七九年九月一〇日、それまで欠員となっていた文部卿に寺島宗則《てらしまむねのり》を任命するにあたり、明治天皇は、「教学聖旨」、「教育議」、元老院で議定済みの第一次教育令案の三点を示し、文教政策のための検討資料とするように命じたといわれている（宮内省編『明治天皇紀』第四）。明治天皇が「教学聖旨」だけを特に支持していた形跡は見られない。

その後、前述のようにその当時の明治政府の中心を担っていた伊藤博文と大隈重信との対立が激化すると、伊藤の策略により大隈重信が政権の中枢から排除された、「明治一四年の政変」を大きな筋目として、教育政策にも調整が図られた。そこには、激化する自由民権運動への対策として、教育政策で宮中保守派官僚に一部譲歩することにより、政府内部での孤立を避けようとする伊藤の思惑があったと思われる。

まず、普通教育に限定して、儒教主義教育の復活が認められた。これを受け、文部省が内示した「小学校修身書編纂方大意」には「修身は儒教主義に拠る」と明記されている。さらに元田は一八八二年、天皇の指示によるとして、修身科教師用書『幼学綱要』（全七冊）を自らが編纂し、それを宮内省から刊行して府県知事に「下賜」するとともに、一八八三年からは、希望する府県・学校への「下賜」・下付を実施した。その内容は、儒学的観点から元田が配列した二〇の徳目について、経書によってその意義を説明し、和漢の歴史事例を引用しつつ、絵画によって解説を加えたもので、まさしく儒教的な道徳教材集であった。『幼学綱要』の刊行は、天皇による公教育への介入を進めた事例として重要だが、それ自体の影響力はさほど大きなものではなく、その「下賜」・下付も一八八四年には二万五〇〇〇に達したが、その後の森有礼による教育政策が本格化するなかで一八八八年には五七に減少し、その後の発行は、事実上停止された（矢治佑起「『幼学綱要』に関する研究」）。

初代文部大臣森有礼による教育政策と天皇

このように、「明治一四年の政変」以降、普通教育に限ってではあるが復活した儒教主義も、初代文部大臣の森有礼の教育政策により全面的に否定された。森は幕末期に英国や米国で生活した経験を持つ、列強の実力をよく知る開明派官僚であった。その近代的思想は開明派官僚の代表格として、宮中保守派官僚の代表格である元田永孚に危険視されていた。

森有礼は、大日本帝国憲法の発布とその施行を控えた一八八五年段階で、後進国として近代化を開始した日本を逸早《いちはや》く欧米諸国に匹敵する近代国家とするべく、それに貢献する人材養成を行うこと、すなわち国家にとって必要な人材を養成することが教育の使命であることを強く認識していた。そのためには、教育によって人々に国民意識を養成することが重要であると考えていた。

文部大臣就任後、間もなく閣議に提出したとされる彼自身の教育意見書「閣議案」は、これからの国家による教育は、「国民の志気」の培養発達が第一の目的であるとしている。そのためには、欧米各国のように階級・階層や性の違いを超え、国民が愛国精神を持って固く団結する（「一国の国民は各一国を愛するの精神を存し、固結して解くべからず」）必要がある。日本の場合、そのためには、万世一系の天皇を中心とした「国体」と、人々の「護国の精神」と「忠武恭順の風」とを最大限に活用することが何より重要であるとした（大久保利謙編『森有禮全集』第一巻）。

すなわち森は、日本を国民国家とするためには人々に「愛国心」を養成する必要があるが、その拠りどころとして、新たに国家指導者となった天皇への忠誠心、すなわち「忠君」を利用しようとした（「国君と云うことを以て励ますこと、最も適当且近道と思考す」〈海門山人『森有禮』〉）のである。このように、「国民養成」には教育が果たす役割が非常に重大だと森は考えていた。そのため国民と君主の接近（「君臣接近」）を、学校という「場」で推進しようと考え、官立学校への天皇の定期的な「行幸」を計画した（『森有禮全集』第一巻）。

一方、注意しなければならないのは、たしかに国家形成（国民形成）に際して万世一系の天皇を拠りどころにするという方法論において、森にも元田など宮中保守派官僚と共通する面があったとしても、本質において両者は対立していたことである。森は、「教学聖旨」

で元田が主張した儒教主義教育は全否定した。そして一八八六年四月、第一次小学校令を発布し、立憲君主制への移行を見据えた上での普通教育の方針を示した。

これにもとづき、同年五月、「小学校の学科及其程度」(文部省令第八号)が発せられ、以後の教育内容を規定した。修身科は従前どおり筆頭教科とされたが、具体的な教育内容や教授法は、「国内外の地位ある人々の行跡のなかから児童にとって理解し易い簡単な説話を行なう(「内外古今人士の言行に就き児童に適切にしてかつ理会し易き簡易なる事柄を談話」〈第一〇条〉)」とされた。森は、「今の時代に孔子・孟子の教えを講ずるのは実情にそぐわない(今の世に孔孟《こうもう》を教うるは迂闊《うかつ》なり)」(『森有禮全集』第一巻)と公言し儒教主義の教育を全否定した。かくしてそれまで使用されていた儒教主義による修身教科書の使用が禁止されるとともに、週当たりの授業時間数も六時間から一・五時間へと四分の一に削減された。

森にとって、天皇はあくまでも明治国家が具現化されたものであった。それゆえ学校儀式も国家の祝日(紀元節・天長節)に限定し、国家神道の祭日である大祭日を除いた。森有礼の教育政策は、あくまでも天皇を中心とする「近代国家日本」を創設することにあり、その国民観も、教育勅語発布以降のような、国体主義にもとづき天皇・天皇制に無条件に服従させるというようなものではなかったのだ。

国家祝日学校儀式の成立と御真影「下賜」

　このように、初代文部大臣森有礼は、国家元首としての天皇への「忠誠」を通して国民としての「愛国」心を作りあげようとした。先に指摘した、天皇の官立学校への定期的な「行幸」計画もその一端であったと考えられる。また御真影の「下賜」範囲を道府県立師範学校・同尋常中学校などの公立の中等レベルの学校にまで拡大し、国家の祝日に御真影への「拝礼」とその祝日に相応しい唱歌斉唱を主な内容とする儀式の挙行を奨励した。

　こうして学校は、天皇・天皇制にもとづく国家理念を普及させるための機関となり、御真影にはそのための重要な「道具立て」としての性格が付与された。一八八七年九月二八日発の東京府知事高崎《たかさき》五六《ごろく》から宮内大臣土方《ひじかた》久元《ひさもと》の東京府立尋常師範学校・尋常中学校への御真影「下賜願」には、天長節と紀元節、そして一月の始業では、生徒に対して天皇・皇后両陛下の御真影への拝礼を実施したい（「天長節紀元節および一月授業始等において各生徒をして、主上皇后宮両陛下の御尊影を拝せしめ候様致したく」〈前掲「御写真録」〉）と明記されている。この東京府の事例を先例として、それ以降「下賜願」が提出された道府県に対して御真影「下賜」が行われた。国の機関以外の公的機関への御真影一律「下賜」の対象が学校であったことは、国民教育にとって御真影がいかに重要視されていたかを物語っている。

　こうした動きとほぼ時を同じくして、森は国家の祝日（紀元節と天長節）に、教職員・児童が学校に参集し、御真影への「拝礼」に加え、祝日の唱歌斉唱と校長訓話などからなる祝賀儀式を挙行し、児童に「忠君愛国ノ志気」を育成させるよう奨励した。これらの手続きで重要なのは、御真影「下賜」、祝賀式挙行を法令で強制せず、儀式に用いる唱歌曲譜の送付や視学官通牒、森自らの演説などの間接的手段によって祝日学校儀式の普及を図ったことである。

森の方針のもと、各道府県は御真影「下賜願」の提出と祝賀式挙行にむけての準備作業を同時並行で進めた。ただし、御真影「下賜」や祝賀儀式の普及に際して森が法令による強制を避け、間接的な方法（内訓や演説など）を採ったため、実際の各学校における御真影の管理方法や祝賀儀式の内容はじつに多様であった。御真影の「奉掲」については、終日、学校の玄関先に「奉置」する例さえも見られた。むしろ、その後、一般化することになる、特別な場所（奉安殿など）での厳重な「奉護」のほうが稀《まれ》であった。

そもそも御真影は、祝日学校儀式の導入の時点では公立の中等レベルの学校のみが「下賜」対象になっており、学校数で最も多い小学校は、御真影「下賜」の対象になっていなかった。そのため、御真影を「拝戴」した公立中等教育機関と、御真影の「拝戴」が許されていなかった小学校など他の教育機関とでは、物理的条件からも儀式内容を統一することは不可能であった。それに加え、森自身が法令による学校儀式の強制を極力避け、それぞれの府県や学校レベルの「自主性」を重んじたため、森文政期には、学校儀式に関しての規程は存在せず、学校や地方・地域によってさまざまな形態が存在した。

その後、森文政期末期の一八八九年一二月、市町村立高等小学校にも学校側からの申し出があれば下付する（「中立に依り下附可相成筈」〈前掲『御真影と学校――「奉護」の変容』〉）旨、文部省から道府県に通知された。これは、国民形成に果たすものとして、祝賀式における御真影「拝礼」の意義が政体側に認められた結果である。こうして、以後、明治国家を体現する天皇の代替物としての御真影のもつ役割が強く意識されるようになり、広く学校全般へと行き渡るような状況が次第に作りあげられていった。しかし、森文政期においては、あくまでも天皇への忠誠は強制されるものではないとの意識もあり、教育勅語発布以降の状況とは違った側面もあったことを指摘しておかねばならない。

第二章　教育勅語の発布と御真影・学校儀式

1　森文政の終焉と教育勅語の成立

地方長官会議と「徳育涵養の義に付建議」

通説では、国体主義にもとづく天皇制公教育の推進者として評価されがちな森有礼だが、当時の明治政府内の人々は、まったく異なる評価を下していた。明治政府内保守勢力の旗頭である山県有朋は、内務省や陸軍内に山県閥を作り上げ、大きな勢力を誇り、伊藤博文を旗頭とする開明派と厳しく対峙していた。当時、岩手県知事であった山県閥の一員で保守派の内務官僚石井《いしい》省一郎《しょういちろう》は、森を中心とする開明派官僚について、「君臣義ありなどということも全く不自然であるとみる思想が述べられていた。それらは西洋心酔の甚だしいものであった。この空気が地方にひろがり、学校教師もこれと連絡し、雷同していた。明治十八年には森有礼が文部大臣となったが、森文相などもアメリカ帰りで派手な羽振りをきかせていた」（海後宗臣『教育勅語成立史の研究』）と批判した。保守派にとって、森の教育政策は、「西洋かぶれ」そのものに映っていたのである。

その石井は、毎年春に開催される地方長官会議で情報を交換し、「これ〔森の教育政策――筆者注〕では日本将来のために宜《（ママ）》しくないと思って、二、三の信友と相談した。〔中略」鳥取県知事山田信道《やまだのぶみち》、千葉県知事船越衛《ふなこしまもる》、島根県知事籠手田安定《こてだやすさだ》なども大いに同感で、私も此の人々と一緒に、此の事に就いて奔走することを約束した」（同前）と回想している。この回想が正しければ、森が文部大臣就任後間もなくして、地方長官を中心にその対抗策が練られていたことになる。

当時の保守派（元田永孚など宮中官僚や山県閥官僚など）の目に「欧米かぶれ」の過激な改革者と映っていた森有礼は、一八八九年二月一一日の大日本帝国憲法発布の日、宮中に向かおうとしたところを伊勢神宮に「不敬行為」を働いたとの廉《かど》で右翼青年西野文太郎《にしのぶんたろう》に襲撃され翌日、死亡した。森の横死《おうし》を好機と捉え、先に触れた保守派官僚による巻き返しが図られた。なかでも徳育政策がその典型であった。それを象徴するのが一八九〇年二月に開催された地方長官会議で採択され、文部大臣ほか、総理大臣・内務大臣に提出された「徳育涵養の義に付建議」である。これが教育勅語発布に向けての直接の道筋をつけたとされている。

この地方長官会議における「徳育涵養の義に付建議」の審議過程で特徴的なのは、論点の中心に森の教育政策に対する批判があった点である。「第一に徳育を先にして智育を後にせんことを望む」（岩手県知事石井省一郎）、「森有礼による教育政策の基本理念を転換すれば、状況は回復できる（断然たる措置を以て国家主義道徳を基礎として十九年文部省達〔森文政期に発せられた小学校令・師範学校令などの勅令——筆者注〕の精神より先ず改め、然る後せざれば遂に挽回するを得ざるべし)」(島根県知事籠手田安定)などの発言がそれを端的に示している。

これは、立憲制の採用による国会開設を目前にして、新たな国家体制への移行に際して危惧された国民意識の「欧化」を是正し、保守派官僚の主導権で国家の教育理念の一定を画策するものであった。「徳育涵養の義に付建議」は、その冒頭で森文政期を標的にして、「普通教育の目的は徳育と知育であるが、現在の教育は知育が主体になっていて、徳育が疎《おろそ》かになっている(普通教育の要は主として国民たるの徳性と普通の智識芸術を修めしむるに在り然るに現行の学制に依れば智育を主として専ら芸術智識のみを進むることを勉め徳育の一点に於ては全く欠くる所あるが如し)」と、教育の近代化路線により、徳育が顧みられていないと批判した。そのうえで、「我々地方長官が考えるには、日本ではその固有の倫理で道徳観を定めるべきである(不肖等の見る所を以てすれば我国には我国固有の倫理に基き其教を立つべきのみ)」と、徳育方針の一定化を求めた。このように、教育勅語発布の直接的な要因が森有礼の教育政策への批判とその否定の延長線上にあったことは改めて強調しなければならない。

教育勅語の成立過程

「徳育涵養の義に付建議」を提出した地方長官（府県知事）は内務官僚であり、長く内務大臣の任にあり、同省に大きな影響力を持っていた、当時の総理大臣山県有朋の腹心たちであった。見方によれば、この建議は、山県有朋と腹心の府県知事との間の「出来レース」であったとの推測も成り立つ。建議を受けた山県は、さっそく文部大臣榎本武揚《えのもとたけあき》に対して「徳教に関する箴言《しんげん》」をまとめるように命じた。しかしながら、榎本は基本的には、教育の近代化推進論者であり、「科学技術に関心が強く、徳育政策には関心が薄い（理化学に興味を有せしが徳教のことには熱心ならず）」（国民精神文化研究所編『教育勅語渙発関係資料集　第二巻』）との姿勢を崩すことがなく、その進捗は芳しいものではなかった。そこで、山県は榎本を更迭し側近で内務次官であった芳川顕正《よしかわあきまさ》を文部大臣に抜擢し（一八九〇年五月一七日）、この事業を進めた。

　芳川は、この「箴言」の案文の作成を美文家として著名な帝国大学文科大学教授中村正《なかむらまさ》直《なお》に依頼した。起草を承諾した中村は、「徳育の大旨」との表題を付した草案（中村案）を芳川に提出した。中村案の特徴について、実証的な教育勅語研究の開拓者である教育史家の海後宗臣《かいごときおみ》は「人の心に神ありと考え、人の心は天に通じるといい、神儒仏何《いず》れも忠孝仁愛においては一致しているとして、宗教心に人倫を求めて、そこから善も導き出している」

（前掲『教育勅語成立史の研究』）と指摘している。この「徳育の大旨」はある段階で教育勅語の文部省案として、文部大臣芳川顕正を通じて総理大臣山県有朋に提出された。山県は、これを法制局長官である井上毅に示して内容の検討を命じた。

井上毅は、熊本藩の陪臣《ばいしん》の家の出という下級の身分だったが、幼少からその才能が認められ、藩校時習館の居寮生となった。藩命により江戸に遊学し、フランス学を修めた。維新以降明治政府に出仕し、大久保利通、伊藤博文に重用され、そのブレーンとして活躍した。大日本帝国憲法制定に際しては、お雇い外国人の助言を得ながらその骨格を起案した。プロイセンドイツを範とする日本の近代化に大きく貢献した人物であり、「明治国家最高のブレーン」との評価もある。

大日本帝国憲法の起草に大きく関与し、近代立憲国家の原則である国民の良心や信仰の自由について造詣《ぞうけい》の深い井上は、中村案はこうした立憲国家の原則から大きく逸脱しているとして、一八九〇年六月二〇日付と同二五日付の山県宛の書簡で具体的な批判を行った。六月二〇日付書簡では、立憲制下の君主は「臣民」の良心の自由に干渉しないのが原則である以上、教育の方向性を示す勅語は政治上の命令とは区別して、君主の社会上の「著作公告」とするべきであり、その内容も哲学的・宗教的な理論や政治的観点は排除して、否定的な表現を避けることが必要であり、君主が「臣民」に示す諭は、他の言行を受け入れる度量の広さを示すものでなければならない、と指摘した。井上の観点からすると、文部省から示された草案（中村案）は教育に関する勅諭としての体裁をなしていないものに映ったのである。

井上は、五日後の二五日にも山県宛に書簡を送ったが、そこには、社会上の勅諭は、憲法上の規定のある政治上のものとは異なり、その内容が大臣か誰かの「入れ智恵」との疑いが持たれては、勅諭そのものが軽んじられる恐れがある、哲学上の学説について異論を排除するために勅語を利用するのは、「余りに無遠慮」である、今日の道徳の乱れは世の中の急激な変化と上流社会の悪習とが原因で、その矯正には政治家の率先が必要で、決して「空言」（口先のことば）であってはならない、したがって「空言」の究極である勅語を最終手段にすれば、後世に必ず様々な議論を出す者が出ることになる、と批判した。そのような理由から、井上は「教育勅語の件は〔中略〕どうみても適切ではない（教育勅語之件に付、〔中略〕到底不可然事）」と、教育勅語の発布そのものに無理があると断じていた（前掲『教育勅語渙発関係資料集　第二巻』）。

このように、教育勅語の発布には反対だった井上だが、同二八日、同じ熊本出身の先輩である宮中顧問官の元田永孚を訪ね、自らが起草した勅語草案を示した。勅語発布に積極的な山県は、元田の力も借りて井上に勅語の起草を促した。井上もこれを拒むことができず、構想そのものが「難事」であった勅語起草を自らが行うことになった。

海後宗臣は、教育勅語の草案について、「中村草案は八点、元田草案は六点、井上草案は三十二点である」（前掲『教育勅語成立史の研究』）と、総計四六点あると指摘した上で、井上案が圧倒的に多いのは、教育勅語の立案と修文が井上草案をもとにして進められたためであると指摘している。すなわち教育勅語起草の主たる部分を担ったのは、井上毅であったのだ。一八九〇年六月下旬から井上が案文の作成を急ピッチで進める一方、元田が修文者として、教育勅語成文化の実質的な顧問の役割を担った。両者の間で練り上げられた案文は、九月二六日に「徳教ニ関スル勅諭」として閣議に提出されたが、一〇月二〇日の天皇の裁可を仰ぐ文書では「教育ニ関スル勅語」へと変更となった。これが同月二四日に裁可され、一〇月三〇日に発布された。

文案の検討と併行して、閣議では勅語の公布方法についての議論も行われた。閣議では、①天皇が高等師範学校に「親臨」のときに文部大臣に授与し、これを受けて文部大臣が訓令とともに全国の教育関係者に通知する方法と、②第二次小学校令公布の際に勅語として発布するという二つの方法が提案された。閣議の方針として、政治性の最も少ない、①の方針が決定され、一〇月二一日に首相山県有朋・文相芳川顕正がその旨を上奏した。

しかし、元田がこれに難色を示した。元田の意向により、一〇月三〇日、明治天皇は山県・芳川を宮中に召し、教育勅語を「下賜」した。その結果、井上の苦心にもかかわらず、教育勅語は君主が宮中で手渡すという、政治性を帯びたものとなった。おそらく、井上はこれを苦々しく思ったに違いない。

一方、元田は、教育勅語の発布にあたり山県に書状を送り、「私元田は、閣下の文武にわたる功績は多大ではありますが、この教育勅語への同意と賛助は、山県総理大臣の最大の功績とひそかに思っております（愚老竊ニ謂閣下文武之勲功固ニ雖不尠此ノ勅諭之賛成ヲ以テ山県総理大臣一生之大功也）」と山県を讃えるとともに、その成立を喜んだ。かくして政治性を持ちえた教育勅語が、本書でも詳しく検討するように、戦前日本において大日本帝国憲法を超越する存在として、この国の人々の精神を支配し続けることになってゆく。

教育勅語の法体系上の位置づけ

教育勅語は、戦前日本の教育理念を示す文書であり、大日本帝国憲法の成立と資本主義経済の進展によって予想される日本社会の欧化を抑制し、国体主義にもとづく国家体制を維持するための重要な「装置」になった。教育勅語は、絶対性を持ち、戦前・戦中日本の教育理念を規制した。

では教育勅語は、戦前日本の法体系のなかではどのような位置づけにあったのだろうか。

大日本帝国憲法のもと、日本の法規範には、通常の法律命令のほかに主権者である天皇が臣民（国民）全体、あるいは個人や機関にむけて意思表明をする時に発する詔書（詔）および勅書・勅旨・勅諭・勅語（勅）があった。そして後者二つは併せて詔勅と呼ばれた。両者の関係は、「詔は国家、皇室にとっての重大事件にさいして出され、勅は日常の事件にさいして出されている（詔が重く勅が軽い）」（小股憲明『近代日本の国民像と天皇像』）とされている。また、大日本帝国憲法では、国務に関する詔勅には国務大臣の副署が必要なことも規定されている（第五五条）が、教育勅語は詔書（詔）ではなく勅語、すなわち勅であり、大臣の副署もない。

こうした事実から第一に、勅の形式で出された教育勅語は詔ではなく形式上、詔よりも軽い存在であること、第二に教育勅語もまた数多くある勅のなかのひとつにすぎず、他の勅と区別してこれのみを特別視しなければならない根拠はまったくないこと、そして第三に、教育勅語には御名《ぎょめい》（天皇の署名）と御璽《ぎょじ》（天皇印）はあるが大臣の副署を欠いており、国務に関するものではないことが明確である。この三つの事実から、教育勅語は、法体系上の位置づけは決して高いものではなかったことになる。

このように、教育勅語は本来、その実質的な起草者である井上毅の強い意思により、君主は「臣民」（国民）の内心の自由には介入しないという近代立憲制国家の大原則を堅持する内容のものであった。天皇による「社会的公告」という政治性の稀薄な形式が採用されたのもそのためである。教育勅語の法体系上の位置づけは、決して高いものではなかったのだ。ところが、その後の文部省による教育勅語の趣旨徹底策と天皇制の教化により、最終的には大日本帝国憲法をも超越した存在として日本人の精神構造に深く関与することになった。

教育勅語の構造と内容

次に、教育勅語の構造とその内容を検討したい。実質的起草者である井上毅が、「君主の諭は他の言行を受け入れる心の広さを示すものでなければならない（君主の訓戒は汪々として大海の水の如くあるべく）」としたように、その内容は本来、漠然としたもので、それゆえ多様な解釈（釈義《しゃくぎ》）が可能であった。そのため教育勅語の公式の解釈も時代によって変化した。また文部省による公式の解釈以外にも個人のレベルでそれぞれに解釈を試み、戦前を通して多くの衍義書《えんぎしょ》（解説書）が発行された。

戦時下の教育理念として、一九三九年五月に発布された「青少年学徒ニ賜ハリタル勅語」の釈義を行うとともに、時代状況に対応した教育勅語の再釈義を行い、国定教科書掲載の参考にするために設置された「聖訓の述義に関する協議会」の報告書である、『聖訓の述義に関する協議会報告』（一九四〇年）には、教育勅語の衍義書として三〇六点が示されているほど、解釈の確定は難しかった。このように、教育勅語は「論理の細部においては如何ようにも解釈が可能」（佐藤秀夫『教育の文化史1　学校の構造』）であった。ここでは、多くのなかから、文部省による最終的な教育勅語解釈である、『聖訓の述義に関する協議会報告』による解釈をもとに、その内容を検討したい。

周知のとおり、教育勅語は、以下に示すとおり、全文三一五文字の極めて短い文書である。

朕惟フニ我カ皇祖皇宗国ヲ肇ムルコト宏遠ニ徳ヲ樹ツルコト深厚ナリ我カ臣民克ク忠ニ克ク孝ニ億兆心ヲ一ニシテ世世厥ノ美ヲ済セルハ此レ我カ国体ノ精華ニシテ教育ノ淵源亦実ニ此ニ存ス爾臣民父母ニ孝ニ兄弟ニ友ニ夫婦相和シ朋友相信シ恭倹己レヲ持シ博愛衆ニ及ホシ学ヲ修メ業ヲ習ヒ以テ智能ヲ啓発シ徳器ヲ成就シ進テ公益ヲ広メ世務ヲ開キ常ニ国憲ヲ重シ国法ニ遵ヒ一旦緩急アレハ義勇公ニ奉シ以テ天壌無窮ノ皇運ヲ扶翼スヘシ是ノ如キハ独リ朕カ忠良ノ臣民タルノミナラス又以テ爾祖先ノ遺風ヲ顕彰スルニ足ラン

斯ノ道ハ実ニ我カ皇祖皇宗ノ遺訓ニシテ子孫臣民ノ倶ニ遵守スヘキ所之ヲ古今ニ通シ

テ謬ラス之ヲ中外ニ施シテ悖ラス朕爾臣民ト倶ニ拳拳服膺シテ咸其徳ヲ一ニセンコトヲ庶幾フ

明治二十三年十月三十日

御名御璽

【現代語訳】

天皇の位置にある私が思うに、私の祖先である神々や歴代天皇がこの国を確立したのは遠い昔のことであり、道徳を育ててきたことは奥深く重要である。お前たち臣民は、よく忠にはげみ孝を尽くして、国中の人々が皆心をひとつにして代々美風を創り上げてきた。これは、日本の国柄の最も優れた点であり、教育の根源もここにある。汝ら臣民は、父母に孝行し、兄弟姉妹は互いに仲良くし、夫婦は互いに睦みあい、友人はともに信じあい、他人に対しては礼節を守り自分自身には慎み深くし、慈愛を広げ、学問を修めて実業を習い、それにより知識を広め道徳性を高め、進んで公共の利益を拡大して世の中に必要な事業を興し、常に憲法を尊重して法律をよく守り、もし、緊急事態が起こった場合は、人として守る正義により国家に尽くすことによって、尽きることなく永遠に続く皇室に身を捧げるべきである。これは、私の忠良な臣民のみならず、その祖先が残した美徳を広く示すことになろう。

ここに示した道は、実に私の祖先である神々や歴代天皇による遺訓であって、天皇である私の子孫、およびお前たち臣民がともに守るべきものであって、これは現在・過去を通じて間違いのないものであり、外国においても通用するものである。天皇の位置にある私は、お前たち臣民とともにこの道をしっかりと守り、その道をひとつにすることを期待する。

（文部省『聖訓の述義に関する協議会報告』掲載の「教育に関する勅語の全文通釈」をもとにしながら、筆者が現代語訳した）


第一段は、「朕惟フニ我カ皇祖皇宗国ヲ肇ムルコト宏遠ニ徳ヲ樹ツルコト深厚ナリ〔中略〕一旦緩急アレハ義勇公ニ奉シ以テ天壌無窮ノ皇運ヲ扶翼スヘシ是ノ如キハ独リ朕カ忠良ノ臣民タルノミナラス又以テ爾祖先ノ遺風ヲ顕彰スルニ足ラン」までの部分である。この部分は、さらに細分化して二つに分けることも可能とされた。その前半部分は、「朕惟フニ我カ皇祖皇宗〔中略〕教育ノ淵源亦実ニ此ニ存ス」である。歴代の天皇の徳の高い統治と、それに対して一貫した忠誠心に励む「臣民」という君臣一体によってこれまでの日本の歴史は作り上げられてきたのであり、これが国柄の精髄（国体ノ精華）として日本の教育の

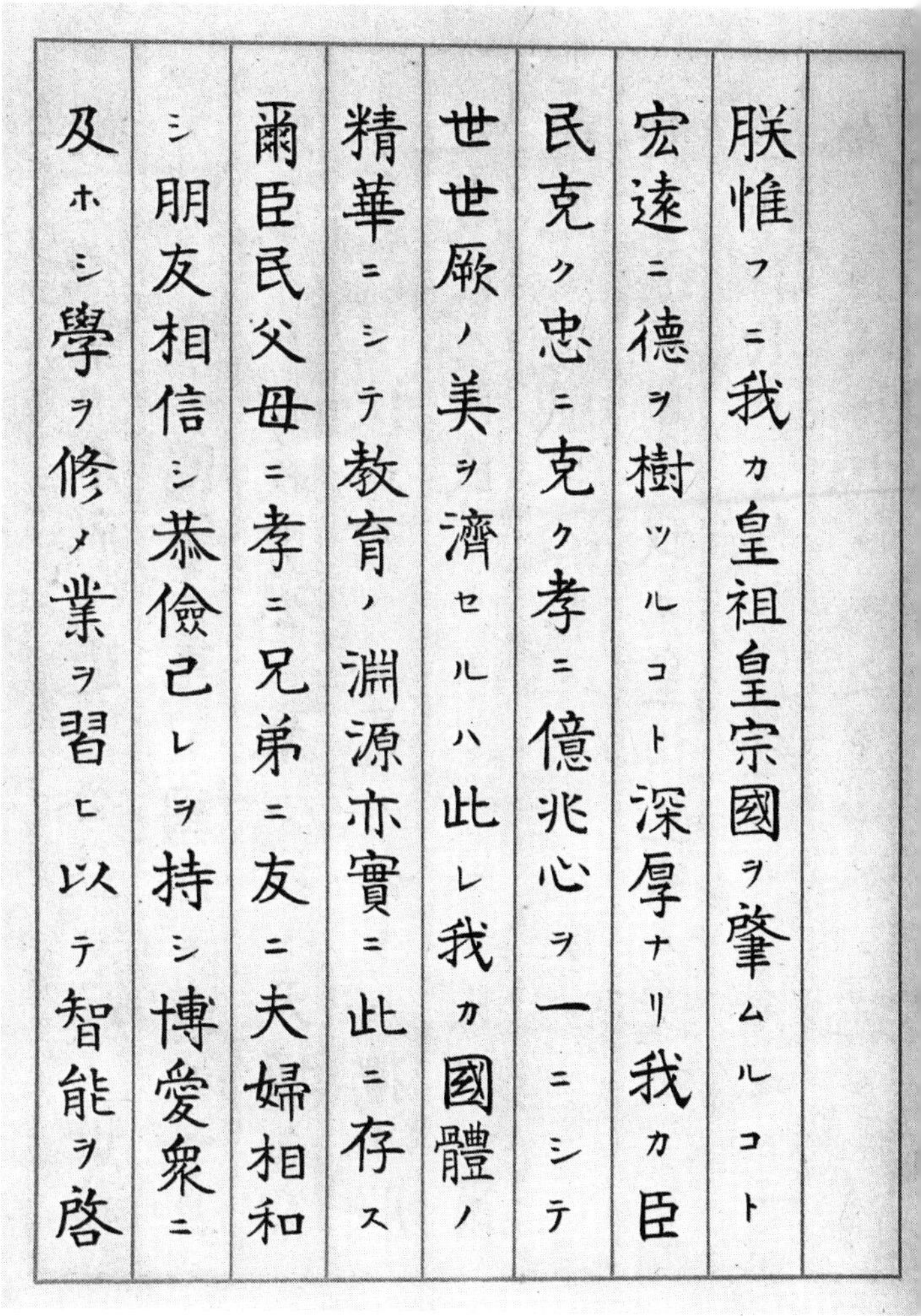
朕惟フニ我カ皇祖皇宗國ヲ肇ムルコト
宏遠ニ德ヲ樹ツルコト深厚ナリ我カ臣
民克ク忠ニ克ク孝ニ億兆心ヲ一ニシテ
世世厥ノ美ヲ濟セルハ此レ我カ國體ノ
精華ニシテ教育ノ淵源亦實ニ此ニ存ス
爾臣民父母ニ孝ニ兄弟ニ友ニ夫婦相和
シ朋友相信シ恭儉己レヲ持シ博愛衆ニ
及ホシ學ヲ修メ業ヲ習ヒ以テ智能ヲ啓

「教育勅語」原本（東京大学所蔵）
（海後宗臣著作集10『教育勅語成立史研究』）

發シ德器ヲ成就シ進テ公益ヲ廣メ世務
ヲ開キ常ニ國憲ヲ重シ國法ニ遵ヒ一旦
緩急アレハ義勇公ニ奉シ以テ天壤無窮
ノ皇運ヲ扶翼スヘシ是ノ如キハ獨リ朕
カ忠良ノ臣民タルノミナラス又以テ爾
祖先ノ遺風ヲ顯彰スルニ足ラン

斯ノ道ハ實ニ我カ皇祖皇宗ノ遺訓ニシ
テ子孫臣民ノ倶ニ遵守スヘキ所之ヲ古
今ニ通シテ謬ラス之ヲ中外ニ施シテ悖

ラス朕爾臣民ト倶ニ拳拳服膺シテ咸其
徳ヲ一ニセンコトヲ庶幾フ
明治二十三年十月三十日
睦仁
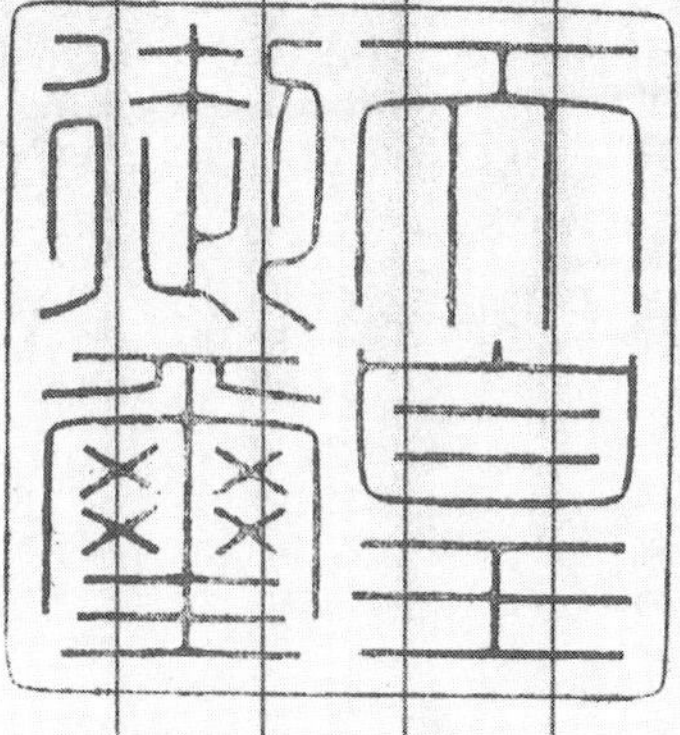

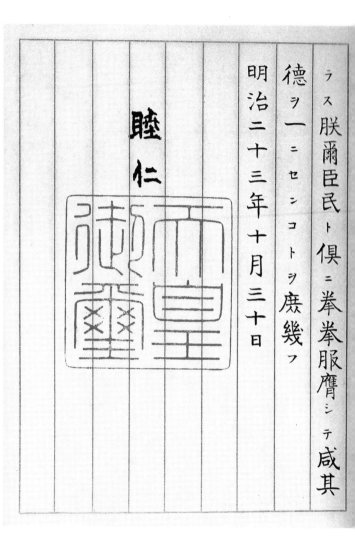

よりどころになっていると主張する。

後半部分は、「爾臣民父母ニ孝ニ〔中略〕是ノ如キハ独リ朕カ忠良ノ臣民タルノミナラス又以テ爾祖先ノ遺風ヲ顕彰スルニ足ラン」と、徳目を示す部分であり、家庭的、社会的、そして公民的な徳目が列挙されている。この中には、「国憲ヲ重シ国法ニ遵ヒ」と、近代的な徳目も含まれるが、多くは日本の民衆が比較的容易に受け入れられる、近世以来の通俗道徳の徳目である。そしてこれらすべての徳目が、「以テ天壌無窮ノ皇運ヲ扶翼スヘシ」天と地とともに無限に続く皇室の発展に奉仕すべきであると、天皇制の限りのない発展に奉仕するための不可欠なものとされている点にその大きな特色がある。

第二段は、「斯ノ道ハ実ニ我カ皇祖皇宗ノ遺訓ニシテ〔中略〕爾臣民ト倶ニ拳拳服膺シテ咸其徳ヲ一ニセンコトヲ庶幾フ」という結びの部分である。そこでは第一段で示された事項（特に、その後半部の徳目）は国体主義にもとづく天皇制の歴史的な遺訓であり、また時空を超えた永遠の真理であり、天皇自身もまた「臣民」とともにこれの実践に努めたい、と結ばれている。このように、日本の教育理念の淵源（根源）を良心や神にではなく、国体主義にもとづいた歴史的存在であると同時に現在の政治の主権者である天皇・天皇制に求めているところに教育勅語の大きな特徴がある。

2　教育勅語発布と学校教育

教育勅語趣旨徹底策としての奉読式

　これまで見てきたように、もともと教育勅語が占める位置は戦前の法体系のなかでは決して高いものではなかった。しかし文部省を中心とする教育勅語の趣旨徹底策により、その権威は順次、高められることになってゆく。その端緒となったのが、教育勅語「奉読式」である。

　教育勅語発布の翌日である一八九〇年一〇月三一日、文部大臣芳川顕正は、文部省訓令第八号を発し、そこに別紙として勅語本文を掲載した。この訓令は、「勅語の謄本を作成して全国の学校に配布し、教育の任にある者は、常に教育勅語の理念を心にとどめ、その趣旨徹底を行うため、特に学校の式日やその他、適宜、日時を定めて勅語を読み、さらにその意味を諭し、常にその趣旨を守るようにすること（勅語の謄本を作り普く之を全国の学校に頒つ凡そ教育の職に在る者須く常に聖慮を奉体して　研磨薫陶の務を怠らさるへく殊に学校に式日及其他便宜日時を定め生徒を会集して勅語を奉読し且意を加へて諄々誨告し生徒をして夙夜佩服する所あらしむへし）」と命じていた。

この訓令を受け、各道府県では教育勅語「奉読式」を実施した。その具体的な実施状況や「奉読式心得」など諸規定は、「教育に関する　勅語奉読式の状況」（文部大臣芳川顕正発内閣総理大臣山県有朋宛一八九一年五月一四付報告）によって詳《つまび》らかになる。それによれば、第一高等中学校は、「一月九日午前八時に倫理講堂の中央に天皇・皇后の御真影を掲げ、その前に天皇自らが署名した親署の教育勅語を置き、その傍らに忠君愛国を示す護国旗を立て、教職員・生徒一同がこれに拝礼し、その後に校長代理が教育勅語を「奉読」し、その後、教員・生徒五名ずつが教育勅語の前に出て、これに拝礼して退出した（一月九日午前八時倫理講堂の中央に　両陛下の　御真影を奉掲し其前面の卓上に　御親署の　勅語を奉置し其傍に忠君愛国の誠心を表する護国旗を立て教職員生徒一同奉拝し而後校長代理教授　勅語を奉読し右畢りて教員及生徒五人ずつ順次に　御宸署の前に至り親しく之を奉拝して退出す）」と報告している。御真影・教育勅語への敬礼に関しては、それを拒んだ内村鑑三《うちむらかんぞう》不敬事件が問題化していたが、そのことへの記載は一切ない。

以下、各府県から報告された「奉読式」の中から典型的な事例をいくつか紹介したい。

まず、兵庫県である。同県は、「市町村立および私立学校には奉読式心得を添えて郡市長を経由して各学校に交付し、毎年一〇月三〇日と学校の式日、冬・夏の休業前後の始業式・終業式に『奉読』式を挙行し、修身の時間にもこれを『奉読』するとともに、訓告を行うように要請した（市町村立及私立学校へは更に奉読式心得を添へて郡市長に〔勅語謄本を――筆者注〕交付し、各学校に交付せしめ毎年十月三十日及学校の式日冬夏期休業の前後始業終業日に式を行ひ修身教授時間にも奉読し、且誨告すへし懇篤訓諭す）」と報告している。さらに、石川県は、「昨年一二月に勅語謄本と文部大臣訓令が配布されたので、これを各学校に交付するに際して、本県の公私立学校では三大節には、必ず厳粛な『奉読式』を実施するように訓令を発するとともに、師範学校およびその他の県立学校、私立中等学校では勅語謄本受領日、大祭日、卒業証書授与式に『奉読式』を行い、校長・主席訓導は聖意を伝えるように指示した（客年十二月　勅語謄本並文部大臣訓示を頒布せられたるに付之を交付するに際し本県各公私立学校に於ては将来天長節紀元節及一月の始業の日には必ず謹厳慎重に奉読式を挙行すへきことを訓令せり、尋常師範学校其他各県立学校及各公私立学校に於ては謄本受領の日若くは大祭日又は卒業証書授与の日を以て謹て奉読し校長又は主席訓導篤に　聖意のある所を指示せり）」と報告した。また富山県の報告は、「昨年末に教育勅語謄本と文部大臣訓令が配布されたので、『奉読会心得』を各学校に配布し、新年、紀元節、天長節、卒業証書授与式、記念式典などの式日と毎月三〇日〔中略〕にこれを『奉読』することを定めた（客年末　勅語謄本並文部大臣訓示を交付相成たるに付其奉読会心得を添へて各学校に配布、新年紀元節天長節卒業証書授与学校記念等の式日並毎月三十日〔中略〕に奉読することと定む)」とある。

これらの事例から、勅語「奉読」は、森文政期に式日になった紀元節、天長節、一月一日に加え、大祭日、卒業証書授与式、入学式や始業式・終業式、教育勅語発布日などに行われていたことがわかる。国家の祝日や学校にとっての重要な儀式日のほか、大祭日にも勅語「奉読」が行われるようになったことに象徴されるように、教育勅語発布を契機にして、国体主義にもとづく天皇・天皇制が学校に深く入り込むようになったのである。

さらに「奉読式心得」などの儀式規定を定める府県があったことも確認される。以下、特徴的なものを検討してみたい。まず、群馬県である。群馬県は、一八九〇年一二月二五日発の県訓令により「勅語奉読心得」を示した。それによると、勅語「奉読」について、「勅語奉読式は毎年三大節冬季夏季休業後授業始卒業証書授与当日及其他学校式日」とし、その儀式内容は、「御真影下賜の学校に於ては先ず　天皇陛下奉拝の式を行うべし」、「勅語は校長若くは校長補（不在又は欠員の時は主席教員）之を奉読し一同静粛謹聴すべし」、「勅語奉読式を了れば可成道徳教育及国民教育に関する講談をなすべし」などの条文が確認できる。富山県でも同様の「心得」を作成し、一八九一年一月九日に県訓令を発して、「勅語奉読会心得」を周知した。そこでは、「勅語奉読会は毎年十月三十日並卒業証書授与学校記念等の日に生徒を学校に会集して之を開くものとす」、「勅語奉読会には先ず　天皇陛下及皇后陛下奉拝の式を行い而《しか》して　勅語を奉読すべし」、「勅語に関する誨告《かいこく》は奉読の後学校職員に於て之をなすべし」との規定が認められる。

これらの心得を検討すると、おおむね、森文政期に奨励された祝日学校儀式の形式に沿うものであったことがうかがえる。ただし、その当時の音楽教育の状況もあり、唱歌斉唱が加えられた例は少ない。文部省の訓令は、「奉読」式の実施について、「式日及其他便宜日時を定め」とだけ述べるにとどめ、これをどのように解釈して実施するのかは各府県に任されていた。そのため、「奉読日」やその式次第にも微妙な違いがみられた。一方で、教育勅語「奉読」と御真影への「奉拝」とをセットとみなしていること、祝日に加え大祭日や卒業証書授与式や始業式・終業式などにも教育勅語「奉読」が実施されるなどの共通点も見られる。森文政期に奨励され普及し始めた祝日学校儀式を基盤にしながら、各府県がそれぞれの事情をも考慮して、儀式内容を構築していったものと思われる。

御真影「下賜」範囲の拡大策

これまで検討した通り、教育勅語「奉読」式の内容は、森文政期に奨励され、普及が進んだ紀元節・天長節を中心にした祝日学校儀式を下敷きにしたものであった。教育勅語という、天皇の教育に関しての箴言（戒めとなる言葉）を生徒たちに向かって「奉読」する儀式の場に御真影を「奉掲」することは、教育勅語の趣旨をより徹底するための、有効な手段であった。

このことは、当時の文部省も十分に認識していた。教育勅語発布のおよそ三週間前に第二次小学校令（一八九〇年一〇月七日勅令第二一五号）が発布された。その第一五条は、「小学校の毎週教授時間の制限及祝日大祭日の儀式等に関しては文部大臣之を規定す」であった。教育勅語発布以前から、祝日大祭日の学校儀式を義務化する法令を整備することが明記されていた。

しかし、教育勅語発布当時に御真影の下付申請資格を授与されたのは、官立学校のほかは、公立の中等学校（尋常師範学校・中学校・高等女学校など）と、高等小学校に限られていた。教育勅語は天皇自らが日本の教育理念を直接「臣民」に語りかけるものであったため、その「奉読」の場に天皇・皇后の御真影があれば、儀式の効果は増大する。だがそのためには、当時の学校の大多数を占めていた公立尋常小学校にも御真影下付申請権を授与する必要があった。

第二次小学校令、教育勅語それぞれの具体化が進んでいた、一八九〇年八月一二日、文部省は宮内省に対して、すべての公立尋常小学校を御真影の下付申請対象にするため、「自今高等小学校等のみに限らず市町村立各小学校幼稚園に至迄《いたるまで》御真影拝戴願《ねがい》出《いだされ》候《そうろう》向《むき》には下賜せられ職員生徒をして崇拝せしめ忠君愛国の志気を涵養せしめ候様《よう》致度《いたしたく》」と照会した。

宮内省は、公立尋常小学校幼稚園の総数は二万三〇〇〇校に及び、「下賜」の準備にも相当な作業が必要になるこの前例のない照会に即座には回答しなかった。天皇制教化の深化という観点からすればたしかに推進すべき事業だが、御真影「下賜」の範囲を一挙に拡大することの是非（御真影の希少価値に関する議論）に加え、写真技術がいまだ発展途上の時代状況から、一挙に二万三〇〇〇枚の写真の用意が可能かどうかの判断に時間を要したものと推測される。

宮内省から文部省への回答が示されたのは、教育勅語発布を直後に控えた、同年一〇月四日であった。宮内省は、「文部大臣の申立の趣意は無余儀事《よぎなきこと》に候え共《ども》、市町村立尋常小学校幼稚園は全国殆んど二万三千七百ケ所の多数に付《つき》右へ一々下賜せらるるは即今俄《にわか》に御詮議相成兼候事《あいなりかねそうろうこと》と存候《ぞんじそうろう》」と認めなかった。その一方で、「教育上の観点から、特別に近隣の公立中等学校や公立高等小学校に下賜された御真影をそれぞれの学校や幼稚園の費用で複写し、それを儀式などで掲げるのは問題ないので許可する（御来意之趣教育上必要之儀に付特別を以て市町村立尋常小学校幼稚園に限り其校園等の費用を以て近傍の学校に下賜せられたる御真影を複写し奉掲候儀は被差許候）」との判断を示した。この回答を受け、文部省は公立尋常小学校幼稚園も正規の御真影の「下賜」対象とするよう再三、宮内省に働きかけたが認められることはなかった。

そのため、文部省は一八九二年五月二一日に次官通牒を発し、公立尋常小学校幼稚園に対して、御真影の複写「奉掲」許可（以下、「複写御真影」とする）について周知徹底した。かくして正規の御真影ではなかったが、それを複写した「複写御真影」により、全国の公立尋常小学校幼稚園にほぼもれなく御真影への「奉拝」と教育勅語「奉読」とをセットにした学校儀式の挙行が可能になった。

教育勅語発布以降の修身教育

教育勅語の発布の直接的要因が、森文政の徳育政策の否定であった以上、教育勅語の発布により修身教育が大きく変化したことは当然の成り行きであった。第二次小学校令（一八九〇年一〇月七日）にもとづいて制定された「小学校教則大綱」（一八九一年一一月一七日　文部省令第一一号）によって、「修身は教育に関する　勅語の旨趣に基き児童の良心を啓培して其徳性を涵養し人道実践の方法を授くるを以て要旨とす」（第二条）と規定された。

同日、文部省は、「普通教育施設に関する文部大臣の意見」（一八九一年一一月一七日　文部省訓令第五号）を発し、「小学校の修身は、教育勅語の趣旨をよく心にとめ、日本固有の道徳を基本としてそのうえで世界各国の普遍的な事項も考慮して、常に社会全般の道徳上の義務にそむくことがないようにすること（小学校の修身は教育に関する　勅語の趣旨を奉体し本邦固有の道を基礎として万国普通の事理を酌量し躬行実践を務め常に社会全般の徳義に背くことなきを期すべし）」としたうえで「適切で良い教科書を選ぶ必要がある。とくに修身では多くの教員の判断に任せて教科書を定めないのは適切ではない（適実善良なる教科書を選定するを要す、殊に修身に於て多数の教員の脳裏に一任して教科書を定めざるが如きは其当をえざるものとす）」と、これまでの方針を転換して、修身教科書の編纂を進めることにした。その後、一二月一六日に「小学校修身教科書検定標準」が省議決定され、「修身用教科書に掲載する事項は、小学校教則大綱第二条の趣旨とその程度に適合するものでなければならない（修身教科用図書に掲載せる事項は小学校教則大綱第二条の要旨及程度に適合せるものなるべし）」と、その内容が指定された。

以上のような経緯を経て、修身教科書の検定が開始され、一八九三年頃より多くの文部省の検定を経た修身教科書が発行された。この時期の修身教科書は、「小学校修身教科書検定標準」を忠実に反映したものであり、「すべて教育勅語にもとづいて編集され、一般に毎学年（毎巻）勅語に示された徳目を繰り返す編集形式をとっている。これは『徳目主義』とよばれるもので、明治二十年代の修身書の特色であった」（海後宗臣他『教科書でみる近代日本の教育』）と指摘されている。
　この時期の修身教科書のひとつである、峰是三郎『明治修身書』（尋常・高等各四冊、一八九二年）は、「徳目主義」による修身教科書のひとつの典型であった。同書は、全八巻構成であったが、それぞれ各巻の構成はすべて同じであり、以下のように教育勅語の徳目を繰り返す内容であった。

聖徳　第一章　父母に孝　第二章　兄弟に友　第三章　夫婦相和す　第四章　朋友相信す　第五章　恭倹己を持す　第六章　博愛衆に及ぼす　第七章　学を修め業を習ふ　第八章　公益を広め世務を開く　第九章　国憲を重んじ国法に遵ふ　第十章　義勇公に奉ず

　この修身教科書は、学年の進行にともなって説明の難度が高まり、例話こそ変わるものの、毎巻「聖徳」から「第十章　義勇公に奉ず」の構成は同じである。その他の修身書もそれぞれ一巻については工夫を凝らすものの、それ以外はだいたいおなじような編集形式をとっていた。教育勅語の扱いについては、全文を各巻の冒頭に掲載するものが多くみられた。高等科（高等小学校）用では、一巻、または一部を教育勅語の釈義にあてた。

このように、教育勅語の発布を契機として、森文政期の修身教育はほぼ全面的に否定され、修身教育は大きく変容を遂げたのであった。

3　学校儀式の定型化の過程

「小学校祝日大祭日儀式規程」の成立

前述の通り、教育勅語の発布を直後に控えた一八九〇年一〇月七日に発布された第二次小学校令は、その第一五条により、祝日大祭日には学校儀式を挙行することが規定されていたが、その詳細は文部大臣が別に定めることになっていた。しかし、教育勅語発布当初にはこれが未整備であったため、各府県が森文政期の祝日学校儀式を参考にし、また第二次小学校令第一五条の条文を斟酌《しんしゃく》しながら儀式に関する「心得」などを作成した。これを改めて、第二次小学校令第一五条で定めた「祝日大祭日の儀式等」の規程として文部省が制定したのが一八九一年六月一七日の「小学校祝日大祭日儀式規程」（文部省令第四号）である。全八条からなるこの規程は、おおむね以下のとおりである。

○　儀式の内容を①御真影への最敬礼と天皇への万歳奉祝、②教育勅語「奉読」、③教育勅語の趣旨にもとづく校長訓話、④祝日大祭日にふさわしい唱歌の斉唱としたうえで、紀元節、天長節、元始祭、神嘗祭《かんなめさい》、新嘗祭《にいなめさい》では、①から④のすべての儀式を、孝明天皇祭、春季皇霊祭、神武天皇祭、秋季皇霊祭には③と④の儀式を、そして一月一日には、①と④の儀式を実施すること（第一条から第三条）

○ 祝日大祭日には、教員（校長及び教員）は、率先して生徒を校庭（運動場）や野外に連れ出し、遊戯や体操を行って生徒の心情を快活にすること（第四条）

○ 市町村長や学事関係の吏員は、なるべく祝日大祭日学校儀式に参列すること（第五条）

○ 儀式当日には、生徒に茶菓や絵画などを配布することは可とすること（第七条）

○ 儀式に関する細則については、府県レベルで定めること（第八条）

この儀式規程に定められた儀式内容は、森文政期に文部大臣の「内命」によって普及した祝日学校儀式を基本にしながら、教育勅語発布後、文部大臣訓令によって開始された教育勅語「奉読」式の儀式内容を適宜取り込み、生徒たちの参加を促すための手段（行事や祝儀）にも配慮したものであった。森文政期の祝日学校儀式と同様に、唱歌斉唱が重視されていた点も注目される。

儀式の内容そのものは、森文政期の祝日学校儀式から大きな変化はみられない。だが式日として国家祝日のほかに国家神道の祭日が加えられ、学校儀式そのものが国体主義にもとづく天皇制教化のための「装置」になった点において、前者とは大きく異なる。しかも、「小学校祝日大祭日儀式規程」により儀式内容そのものが定式化され、それが各府県レベルの細則で規定されたことにより、全国一律の国体主義にもとづく天皇礼賛の儀式が学校のなかに深く浸透することになった。このように、教育勅語発布が学校儀式の性格の変容に果たした影響には計り知れないものがあった。

式日の整理——民衆側への譲歩

「小学校祝日大祭日儀式規程」により、子どもたちはそれまで休日であった祝日大祭日に登校し、国体主義にもとづく天皇制教化のための儀式への参列を強制されることになった。一月一日の四方拝《しほうはい》（天皇が元日の早朝に天地四方を拝する儀式）、一〇月一七日の神嘗祭、一一月二三日の新嘗祭は近世からの連続性が認められるものであり、庶民のレベルでも親しみのある祭日だったが、それ以外の祝祭日は「維新後新に創り出された」（高木博志『近代天皇制の文化史的研究——天皇就任儀礼・年中行事・文化財』）ものにすぎず「降って湧いた」馴染みのないものでしかなかった。そのため祝日大祭日学校儀式は政府が意図したとおりに普及することはなかった。その実態の一部は、「小学校実施諮問条項答申」(石川県、一八九三年五月一〇日)により垣間見ることができる。この文書には、石川県内の①教育勅語趣旨徹底策の具体的方策、②祝日大祭日学校儀式に関する子どもや父母の出席状況などが含まれている。

それによると、森文政期から実施されていた国家の祝日や新年祝賀に土地の有力者による「振る舞い」が行われる三大節の儀式については生徒の出席率は通常と変わらず、父母の出席もみられるが、それ以外については、「一般の人々の気持ちを汲んだものではないので、生徒の出席はなんと平常の五分の一に満たないところもある(一般人民の気向を酌みたる者にあらざれば〔中略〕生徒出校の数何れも平常出席の五分の一に充たざることあり)」という状況だった。開始当初の祝日大祭日学校儀式の実態は、明治政府のもくろむ天皇制教化のための「装置」として機能しないばかりか、儀式そのものが子どもたちから軽視されかねない状況におかれていたのである。

文部省は、天皇制教化の「装置」としての尊厳をたもつため軌道修正に乗り出した。そのひとつが式日の整理である。文部省は、「小学校祝日大祭日儀式規程に関する件」(一八九三年五月五日　文部省令第九号)を発し、式日を紀元節天長節、そして一月一日に限定し、それ以外の祭日の学校儀式は各学校の任意とした。生活サイクルとはかけ離れた、「上」からの儀式の強制は、人々に受容されなかったばかりか、天皇制教化そのものにも逆効果になりかねなかったからである。

当時の文部大臣井上毅は、上述の訓令発布同日に発した「文部省令訓令第九号の趣旨」（巳普甲九二三号　文部大臣内訓）で、式日整理の理由を、「児童・生徒が出席する儀式の数があまりにも多くなり、かえっていい加減になって、祝祭日の本来のお祝いの意味を失するばかりか、教育の目的にも影響を出しかねないので、この際、式日を新年、紀元節、天長節の三祝日に限定することはやむを得ない（生徒をして大礼を行はしむるに或は頻繁に渉り疎慢の嫌あらしむるに至ては却て敬祝の本意を失ふのみならず其の良心を教養するの目的を誤るものに近からむとす。此の反対の結果を避くる為に生徒の学校に於ける敬礼の日を以て新年、紀元節、天長節の三祝日とし其の他は各学校の任意の施行とする所となすは止むを得ざるに出る者なり）」と説明している。天皇の権威を守るため、明治政府は式日の削減という形で人々に譲歩しなければならなかったのである。

儀式内容の整備と統一——荘厳な儀式の道具立て

このように、式日の整理を行うことにより人々への譲歩を図る一方、儀式の尊厳を示す諸「装置」として、明治政府は儀式における敬礼方法の統一、儀式用唱歌の制定、そして教育勅語「奉読」方法の整備を進めた。「小学校祝日大祭日儀式規程」の制定により儀式の挙行義務と儀式内容は明確になったが、儀式での「最敬礼」の方法や儀式用唱歌の具体的な提示、教育勅語の「奉読」法など、儀式の厳粛化を確立するための細部は未整備のままだった。そのため、ひとつ間違えると儀式そのものの荘厳さが失われ、天皇制教化には逆効果になる惧れがあった。

そのため、文部省は「小学校祝日大祭日儀式規程」制定直後から、これらの整備に着手した。まず、一八九一年七月三日に文部省は各府県に対して、「小学校祝日大祭日儀式規程最敬礼ノ件」（文部省総務局長通牒）を発し、最敬礼の行い方が学校によってまちまちであるのは不都合なので、「帽子を脱いで体の上部を前に傾け、頭を下げて手を膝に当てて敬意を示すものとする、ただし、女性が洋装の場合は帽子を脱ぐ必要はない（帽を脱し体の上部を前に傾け頭を垂れ手を膝に当て敬意を表するものとす、但女子洋服着用の節は脱帽の限に非ず）」と最敬礼の方法を一定化した。

さらなる施策は、儀式用唱歌の選定であった。一八九一年一〇月八日、文部省は、「祝日大祭日の小学校用唱歌に供する歌詞及楽譜の件」（一八九一年一〇月八日　文部省訓令第二号）を発し、儀式に用いる唱歌については、「予《あらかじ》め本大臣〔文部大臣のこと―筆者注〕の認可を経べし」と、文部大臣の認可を求めた。その理由について、本来の儀式に用いる唱歌は国

学校儀式
（毎日新聞HP）

歌のような尊王愛国の志気を奮い起こすようなものでなければならないが、今のところ適当な歌詞楽譜がないため、「ずさんな唱歌を使うことがよくあり、これが教育上気がかりなのでこの訓令を発した（往々杜撰のものを用ふるものあり、是教育上深く憂うべきことなるを以て本令を発したる）」としている。西洋音楽にもとづいた音楽教育が完全に普及していない段階では、儀式に適する唱歌が決定的に不足していたのである。

　ついで、文部省は儀式に用いる唱歌を例示した。それが「小学校に於て祝日大祭日儀式に用ふる歌詞及楽譜の件」（一八九一年一二月二九日　文部省普通学務局長発高等師範学校長・女子高等師範学校長・道府県宛通牒）である。文部省音楽取調掛編纂『幼稚園唱歌集』、同『小学唱歌集　初編』・『小学唱歌集　第二編』・『小学唱歌集　第三編』、東京音楽学校編纂『中等唱歌集』から全一三曲が示された。そのなかで、「『君が代の初春』は一月一日に『天津日嗣《あまつひつぎ》』は元始祭日神武天皇祭日に『紀元節』は紀元節に『瑞穂』は新嘗祭日に又『瑞穂』歌詞中新嘗の新を神と修正して神嘗祭日に『天長節』『我大君』は天長節に其他は適宜」と、それぞれ式日における唱歌を指定した。

　この通牒で注目したいのは、儀式用の唱歌として、文部省音楽取調掛編纂『小学唱歌集　初編』所収の「君が代」と東京音楽学校編纂『中等唱歌集』所収の「君が代」という二種類の「君が代」が提示されていたことである。「君が代」には少なくとも三種類があるのは周知のことだが、教育勅語の発布と祝日大祭日学校儀式の概要が規定された時点においても依然として二種類の「君が代」が儀式用唱歌として文部省から正式に提示されていたのである。

試行錯誤のすえ、最終的に文部省が小学校祝日大祭日学校儀式用の唱歌を正式に決定したのは、一八九三年八月一二日のことである。「小学校祝日大祭日儀式唱歌用歌詞及楽譜撰定」（一八九三年八月一二日　文部省告示第三号）で、「君が代」、「勅語奉答」、「一月一日」、「元始祭」、「紀元節」、「神嘗祭」、「天長節」、「新嘗祭」の八曲を選定した。ここで選定された「君が代」が東京音楽学校編纂『中等唱歌集』所収のもの、すなわち現行の国歌「君が代」である。ここで初めて、小学校祝日大祭日学校儀式において使用する「君が代」が一本化され、それがやがて、国歌に準ずる扱いを受けるようになってゆく。

儀式の威厳を保つために、教育勅語の「奉読」法にも基準が示された。教育勅語の「奉読」方法が人によりまちまちで一定しない状況を、教育において憂慮すべき事態とした高等師範学校が、その具体策を女子高等師範学校と協議して、一八九五年五月に『東京茗渓《めいけい》会雑誌』第一四八号に掲載した。ルビ付きで発表されたこの訓読法は、『尋常小学修身書巻四　児童用』（第二期国定修身教科書）の扉部分に収録した教育勅語の訓読に採用されて広く普及した。

「小学校祝日大祭日儀式規程」を制定したのちにも儀式内容の詳細を整備するまでには時間を要した。その後、第三次小学校令（一九〇〇年八月二〇日　勅令第三四四号）にもとづく、「小学校令施行規則」（一九〇〇年八月二一日　文部省令第一四号）の第二八条によって、祝祭日学校儀式は以下のような内容になった。

第二十八条　紀元節、天長節、及一月一日に於ては職員及児童、学校に参集して左の式を行ふべし

一　職員及児童「君が代」を合唱す

二　職員及児童は

天皇陛下

皇后陛下の御影に対し奉り最敬礼を行ふ

三　学校長は教育に関する勅語を奉読す

四　学校長は教育に関する勅語に基き聖旨の在る所を誨告す

五　職員及児童は其の祝日に相当する唱歌を合唱す

御影を拝戴せざる学校及特に府県知事の認可を受け複写したる御影若は府県知事に於て適当と認めたる御影を奉蔵せざる学校に於ては前項第二号の式を闕く又唱歌を課せ

ざる学校に於ては第一号及第五号の式を闕くことを得

第三次小学校令発布以降、法令による祝祭日学校儀式は三大節に限定された。さらに、学校儀式の冒頭で「君が代」を合唱することも規定された。こうして、一部で人々に譲歩しながらも、天皇制教化のための「装置」としての祝祭日学校儀式が定型化され、それが全国一様に広がることになった。

三（四）大節学校儀式の記憶――子どもたちからみた学校儀式

三（四）大節学校儀式〔一九二七年三月三日に詔書で明治節が加えられたことにより四大節になる――筆者注〕は、子どもたちにとって非日常の空間であり、天皇の権威や神秘性を子どもたちの心に内面化したといわれている。当時の子どもたちは、この学校儀式をどう受け止めたのであろうか。児童文学作家であるとともに、「ボクラ小国民シリーズ」で戦時下の子どもの生活を鋭く描きだし、その実態を告発した山中恒《やまなかひさし》の著書などにより、検討してみたい。山中恒が国民学校に通っていた時期、学校儀式は上述の「小学校令施行規則」で規定した儀式の順序で君が代合唱と御真影への最敬礼との順序が逆になっているが、これは、一九四一年四月一日の文部省普通学務局長・同専門学務局長発地方長官宛通牒「作法教育に関する件」の「礼法要項」による儀式の順序に従って行われていたためである。当時の文部省は、右に定めた儀式は内容を定めたものであり、順序を定めたものではないとの見解を示したため、一九四一年四月以降、儀式の順序は以下のように変更された。

　式日は、儀式の参列のために教職員・児童、さらには来賓が登校した。いつもと同じ登校であるが、服装は異なり、全員が「一張羅《いっちょうら》（最もよい服装）」であった。通常は奉安殿で「奉護」している御真影・教育勅語謄本であるが、式日には、儀式の会場である講堂に「奉遷」しなければならない。運動場（校庭）で待機している子どもたちは、「気を付け」ラッパが鳴ると一斉に講堂の入り口に注目し、直立不動の姿勢をとった。それまでざわついていた運動場は「水を打ったように、しーんと」しずまりかえった。このラッパは、御真影・教育勅語謄本「奉遷」の合図であり、当番職員による「最敬礼」の号令とともに最敬礼をし、その後も注目しなければならなかった。講堂への「奉遷」が終わると「直れ」の号令があり、「解散」ラッパがなり、やっと自由になる。「たかだか四分程度であったが、その間の緊張感は独特のもので、学校じゅうがちょっと神がかりで、呪術的な静寂に支配された」（山中恒『子どもたちの太平洋戦争――国民学校の時代』）状況になったと記している。

　子どもたちが式場に入り、来賓が着席すると儀式がはじまる。まず、御真影開扉《かいひ》であ

学校儀式。小学校での「勅語奉読」（左）と「祝歌合唱」の様子（ジャパンアーカイブス）

る。教頭が右側から昇壇する、その後、校長が左から登壇し、全校生徒の前に立ち、正面を向き、「礼」の号令により、参列者一同が正面に向かって「敬粛《けいしゅく》」の礼を行う。その間に教頭が正面のカーテンの綱を引き、左右に開くことにより御真影が現れると校長が上体をもとにもどす。参列者も上体をもどし、教頭は御真影に背を向けないように、後ずさりして降壇する。その後、「最敬礼」の号令のもと、参列者一同最敬礼を行った後、校長は上体をかがめ、慎みを表しながら元の席に戻る。

　その後、「国歌斉唱」として「君が代」斉唱（二回繰り返し斉唱）の後、教育勅語の「奉読」になる。教育勅語「奉読」については、次のように描かれている。

校長が登壇し、御真影に向かって最敬礼し、勅語謄本のところへ行き、袱紗《ふくさ》を取り、箱から勅語謄本を取り出しておしいただく。つぎに勅語謄本を開き、両手で持ち、腕を肩の高さに持っていき、少し上体を前へ傾け恭敬の意を表す。一同はそれに合わせて上体を前へ傾け、首を垂れて謹聴の体勢をとる。〔中略〕校長はこれを出来るだけゆっくり、おごそかに読みあげる。最後の「御名御璽《ぎょめいぎょじ》」を校長が読みあげたら、一同は敬礼して、もとの姿勢にもどる。校長は勅語謄本をまるめ、箱にもどし、ふたをして袱紗をかけ終わると、勅語謄本に一礼し、つぎにまた御真影に最敬礼して降壇する（同前）。

規程にはないが、教育勅語「奉読」の後、唱歌「勅語奉答歌」を斉唱するところもあった。その後が校長訓話である。校長は、登壇して御真影に最敬礼をし、左端の机（御真影に背を向けないため）に進み、礼をする。その後、「教育勅語に基づき聖旨の在る所」の訓話を行ったが、それは、「むやみやたらに『恐れ多くも……』『かしこくも……』『洩れうけたまわりますところによれば……』『かしこきあたりにおかせられましては……』が連発され、私たちはその度に間髪を入れず直立不動の姿勢をとらされた」(同前)のである。「校長の長い長い話が終わると」、参列者が校長に礼をし、校長は答礼の後、御真影に向かい最敬礼の後に降壇し、校長訓話が終わる。その後、式唱歌(三(四)大節それぞれの儀式用唱歌)を斉唱する。式の最後は御真影閉扉であり、御真影を隠すことになるが、これにも参列者全員が上体を傾けて「敬粛の意」を表した。その後、来賓が退席した後、子どもたちが退席した。

とは言え、儀式の終了とともにただちに子どもたちが解放されたわけではない。教室にもどると担任教師から儀式の講評があり、儀式を始める前の注意事項が徹底されていたかどうかについての反省を求められるとともに、時折、校長の訓話の内容に関しての質問が行われ、徹底されていない場合、「げんこつや平手打ち」などもあった。

この事例は、一九四一年四月以降の国民学校時代という、天皇の神格化が最も徹底された時代のものだが、それ以前の三(四)大節学校儀式も大同小異であることは、当時の画像や写真などからも確認できる。御真影を天皇本人として扱うこのような儀式を、後から顧みると「天皇の写真をなぜ本物として扱わねばならなかったのか、なんとも不思議である。そして、それを大まじめにやった大人たち、特に教師たちはどこまで本気だったのか、なんとも不思議でならない」(同前)と回想している。しかしながら事実として、全国一斉、全ての学校で一律に、このような三(四)大節学校儀式が学校の最も重要な儀式として「大まじめで」挙行されていたのである。

三（四） 大節学校儀式の定型化と他の学校儀式への影響

小学校で義務化された三大節学校儀式は、その後、中等教育機関においても実施が義務化された。中学校については、「中学校令施行規則」（一九〇一年三月五日 文部省令第三号）第一九条で、「紀元節、天長節、及び一月一日には職員及び生徒学校に参集して祝賀の式を行うべし」と規定された。高等女学校に関しては、「高等女学校令施行規則」（一九〇一年三月二二日 文部省令第四号）第二三条で、三大節学校儀式については、「中学校令施行規則」第一九条を準用することを定めた。師範学校については、「師範学校規程」（一九〇七年四月一七日 文部省令第一二号）第四三条によって三大節に祝賀式を行うことを規定したが、その条文は「中学校令施行規則」第一九条と同文であった。

中等教育機関における三大節学校儀式関連の条文は、「小学校令施行規則」に定められた儀式内容の詳細にまでは言及していないが、実際に行われていた儀式内容は小学校とほぼ同様であったことが学校日誌などから確認できる。法令による三大節学校儀式の挙行義務は、中等教育機関にまで及んでいたのである。

「小学校令施行規則」により三大節学校儀式が定型化し、このことが直接的な要因となり、卒業式・入学式などの内容も三大節学校儀式の内容をもとにして再構成されるようになった。具体的には、三大節学校儀式を頂点として、以下、卒業式、入学式、教育勅語発布記念の「奉読」式など、それぞれの式日の軽重を考慮に入れ、各学校儀式内容を定める動きが急速に進んだ。以下、いくつかの事例を紹介したい。

鹿児島県師範学校附属小学校の「儀式規程」は、「祝日、大祭日、卒業証書授与、勅語奉読日〔中略〕の諸式は学校長之を挙行し、始業、終業、入学、職員送迎、教生交替、児童役員任命の諸式は主事之を行う」と儀式の主催者を定め、三大節などの最も重視する儀式では、定められたすべての儀式を執り行い、卒業証書授与式では、卒業証書授与、褒賞《ほうしょう》授与、卒業生総代謝辞とともに、御真影「拝礼」を除いた三大節学校儀式を行うこととされている。以下、儀式の軽重により三大節学校儀式の内容を斟酌しながら、各学校儀式の内容を定めた内容になっている(『鹿児島県師範学校附属小学校一覧』)。

同様の規程は、長野県でも確認できる。長野県更級郡共和尋常高等小学校は、一九一一年に「儀式に関する規程」を定めている。同校では、挙行すべき儀式として「一　三大祝日奉祝式　二　教育勅語奉読式　三　戊申詔書奉読式　四　学校新築落成記念式　五　証書授与式　六　職員送迎式　七　入学式　八　始業式及終業式　九　朝礼式　十　其他」と定めている(前掲『続・現代史資料9　御真影と教育勅語2』)。

ここでも、三大節では、「小学校令施行規則」に規定された儀式のすべてを実施し、それ以外の儀式については、その軽重を判断し、「三大節奉祝式」を基準にして、それぞれの式日の内容に合わせた儀式を行うこととされている。鹿児島県の事例と同様に、「御真影」への「最敬礼」は、「三大節奉祝式」に限定され、教育勅語「奉読」は、証書授与式（卒業式）まで、「君が代」斉唱は始業式・終業式までは執り行われるが、それ以下からは省かれている。このように、「小学校令施行規則」という法令によって定型化されたのは、あくまでも三大節学校儀式に限られたが、それをもとにして、入学式や卒業式を含めた学校儀式（学校行事）全般が、天皇制教化の「装置」として位置づけられていくことになったのである。

第三章　日露戦争前後の教育勅語・学校儀式

1　日清・日露戦間期の教育勅語体制の動揺

帝国主義国家への歩みと新たな国民像の模索

日清戦争は、近代日本の大きな転換点になった。一八九〇年代初頭の日本は、アジア諸国のなかで、いち早く独立国として近代化を達成したとはいえ、欧米列強からは、押しつけられた不平等条約にあえぐ東アジアの「小国」、「野蛮人」の国と見なされていた。その日本は、「野蛮人」の国から欧米列強と同じ「文明人」の国として認められようと、官主導による急速な近代化を進めた。

具体的には、強力な中央集権国家を創り上げたうえで、近代化に必要な政治制度や社会制度の改革を進行させた。そして全面的な民主化に対しては統制を加えながら立憲君主国家の形成を図った。鹿鳴館《ろくめいかん》で展開された表面的な「文明開化」策、明治憲法の発布などにより制限付きながらも近代国家の体裁を整えるその一方、こうした一連の近代化を抑制するために教育勅語を発布したことなどは、その典型例といえるだろう。少なくとも、教育勅語が発布された一八九〇年頃までの日本は、懸命に「野蛮人」の国から「文明人」の国へと転換するための政策、すなわち、「脱亜」、「入欧」を積極的に進めていた。そしてこの

「脱亜」政策は、近隣諸国の支配へと進んでゆく。

一九世紀中ごろに始まった欧米列強によるアジア侵出への対抗として、アジア各国においては近代化が最重要課題になっていた。当時、朝鮮では日本などの助力を得て独立国家として自力で近代化を推進しようする勢力(開化派)と、清国の庇護《ひご》のもとに国を維持しようとする勢力(守旧派)とが激しく対立していた。この抗争は、朝鮮内の開化派との連携を足掛かりに影響力を強めようとする日本と、朝鮮での権益を維持しようとする清国との対立へと進展した。一八九四年一月に朝鮮国内で東学党《とうがくとう》農民反乱が勃発すると、清国は朝鮮政府からの派兵要請を支配強化の好機ととらえて六月に出兵した。一方、日本も政治的支配をもくろみ朝鮮へ出兵した。日本はこの戦争の目的を、朝鮮の植民地化をはかる清国を排除して、独立国のひとつとするためのものと宣言し、欧米列強の支持を取り付けようとした。

諸外国の予想に反して、日清戦争に日本は勝利し、下関条約により清国から遼東《りょうとう》半島と台湾を割譲されることになった。しかし、日本の急速な国力増強を危険視した欧米列強、特にドイツ・フランス・ロシアが遼東半島の放棄を要求する(三国干渉)にいたった。近代化の端緒についたばかりで国力が充実していなかった日本はこれを受け入れたが、一方で清国から得た多額の賠償金をその後の近代化の資金とすることができた。そしてこの日清戦争の勝利により、日本は欧米列強からアジアの強国として、一応の認知を得ることになった。

下関条約で台湾を領有し、帝国主義国家の一員となった日本は、上記の清国からの多額の賠償金などをもとにして、軍事力の増強と資本主義体制の確立を進めた。明治維新から一八九〇年頃までの日本とは明らかに違う状況が生まれつつあったのだ。日本は、朝鮮半島の利権獲得にも熱心であり、そのためには、従来とは違う対外関係や植民地に住む人々までをも含めたあらたな国民国家の構築の必要に迫られたが、そこには資本主義的社会関係の成立という、従来の日本社会を根底から変える内容も含まれていた。日清戦争の勝利により、政府が求める国民像・人間像に修正を加える必要に迫られたのである。

このような状況のなかで、明治政府内では日清・日露戦間期に、新たな国民像・人間像を提示する有効なひとつの手段として、教育勅語改訂論、教育勅語撤回論、あるいは、教育勅語追加論などが議論された。当時の政府首脳には、一八九〇年一〇月に示された明治政府の求める国民像は、すでに陳腐なものに映っていた。このように、発布から数年経ずしてすでに、改訂や追加・撤回が議論の俎上《そじょう》にのぼっていたということは、教育勅語が発布からほどなくして、すでにこの国の教育理念として、きわめて不安定な位置づけにあったことを示している。まずは、改訂論が持ち上がった教育勅語とそれを取り巻く状況について検討したい。

日清・日露戦間期の教育勅語改訂・追加・撤回論

近代化を推進し、不平等条約の改正を大きな目的とした明治政府だが、一八九〇年代ごろまでの政策には内向きの傾向が強く、植民地を有する帝国主義国家として欧米列強に伍して協調外交を行うことなどは、ほとんど念頭になかったといってよい。そもそも植民地を有する国民国家へと移行する日本が、祖先を異にする民族に「爾祖先の遺風」などとして教育勅語の理念の受容を求めることは論理的にあり得ないことであった。

第二次伊藤博文内閣に文部大臣として入閣した西園寺公望は、一八九五年三月の高等師範学校卒業式の演説で、「今や日本は、その威光を広く行き渡らせて、その文明の普及を公言するときであるが、世の中には、いまだ古い慣行に執着して、これを改めようとしない人々がいて、偏った卑屈な考え方で、忠孝など旧来の考え方を最善のものと考えているが、こうした人々は、文明の発展に障害を与えているところが少なくない（今や〔日本は—筆者注〕国光を宣揚し文明を誇称する時なり而して世間或は尚ほ東洋の陋習に恋々し之を改むるに憚るの徒往々之あり偏局卑屈の見解を以て忠孝を説き或は古人奇癖の行を慕ひて人生の模範と為さんと欲するの者あり此等は文明の進途に障碍を与うる少からず）」と、新たな時代に対応する教育の重要性を指摘した。さらに西園寺は、同年五月に全国の高等学校長、師範学校長を官邸に招き、教育に関する意見を演説した。そのなかで、「私は、これからは教育者の責任を十分に覚悟するべきである、もし、内向きな態度で外を見ることなく、ただ大和魂のみを唱え、世界の動きを顧みないようなことは、私は採用しない（吾人教育者の責任にして、今日より十分其覚悟なかるべからず。若し内に案じ外を顧みず、徒に口大和魂を唱うるのみにして世界文明の大勢に伴随するを悟らざる如きは余の取らざる所なり）」と、大和魂を唱え内向きな価値観に固執する教育界を批判した（立命館大学西園寺公望伝編纂委員会編『西園寺公望伝別巻二』）。これは、取りも直さず、教育勅語を唯一の価値観とみなし、教育理念とする現状への批判を含むものであった。

こうした西園寺の方針は、その当時、「世界主義」などと称され、大きな議論となっていた。西園寺は、従来の教育勅語だけでは日本の教育理念を示すことはもはや無理であるとして、第二の教育勅語の起草に着手した。後年、西園寺自身が、「あの教育勅語一本では物足らない。もっとリベラルの方へ向けて教育の方針を立つべきものだと思った。そのこと〔第二の勅語を下すこと—筆者注〕については、〔明治天皇に—筆者注〕あらかじめ申上げてお許しを得ていたが、まだ成案と思ううちに内閣が辞職したから実現するに至らなかった」（小泉策太郎筆記・木村毅編『西園寺公望自伝』）と回顧している。実際、西園寺を中心として構想された「第二の教育勅語」は、その草案も確認することができることから、ある程度、計画が進んでいたことは間違いない。それが頓挫したのは、当時の内務大臣である芳川顕正（教育勅語発布当時の文部大臣）などの山県閥に属する保守派が、教育勅語を否定するような行為が国体主義にもとづく天皇・天皇制そのものの権威を失墜させることを懼《おそ》れたためであったと推測できる。

教育勅語の改訂や追加・撤回を求める議論は、西園寺の「第二の教育勅語」構想のみではなく、他にも文部省内外から非公然に提案されていた。提出者は不明だが、「教育勅語追加」案を明治天皇に提出し、その是非を伊藤博文に諮問し、伊藤がこれに反対の意見を具申したという「教育勅語追加の議」、文部次官某が「教育勅語撤回論」を論じたといわれる事件、一九〇一年一月から三月にかけて、文部省修身教科書起草委員の中島徳蔵《なかじまとくぞう》が、「教育勅語撤回」を唱え、その案が高等教育会議（文部省に設置された教育政策に関する審議会）に提出されようとしたとの報道があり、その真偽を確かめる質問書が帝国議会に提出されるという事件も発生した。

すなわち日清戦争終結から日露戦争勃発に至るおよそ一〇年の間に、①文部大臣西園寺公望による「第二の教育勅語」発布計画、②明治天皇が伊藤博文に諮問したとされる、「教育勅語追加の議」、そして、③文部次官某による「教育勅語撤回論」など、少なくとも三件以上、教育勅語そのものに修正を加えようとする動きが権力の上層部、特に文部省内で模索されていたのである（小股憲明『明治期における不敬事件の研究』）。これらの動きは、日清戦争後の産業革命の進行と不平等条約改正実現にみる日本の国際的地位の向上などの急速な社会変動に、立憲君主制成立直後、日本社会がリベラルな方向に進むことを懼れた明治政府の保守派により主導された教育理念である教育勅語ではもはや対応できないとの判断が、文部省を中心に明治政府の内部に広がっていたことを示している。

教育勅語が示す人間像は、一八九〇年以前の日本が近代化を開始したばかりの、植民地の保有など考えることのできない時期のものであった。日清戦争後、教育勅語の改訂や追加、撤回は断念されたが、教育勅語だけでは新たな段階に入った日本社会に対応するには不十分であることは明白であった。こうした矛盾の解決は、日露戦争後の激変する社会への対応を待たなければならなかった。

第一期国定修身教科書編纂と教育勅語

森有礼が文部大臣であった時期には森の方針に従い、修身科の教科書の発行は行われなかった。この方針は教育勅語と第二次小学校令、「普通教育施設に関する文部大臣の意見」（一八九〇年一一月一七日　文部省訓令第五号）により大転換し、「修身の教授で、教育内容を教員に一任して、教科書を定めないのは適切でない（修身に於て多数の教員に一任して教科書を定めざるが如きは其当を得ざるものとす）」と、修身についても教科書を使用することになった。先述の通り、その教科書は、教育勅語の徳目を繰り返し教え込む、いわゆる「徳目主義」のものだった。

戦前の教科書の検定制では早くから、教科書会社による教科書を採用する府県関係者への賄賂《わいろ》が問題視されていた。そのため日清戦争後の一八九六年の第九帝国議会以降、議会では、修身教科書を中心に、国が責任をもって教科書を編纂する国定教科書制度の導入を求める建議が行われた。

一八九六年の第九帝国議会では貴族院が修身科の教科書は国家の責任で編纂すべきものであり、政府はそのための編纂機関を設置して修身教科書編纂計画を作成すべきとの建議を行った。翌一八九七年の第一〇帝国議会でも、同じく貴族院から修身教科書と国語読本を国定とすべしとの要望が出された。衆議院でも、一八九九年の第一三帝国議会で修身教科書の国定化が、そして一九〇一年の第一五帝国議会で小学校用の教科書すべての国定化を求める建議がおこなわれた。このような世論の動きに対応し、文部省は一九〇〇年四月に修身教科書調査委員会を設置し、国定修身教科書の編纂に着手した。

一九〇二年、ついに、知事・師範学校長など教育関係者で摘発される者が四〇道府県で約二〇〇人、「官吏収賄罪」、「小学校令施行規則」違反その他で一〇〇人以上が有罪、その範囲も三十数府県に及ぶという教科書疑獄事件が勃発した。その結果、法令上、多くの教科書が使用できなくなり、従前のまま検定制度を持続することが困難となった。かくして、国定教科書制度化への流れが急速に進むことになった。

一九〇三年四月の「小学校令中改正」により、「小学校の教科用図書は文部省に於て著作権を有するものたるへし」(第二四条)となった。これにより、関連法令である「小学校令施行規則」も改正され、修身・日本歴史・地理・国語読本という国家イデオロギーを支える主要教科の教科書が国定化された。かくして、国家の意思を直接に教育に反映させられる体制が構築された(梶山雅史『近代日本教科書史研究——明治期検定制度の成立と崩壊』)。

以下では、日清・日露の戦間期に登場した第一期国定修身教科書において、教育勅語がどのように教材化されたのかを検討したい。第一期国定修身教科書の編纂方針について、文部省『国定教科書編纂趣意書』は、「本書は、小学校修身用教科書として編集したものであり、教育勅語の内容にもとづき、児童の道徳性を育成し、道徳の実践を指導して日本国民として必要な道徳を教えることを目的としている(本書は小学校修身科用教科書に充つるために編纂せしものにして明治二十三年十月三十日の勅語の旨趣に基き児童の徳性を涵養し道徳の実践を指導し健全なる日本国民たるに必須なる道徳の要旨を授くるを目的とせり）」と、論じている。国定第一期修身教科書のなかで教育勅語そのものについて説明しているのは、『尋常小学修身書　第四学年　児童用』の「第二十七課〔表題無し—筆者注〕」である。平易な表現で教育勅語の概要を説明したのち、「つねに、これらのことを守ると、明治二十三年に、くだされた勅語のごしゅいに、したがいたてまつることになります」と記されている。その教師用書である『尋常小学修身書　第四学年　教師用』は、「第二十七課　よい日本人」で、この教材の目的に詳細に言及している。まず、「この課は、第四学年において教えてきたことを総まとめすることを目的にしている（本課は本学年に於て教へ来りたることを総括するを以て、本課の目的とす）」としたうえで、「説話要領」で、「皆さんは、四年生で学ばなければならない道徳上の心得をひと通り学び終えています。皆さんが尋常小学校を修了しようとする時にあたって、この四年間に学んだ道徳の心得をまとめて解説します（諸子は本学年に於て学ぶべき修身上の心得を一通り学び終れり。今諸子が尋常小学の教科を修了せんとするに臨み、過去四学年の間に、学び得たる修身上の心得をまとめて説ききかせん）」と冒頭に記したのち、教育勅語の概要の説明を行っている。

　教授上の「注意」として、「この課を扱う際には、教育勅語の大意を説明して聞かせなさい（本課を教授する際、明治二十三年十月三十日に下したまいし勅語の大意を説ききかすべし）」としている。すなわち教育勅語は、義務教育期間の修身教育の集大成として扱うべき教材と位置づけられた。しかし、第一期国定修身教科書に教育勅語の全文は掲載されなかった。それ以降の国定修身教科書に全文が掲載されていたのと比べると、教材としての教育勅語の位置付けはいまだ決して高いものではなかった。そのため、海後宗臣等の研究により、「最初の国定修身書を全体としてみると、家族道徳や国家に対する道徳が国定直前の検定教科書よりいくらか減少し、近代市民社会の道徳の比重が高まっている」(前掲『教科書でみる近代日本の教育』)と評価されている。

この第一期国定修身教科書は、各界から厳しく批判された。枢密顧問官野村靖《のむらやすし》、東久《ひがしく》世《ぜ》通禧《みちとみ》、田中不二麿《たなかふじまろ》などのグループは、忠孝道徳が軽視されているとして「文部省著作修身書ニ関スル意見」と、独自に起案した尋常・高等小学児童修身教科書草案(七冊)を文部省や枢密院の有力者などに提示した。また日本弘道会《にほんこうどうかい》(教育勅語にもとづく徳育普及を図る教化団体)が「国定小学修身教科書に対する意見」を公表するなど、文部行政に影響力のある各方面からの批判が多数あった(中村紀久二編『復刻版　国定教科書編纂趣意書　解説・文献目録』)。

これには、日清・日露戦間期という時代状況が大きく影響していたと思われる。国定第一期修身教科書の編纂時期は、西園寺公望をはじめとする権力中枢で教育勅語の改訂・追加・撤回論が検討されている時期と重なる。同書の編纂に際して起草員のひとりであった中島徳蔵は、教育勅語の撤回を主張したとして世論から指弾され、起草員を更迭《こうてつ》されている。中島の後任として新たに起草員に加わった吉田熊次《よしだくまじ》は、「他より伝聞するところに依ると、〔中島徳蔵が―筆者注〕修身教科書に関連して、教育勅語を批判したことが問題を惹起したためであろうということであった」（佐藤秀夫編『続・現代史資料8　御真影と教育勅語1』）と回想している。このように、教育勅語そのものがきわめて不安定な状況にあった。そうしたこともあり、国定修身教科書に教材として教育勅語が多くの頁を割かれることがなかったのは、この時期の文部省が「世界主義」を標榜し、教育勅語の「内向き」な教育理念を是としなかった西園寺公望を中心としていたことによるものと推測される。

2　戊申詔書の発布と地方改良運動

日露戦争後の社会不安とそれへの対応

一九〇四年から〇五年にかけての日露戦争は、日本が「挙国一致」体制で臨んだ最初の総力戦であった。一七億円という、一九〇三年度の国家予算の七倍になる戦費を費やし、戦病死者一〇万人以上と、日清戦争とは桁が一つ違う膨大な犠牲を出して戦った結果は、まさに薄氷を踏むような勝利であった。しかしこの勝利により、アジアの小国にすぎなかった日本は帝国主義列強のひとつに数えられるようになった。その一方で、帝国主義国家としての経済的・社会的実力を備えるという大きな課題が戦後日本に待ち受けていた。

こうした認識は、当時の指導者たちの間ではほぼ共通のものであった。日露戦争終結直後の一九〇五年一二月、文部官僚の岡田良平《おかだりょうへい》は戦後の懸案について、膨大な戦費は国民の勤労で補塡するしか道はないが、現況、人々の倦怠感は増幅し、「軽佻浮薄《けいちょうふはく》」に流れる傾向も強く、人心の掌握が何より重要であるとするとともに、アジア唯一の帝国主義国家として植民地の拡大が進む状況に対応し、国民一人一人が確固たる国家意識を持つことの必要性が一層求められると主張した。小松原英太郎《こまつばらえいたろう》（第二次桂太郎《かつらたろう》内閣の文部大臣）も、「我が国民に、吾れは日本国民なりとの感想を深からしむるは実に大切なることなり」として、その目的を達成するために国民教育を強化しなければならないと主張した（宮地正人『日露戦後政治史の研究――帝国主義形成期の都市と農村』）。

日露戦争後の国家経営に関する内務省を中心とした国家官僚の共通認識は、国家財政の強化・生産力の拡大・国家による国民の掌握であった。しかし、実際の日本社会は正反対の方向に向かいつつあった。勝利とはいえ、ロシアから賠償金を取ることはできなかった。厖大《ぼうだい》な戦費は内外からの公債によって調達されたものであった。その結果、戦争中からの増税政策は戦後も続行せざるを得なかった。その税は、国税・府県税・町村税と、人々に重くのしかかり、明治国家を支えていた農村の基盤を大きく揺るがせた。零細自作農の没落、地主小作関係の広範な進展と悪化、農村から都市への急速な人口流出が顕著になった。

そうした状況のなか、日比谷焼き討ち事件にみられる民衆の不満の顕在化、国家への明確な批判を込めた労働運動・社会主義運動が台頭した。一九〇六年六月八日に、第一次西園寺公望内閣の文部大臣に就任した牧野《まきの》伸顕《のぶあき》が発した「学生生徒ノ風紀振粛ニ関スル件（一九〇六年　訓令第一号）」は、「極端な社会主義者が各所に見え隠れし、様々な手段で教員生徒を誘惑しようとする者があると聞いている（極端なる社会主義を鼓吹するもの往々各所に出没し種々の手段に依り教員生徒等を誑惑せんとする者ありと聞く）」と言及するまでになった。日清戦争後に急速に進展した近代日本の資本主義は、近代産業の発展をもたらす一方で、資本家と労働者との階層の分化・対立と闘争を引き起こした。すでに日露戦争直前の一九〇三年一一月に、堺《さかい》利彦《としひこ》・幸徳《こうとく》秋水《しゅうすい》が「平民社」を創設し、週刊「平民新聞」を発刊して非戦論と社会主義思想の宣伝・普及を行っていた。牧野伸顕がこの訓令を発する直前の一九〇六年二月には、堺利彦を中心にして日本社会党が組織されていた。

こうした課題への対応のためには、新たな段階にふさわしい人的基盤と経済的基盤の創出を国家権力によって強権的に行わなければならないというのが当時の政府の認識であった。この目的のもと進められたのが地方改良運動であり、その理念的な指標として発布されたのが、以下で検討する戊申詔書であった。

戊申詔書の発布とその内容

日露戦争後の新たな段階に入った日本社会が求める人間像の提示が一九〇八年七月に成立した第二次桂太郎内閣のもとで行われた。内務大臣平田東助《ひらたとうすけ》は、「人々の間に社会主義が広がることを憂慮し（民心に社会主義の顕著ならんとするを憂い）」、「天皇の権威により（至尊の御威光により）」詔書を発してこれに対応しようとした。これが戊申詔書である。

詔書案が閣議に提示されたのは、同年一〇月一二日であったとされる。平田東助の提案には、小林寿太郎《こむらじゅたろう》（外務大臣）と斎藤実《さいとうまこと》（海軍大臣）は、却って天皇の手を煩わすことになるとして、これに反対したが、平田が「泣かんばかりに訴えて」閣議の了解を得た（前掲『日露戦後政治史の研究』）。

閣議に提出された詔書の案文は、本文に関しての訂正はなく、一九〇八年一〇月一三日に詔書として発布された。この詔書は、同年一一月六日付の内務省地方局長発各府県知事宛に発した通牒《つうちょう》で、「本年十月十三日渙発の　詔書は本省に於ては戊申詔書と称え他と区別することに相成候」とされたことにより、他の詔書と区別する意図も含めて戊申詔書と呼称されるようになった。その全文は以下に示したとおり、全三〇六文字という教育勅語よりも短い文章であった。

朕惟フニ方今人文日ニ就リ月ニ将ミ東西相倚リ彼此相済シ以テ其ノ福利ヲ共ニス朕ハ爰ニ益々国交ヲ修メ友義ヲ惇シ列国ト与ニ永ク其ノ慶ニ頼ラムコトヲ期ス顧ミルニ日進ノ大勢ニ伴ヒ文明ノ恵沢ヲ共ニセムトスル固ヨリ内国運ノ発展ニ須ツ戦後日尚浅ク庶政益々更張ヲ要ス宜ク上下心ヲ一ニシ忠実業ニ服シ勤倹産ヲ治メ惟レ信惟レ義醇厚俗ヲ成シ華ヲ去リ実ニ就キ荒怠相誡メ自彊息マサルヘシ

抑々我カ神紳聖ナル祖宗ノ遺訓ト我カ光輝アル国史ノ成跡トハ炳トシテ日星ノ如シ寔ニ克ク恪守シ淬礪ノ誠ヲ諭サハ国運発展ノ本近ク斯ニ在リ朕ハ方今ノ世局ニ処シ我カ忠良ナル臣民ノ協翼ニ倚藉シテ維新ノ皇猷ヲ恢弘シ祖宗ノ威徳ヲ対揚セムコトヲ庶幾フ爾臣民其レ克ク朕カ旨ヲ体セヨ

御名御璽

明治四十一年十月十三日

内閣総理大臣　侯爵　桂　太郎

【現代語訳】

わたしは、現在、文明は日進月歩で進展し、東洋西洋は互いに協力してその成果を共にしていると思っている。この時期に益々国交を盛んにして友好を深め、欧米列強と手を携えて永くその慶びをともにしたいと願っている。顧《かえり》みると、日進月歩の世界的趨勢により、文化の恩恵をともに享受するためには、もとより日本国内の発展を待たなければならない。日露戦争終結からまだ日が浅く、政治全般についていっそう引き締める必要がある。上下ともに心をひとつにし、忠実に職業に励み、勤勉と節約によって家財を治め、常に信義を守り、人情厚く日々の生活を送り、虚飾を捨て実質な態度を採り、荒《すさ》んだ生活にならないようにたがいに戒め、自らも常に引き締めていかねばならない。我が神聖なる皇祖の遺訓とその歴史の事跡は、太陽や星のように光り輝いている。これらをよく守り、自身も研鑽を尽くせば、日本の発展は早々に達成できるであろう。わたしは、現在の状況に対応するに際し、忠良な臣民の協力を頼みにして、明治維新の大業を拡張し、先祖の威徳をさらに高めることを切に願っている。臣民は皆、わたしの願いを理解して行動せよ。

重要な点は、天皇の意思表示を、勅語ではなく詔書の形式で発布したことである。この背景には、その前年の一九〇七年に「公式令」(勅令第六号)が制定され、詔書・勅語の形式が一定されたことがある。戊申詔書は、「公式令」第一条の、「皇室の大事を宣誥し及大権の施行に関する勅旨を宣誥するは〔中略〕詔書を以てす」にもとづき発せられたものである。戊申詔書は皇室の「大権の施行に関する勅旨の宣誥」であり、きわめて政治性の高いものであった。その結果、そこには内閣総理大臣桂太郎の副署が加えられた。教育勅語は天皇の非政治的な意思表示として発布されたものであったが、戊申詔書は国家元首としての天皇の大権行為という政治性を有した意思表示としての性格を示していた。この点について、佐藤秀夫《さとうひでお》は「国民の内面に対する天皇の介入について、かつて九〇年代に井上毅が示したような非政治化への配慮がさして必要とされない程度にまで、天皇制的教化の体制が進行していたことを示していた」（前掲『教育の文化史1　学校の構造』）と指摘している。

　教育勅語発布時とは異なった時代状況のもとで発せられた戊申詔書は、以下のような内容であった。第一段は、「朕惟フニ〔中略〕永ク其ノ慶ニ頼ラムコトヲ期ス」と、世界文明の発展を進め、列強との国際協調のなかで、永くその恩恵にあずかりたいと述べる。第二段では、「顧ミルニ日進ノ大勢ニ伴ヒ〔中略〕荒怠相誡メ自彊息マサルヘシ」と、日本の現状を顧みると、日ごとに進む文明の恵みを享受しているのは自国の努力の賜物である。一方、日露戦争後まだ日が浅く、政治社会において引き締めが必要になっている、としたうえで、その実践に必要な徳目として、「実業ニ服シ」、「勤倹産ヲ治メ」、「惟レ信惟レ義」、「醇厚俗ヲ成シ」、「華ヲ去リ実ニ就キ」、「荒怠相誡メ」、「自彊息マサルヘシ」の七つが挙げられている。そして最後の第三段では「抑々我カ神紳聖ナル祖宗ノ遺訓〔中略〕爾臣民其レ克ク朕カ旨ヲ体セヨ」と、この世界の状況に対処するため忠良なる臣民の協力を頼みにしているので、維新の偉業をさらに広げ、祖先の威徳に劣らないようにと求めている。

戊申詔書の第二段にある七項目の徳目が「実業ニ服シ」、「勤倹産ヲ治メ」など、資本主義社会に対応するものが中心になっている点は、教育勅語の徳目とは明らかに異なっている。それらの徳目により戊申詔書が求めているのは、帝国主義国家の末端に位置するようになった時代状況への対応であった。またこれは、日清・日露戦間期に権力内部で議論された教育勅語の改訂・追加・撤回論に対する一つの結論でもあった。一八九〇年という時代状況で発布された教育勅語の内容では、新たな段階に達した状況の教育課題を処理しきれないのは明白であった。一方、教育勅語の改訂・追加・撤回論は、日露戦争後に確立した天皇・天皇制の権威を失墜させ、「国体」観念への疑念を持たれかねない危険性を内包するものであり、権力内部はこれを恐れていたのである。

その結果、「教育勅語をして、時代を超えた普遍性を主張する『古典』の位置に昇格させ、新たな状況に対応すべき教育理念は、その都度その時々の天皇の名により示される」（前掲『続・現代史資料8　御真影と教育勅語1』）という方式が採用されるようになった。戊申詔書はその嚆矢であり、その後も、関東大震災直後の民心動揺に直面した時点で、国民統合を目的とした、「国民精神作興ニ関スル詔書」（一九二三年）の発布、日中戦争の泥沼化の状況下、総力戦体制遂行のために国民を養成する教育理念の提示としての「青少年学徒ニ賜ハリタル勅語」（一九三九年）が発布され、「奉読」式や教科書への掲載などにより、教育勅語とともに学校現場での趣旨徹底が図られた。

戊申詔書による国民統治——地方改良運動

第二次桂太郎内閣は、戊申詔書の発布を梃にして、帝国主義列強に対峙できる日本の基盤を創り出すため、とくに農村を対象とする、国内体制の整備・強化の早急な実現のための政策を推進した。こうして、町村（農村）における生産発達（富国強兵のため）、教育の普及（国家による教育の統制）、町村財政の確立（国家財政の基盤の確立）のための強力な政策が推進された。それが地方改良運動である。地方改良運動は、内務省主導で地域社会のインフラ整備や産業の振興、また教育については、文部省も関与して、徒弟教育、夜学会、青年会、簡易図書館の普及、そして町村の基本財産の育成と強化を行った。

戊申詔書は、日露戦争後の民心を天皇の権威のもとにつなぎ止めようとするものであり、直接教育に関わるものではなかった。しかし、詔書発布の目的が時代状況に対応した人間像の提示にあったため、文部省も所轄官庁のひとつとして、趣旨徹底策に大きな役割を果たすことが期待された。詔書発布の二日後の一九〇八年一〇月一五日に開催された地方長官会議で文部大臣小松原英太郎は、「日本の勢いが拡大したのにともない、対外的には国交を深め、対内的にはこれまで以上に挙国一致、天皇への忠誠を励み、約束を守り務めを果たし、倹約をしながら職務に従事し、虚飾を捨て実質を尊重するのは日本の特性であり、日本国民もこのような性格を一層強固なものにしなければならない。そうであるならば、国民の性格をより強固なものにするのは、教育の成果に待たなければならない（国運の伸暢に伴い外益々友義を惇し内益々挙国一致、忠孝を重んじ信義を尚び勤倹事に従い忠実業に服し華を去りて実に就くは我日本民族固有の特性にして実に国民の性格なり。今日の国民が国家に対する重大なる責任を尽さんと欲せば将来に於ても尚一層此の性格を涵養せざるべからず、而して国民の性格を涵するもの主として教育に待たずんばあらず）」（「群馬県庁文書」）と訓示した。

これを受け、各府県・郡市町村・学校は、詔書奉読式、講演会を開催した。教育関係では、上述の詔書奉読式の他、詔書の趣旨を印刷して児童生徒へ配布するなどとともに、貯金や学校林といった基本財産の育成などの具体的な実践も推奨され、実行されたことが確認できる（前掲『日露戦後政治史の研究──帝国主義形成期の都市と農村』）。

教育との関係でいえば、教材としての戊申詔書という視点も忘れてはならない。戊申詔書発布直後に公刊された第二期国定修身教科書の『高等小学修身書　新制第三学年用』（一九一〇年）は、「第二十三課　戊申詔書（其の一）」から「第二十五課　戊申詔書（其の三）」を戊申詔書の釈義に充当している。そして、最後の「第二十六課　総括」において、「戊申詔書は我が国民の特に覚悟し実行すべき心得を示させ給へるものにして、教育に関する勅語と共に我が国民たるものの遵奉恪守して怠るべからざるものなり」と、教育勅語とともに遵守《じゅんしゅ》すべきものであることを明確に示している。

中等教育機関においても、戊申詔書は教育勅語とともに修身科の最重要教材とされた。戊申詔書発布の後、一九一〇年に師範学校規程並教授要目が制定され、翌一九一一年には、中学校教授要目の改訂と高等女学校及実科高等女学校教授要目が制定された。師範学校本科第一部の男子生徒の場合、第一学年から第三学年まで教育勅語の述義と暗誦暗写を行うこととし、第二学年で戊申詔書の項目を設け、その全文の述義と暗誦暗写を行うことを規定した。中学校では、第一学年のみ教育勅語の述義と暗誦暗写、第四・五学年で戊申詔書の全文の述義を、また高等女学校では、第一・第二学年で教育勅語の述義と暗記・暗誦、第三・四学年で戊申詔書の述義を行うことになっていた。

小学校では、尋常小学校の最終学年で教育勅語を扱い、高等小学校の最終学年で戊申詔書を学習するという構造である。同様に、中等レベルの学校でも、教育勅語の学習を終えた後に戊申詔書を学習することになっていた。そこには、教育勅語が日本の教育理念を示す基本的綱領であり、それを理解したうえで、時代状況に対応するため戊申詔書の意味を学習するという配慮があったと考えられる。

3　天皇の権威の確立と第二期国定教科書

日露戦争後の天皇の権威確立と教育勅語

日露戦争は薄氷を踏むような勝利ではあったが、日本の国際的地位が上昇することにより、国内外における天皇の権威も確立された。これまで検討してきたとおり、日清戦争以降の日本社会の新たな状況に対応する人間像の提示は、教育勅語の改訂・追加・撤回ではなく、時々の状況に応じて新たな詔勅を発布することで対処することになった。こうして、教育勅語は、日本が理想とする人間像の「古典」ともいうべき存在となり、その遵守が強く求められるようになった。

一九〇七年頃になると、修身教育を教育勅語の趣旨徹底にもとづく内容に再編すべきであるとの主張が顕著になる。同年六月、文部省は各地方庁・各高等師範学校に通牒「未発普三四三号」を発し、「全国師範学校長会議要項」の小学校卒業後に永く教育勅語の趣旨を実践するための方法についての答申内容は、「大体に於て適当」と認められるので、これを参考にするように求めた。「全国師範学校長会議要項」にある答申のなかで、小学校教育における教育勅語の扱いについては、以下の四点を挙げている。

（一）小学校在学中に児童に教育勅語の暗誦ができるように教育すること。
（二）文部省は、教育勅語の特徴と内容が理解できるような唱歌を選定して、これを小学校で教えること。
（三）小学校の最終学年の修身教科書は教育勅語の釈義にあて、その装丁も豪華なものにして、卒業後も永く保管して、聖旨を実践できるようにすること。
（四）修身科の教育については、訓戒・訓話を含めてなるべく教育勅語の語句に落ち着くようにすること。

この通牒を受け、各府県はそれぞれ通牒を発し、趣旨の徹底を図った。例えば長野県は同年一〇月三〇日に県通牒「学乙収第五四六号」を発し、先述の文部省通牒「未発普三四三号」の内容を周知した。日清・日露戦間期とは異なり、文部省自身が積極的に教育勅語を修身の教材として最も重視する姿勢を読み取ることができる。戊申詔書発布の一年前であるが、教育勅語を修身教育の中軸にすることがこの時点ですでに文部省内の共通認識であったと思われる。

このように、従来からあった第一期国定修身教科書に対する批判への対応と日露戦争後の天皇・天皇制の権威の確立とが相まって、教育勅語は修身科の最も重要な教材として認識され、その活用が求められるようになり、こうして日露戦争後は日清・日露戦間期とは状況が一転し、修身教科書における教育勅語関係の記述に、多くの頁を割くことが求められるようになってゆく。

第二期国定修身教科書の編纂経緯

日露戦争終結まもない一九〇七年三月に小学校令中改正が行われ、一九〇八年四月から義務教育年限が四年から六年に延長された。これに伴い、同年九月に「小学校令施行規則」が改正され、仮名遣いや漢字制限を改めるなど、「教則」に関する部分が大幅に改正された。その結果、国定教科書の全面改訂が必要になった。一九〇八年九月に文部省内に教科用図書調査委員会が設置され、国定教科書の改訂作業が本格化した。

教科用図書調査委員会は、小学校修身、日本歴史、国語の教科書起草と調査、審議、および文部大臣の諮問に応じて上述の三種以外の教科書の調査を任務とする、国定教科書の全面改訂に伴う新教科書（第二期国定教科書）編纂と審議の決定機関としての性格をもつものであった。会長・副会長他、委員三五名以内によって組織され、総会と主査委員による部会が設置された。

総会は委員全員による会議で、編纂の大体の方針の確定と各部の主査の議を経た教科書の決定を行う機関であった。主査委員は、第一部修身・第二部歴史・第三部国語に分かれ、各部における編纂方針の決定と起草委員が起草した原稿の審査を行うことが主要な任務であった。さらに、国定教科書の「編纂趣意書」も教科用図書調査委員会の審議を経て決定されることになっていた。

委員会構成では、会長・加藤弘之《かとうひろゆき》（貴族院議員・枢密顧問官・文学博士・法学博士）、副会長・菊池大麓《きくちだいろく》（東京帝国大学総長・理学博士）であり、教材としての教育勅語の在り方など、修身教科書を担当する第一部修身の主査委員は、山川健次郎《やまかわけんじろう》（部長・元東京帝国大学総長）、一木喜徳郎《いちききとくろう》、穂積八束《ほづみやつか》、森林太郎《もりりんたろう》（＝森鷗外）、中島力造《なかじまりきぞう》、渡部量《わたなべりょう》、森岡常蔵《もりおかつねぞう》、吉田熊次であり、実際の執筆を担当したのは、起草委員である、森岡常蔵、吉田熊次、三宅米吉《みやけよねきち》の三名であった（前掲『復刻版　国定教科書編纂趣意書　解説・文献目録』）。

文部省は、第二期国定修身教科書である『尋常小学修身書』の編纂方針を『尋常小学修身書編纂趣意書』で説明している。同書「第三章　教材の選択」で、義務教育期間である尋常小学校の六年間で教育勅語の語句と全文を確実に理解させることを目標にしていることを明らかにしている。教材としての教育勅語について、「小学校四年生の教科書の冒頭にルビを振った教育勅語を掲載して、全文をいつでも読むことができるようにし、同五年生以上の教科書では、適宜の課で教育勅語にある重要な語句をあげその意味を説明し、そのうえで最終学年である六年生の教科書では、最後の三課を教育勅語課題としてその大意を説明する（巻四児童書に至り其の巻首に勅語の本文を掲げ且之に傍訓を施し、児童をして随意誦読せしむることの便を図り、又巻五以上適宜の課に於て関係ある勅語中の語句を挙げて其の意義を説明し、巻六最後の三課に於ては勅語を課題として其の大意を説明せり）」と述べ、教育勅語の学習過程を説明している。

こうして教育勅語を修身教科書の教材として採用し、義務教育の最終学年である尋常小学校六年生にその釈義を行うことになったが、その時点で文部省による教育勅語の公式な解説書（衍義書）はなかった。そればかりか、それぞれの立場で書かれた解説書（衍義書）は、一九〇八年の時点でもすでに一〇〇冊を超えていたことが確認できる。そのため、教科用図書調査委員会第一部内の起草委員（森岡常蔵・吉田熊次・三宅米吉）が中心になって、教育勅語の釈義を行った。その過程については、吉田熊次による「当時英文訳が出来ていた。これは世界に向って公にされたもので、それを参考《ママ》するのは当然のことで、又ある字句については、漢文の方の委員にわざわざ聞いたものもある。一字一句迄やかましくやったのであって、勿論英訳がもととなって易々と出来たわけではなかった」（文部省『聖訓ノ述義ニ関スル協議会報告』）との証言が残されている。

この釈義をもとに教育勅語を教材として国定修身教科書に掲載したが、その全体像は、以下の通りである。まず、第四学年が使用する巻四児童用に掲載した教育勅語全文の傍訓は、三大節学校儀式の定型化の過程で高等師範学校と女子高等師範学校との間で調整し、『東京茗渓会雑誌』第一四八号（一八九五年五月二五日）に発表したものがそのまま採用された。さらに、自ら行った教育勅語の釈義をもとにして、尋常小学校六年生最後の修身教材として、『尋常小学修身書　児童用　巻六』の第二六課から第二八課を「教育勅語」として、その概要を扱うことにした。ここで確定した教育勅語の釈義は、その後、第三期国定修身教科書、第四期国定修身教科書にも引き継がれ、文部省による公式の教育勅語の釈義としての性格を持つことになった。

日露戦争後という状況の変化により、国定教科書の内容も大きく変化した。この時期、第二期国定教科書については、「国民教育の全体は天皇を中心とする強固な国家を作ることとされ、この目標に適合させるための天皇について学習させる教材が、各教科の各学年の教科書にわたって随所に配置された」（前掲『復刻版　国定教科書編纂趣意書　解説・文献目録』）と指摘されている。修身教科書の構成は、天皇・皇室に関係する事項を最初に挙げ、その次に「忠義」・「忠孝」・「忠君愛国」が設定された。戊申詔書の発布とともに教育勅語の権威も確立し、国定教科書の内容も、国体主義にもとづく天皇・天皇制教化のための内容に大きく変容したのである。

南北朝正閏問題と国定教科書改訂

日露戦争後の天皇・天皇制と教育との関係でもうひとつ指摘しなければならない問題として南北朝《なんぼく》正閏《せいじゅん》問題がある。これは、第二期国定歴史教科書である『尋常小学日本歴史　巻一　児童用』の「御歴代表」と南北朝に関する記述により発生した問題で、帝国議会を舞台に大問題になり、文部省は、使用開始間もない『尋常小学日本歴史　巻一　児童用』を急遽改訂する事態に陥った。

明治以降の欧米の影響を受けた、近代的な学問としての歴史学の成果にもとづき、国定歴史教科書は、第一期国定歴史教科書以来、南北朝時代については南朝・北朝が両立していたとの立場から記述されていた。第二期国定歴史教科書の編纂においても教科用図書調査委員会で南北朝両立論の立場の記述について反対した委員は四名にすぎず、大きな問題にはならなかった。

ところが、一九一〇年に発覚した大逆《たいぎゃく》事件により、状況が大きく変化した。一九一一年一月一九日に、『読売新聞』が社説として、「南北朝対立問題（国定教科書の失態）」を掲載し、国定教科書が南北朝の皇位を対等とし、忠臣楠木正成《くすのきまさしげ》を逆賊の足利尊氏《あしかがたかうじ》などと同等に扱っているとして、「皇位は万世一系の神聖で分かつことはできない。南北朝の対立を認めるならば、国家がすでに分裂していることは火を見るよりも明らかであり、これ以上の大失態はない（皇位は唯一神聖にして不可分也。設し両朝の対立をもし許さば、国家の既に分裂したること、灼然火を睹るよりも明かに、天下の失態之より大なるは莫かる可し）」と批判した。その翌月の二月四日に衆議院議員藤沢元造《ふじさわもとぞう》が「国定教科書編纂に関する質問主意書」を提出した。それは、「文部省の編纂による『尋常小学日本歴史』は、国民の秩序を乱し、皇室の尊厳を傷つけ、教育の根本を破壊する恐れがないか、質問する（文部省の編纂に係る尋常小学用日本歴史は国民をして順逆正邪を誤らし皇室の尊厳を傷け奉り教育の根柢を破壊する憂なきか右及質問候也）」との内容であった。

政治問題化を嫌った総理大臣桂太郎は、教科書を編纂し直すことなどを条件にして、藤沢に質問の撤回を求めた。これに対して藤沢は、質問予定日の二月一六日に突然議員辞職した。一連の流れは議会内外の世論を沸騰させた。同二一日に、野党立憲国民党は、第二期国定歴史教科書で南北朝両立論を採用したことについて、「政府は公然と南北朝両立論を国定教科書に採用して、これを全国に普及させて遠慮するところがない。この時点から日本の人心は方向性を失い、同時に良からぬことを口にする輩が増えている。閣僚である者はどうしてこの罪から逃れることができようか（政府は公然と之〔南北朝両立論――筆者注〕を国定教科書に録載し之を全国に布行して忌憚する所あらず。顧うに一国の人心は是より帰向を失い同時に権姦口に藉するの大端を滋啓せんとす。閣臣たる者其れ何の辞ありて此の罪を遁れんとする歟）」と批判し、犬養毅《いぬかいつよし》・大石正巳《おおいしまさみ》・河野広中《こうのひろなか》の連名で政府に対する「問責決議」を提出した。この決議案は、与党の反対で否決されたが問題は議会の外へも拡大した。

教科用図書調査委員の一人である井上通泰《いのうえみちやす》などが、二月二五日頃にこの状況を山県有朋に伝えた。驚愕した山県は、子飼いの総理大臣桂太郎と文部大臣小松原英太郎など閣僚に圧力をかけた。二月二七日には、閣議決定により、南朝正統主義にもとづき、北朝の光厳《こうごん》天皇《てんのう》以下、五天皇の歴代表からの削除と教科書改訂が決められた。それと同時に、問題となった『尋常小学日本歴史』の実質的責任者であった喜田貞吉《きたさだきち》は文部編輯を休職処分となり、教科用図書調査委員を辞職した。

文部大臣小松原英太郎は、教科用図書調査委員会に諮《はか》ることなく、地方長官に対して『尋常小学日本歴史　巻一』の使用禁止の通牒を出すとともに、小冊子「小学日本歴史教科書教授上ノ注意事項　明治四十四年三月」（北朝の天皇を削除した天皇歴代表）を送付し、教科用図書調査委員会には、南朝正統主義で教科書の編纂を行うように命じた。議論を命じられた同委員会は、起草委員会、部会、総会の各委員会で歴史学の観点から北朝の存在を確認し、国定教科書において南朝・北朝を並立させることにし、「教科用図書調査委員会議決事項」を文部大臣に提出した。当時の歴史学の成果からは、南北朝両立論が常識であり、これを歴史教科書に採用することは妥当との結論であった。

しかし、桂太郎を首班とする政府は、この結論の受け入れを拒否した。皇室に対する政治的立場と、天皇が同時に二人いるという教材では、教育勅語を理念とする国民道徳が成立しないという「教育的立場」を優先させた結果であった。その後、内閣は新たな起草委員を任命した。そして改訂以前の旧教科書を廃本とし、あらたに改訂された『尋常小学日本歴史』、および『高等小学日本歴史』が一九一二年四月から使用されることとなった。

南北朝両立論は明治維新以降の近代歴史学の成果として、学界の常識として受け入れられていた学説であった。南北朝正閏問題とは、天皇・天皇制の権威を擁護するためには史実さえもねじ曲げ、「教育的観点」から学問的成果よりも国体の「尊厳」を守ることが優先される状況を創り上げた、象徴的な事件であった。

第四章　国民精神作興と御真影・学校儀式

1　御真影「下賜」の拡大とその「奉護」

大正天皇の即位と御真影

一九一二年七月三〇日、明治天皇が持病の糖尿病悪化により尿毒症で「崩御《ほうぎょ》」すると、大正天皇が即位した。明治天皇の大喪《たいそう》の礼から大正天皇即位礼に至る諸儀式に際して学校は、最も重要な動員の対象のひとつとして利用された。

一九一二年九月一三日から一五日の大喪に合わせ、官衙公衙《かんがこうが》学校などの機関で「奉悼《ほうとう》の誠意」を示す遥拝式《ようはいしき》が行われた。当然、児童・生徒も参加対象であったが、一般の人々のための「遥拝所」としても学校が使われた。公吏や教員、児童・生徒以外にも、所属する機関のない多くの一般の人々が等しく「忠誠心」を示すための場所を提供するならば、「やはり訪れる人々の利便性を考慮して、各学校に〔遥拝所を〕設置することを可能にすれば、自宅からの距離が遠いために失望させるようなことはない（矢張り其便否を考察して各学校に〔遥拝所を──筆者注〕設くるを可とし遠距離の為めに失望せしめざる）」（前掲『続・現代史資料9　御真影と教育勅語2』）との理由からであった。地方改良運動を通じて小学校は、単に義務教育機関としてだけではなく、地域の社会教育のセンターとして、天皇制教

大正天皇・貞明皇后「御真影」（『続・現代史資料８』）

化の一翼を担うことを期待されていたが、大喪の時にもその「機能」が十分に活用されたといってよいだろう。

明治天皇の喪が明けた一九一五年一一月一〇日、大正天皇の即位礼が挙行された。君主の代替わりの儀式の一環として、大正天皇・貞明皇后の御真影「下賜」などの手続きも進められた。一九一三年八月、明治天皇・皇后の御真影を「拝戴」する公立尋常高等小学校への大正天皇・皇后御真影の「下賜」が、また「複写御真影」を「拝戴」する公立尋常小学校への御真影複写の許可に関する詮議が行われる予定なので、九月には申請をするようにとの通牒が発せられた。大正天皇・皇后の御真影は、一九一五年一〇月中に申請した学校に「下賜」

され、「複写御真影」も大正天皇の即位礼直前の同年一一月には、当該校へ行き渡った（前掲『続・現代史資料9　御真影と教育勅語2』）。

このような「お膳立て」をしたうえで、大正天皇の即位礼当日、「即位礼奉祝学校儀式」が挙行された。一九一五年九月二三日付「即位礼奉祝学校儀式次第」（文部省訓令第七号）による内容は、「小学校令施行規則」第二八条で規定された三大節学校儀式の次第に「万歳三唱」を加えたものであった。文部省は同じ日、「文部省告示第一三七号」により、「大礼奉祝唱歌」の歌詞と楽譜を提示した。また「其の筋」からの通牒を受けた神奈川県は、一〇月八日に内務部長通牒を発し、「即位礼奉祝学校儀式」における「万歳三唱」の方法を定型化し、それを即位礼当日、京都御所紫宸殿《ししんでん》で「万歳三唱」を行う時刻に合わせるように指示した。

「国旗」の登場

三大節学校儀式に準じた画一的なこの「即位礼奉祝学校儀式」で注目すべきもうひとつの点は、皇室関係の学校儀式に「国旗」が登場したことである。同年八月一七日、文部省は各府県に通牒「雑普三四八号」を発し、即位礼当日の奉祝旗に関して、国旗（日の丸）以外の奉祝旗を掲揚する必要はないとした。すなわちこの通牒によって、即位礼の奉祝旗は国旗のみに限るとしたのである。このように、大正天皇の「即位礼奉祝学校儀式」をひとつの契機にして、学校儀式における国旗掲揚が普及したと考えられる。

天皇の代替わり儀式の持つ特色のひとつとして、中島三千男《なかじまみちお》は「近代の国民国家という性格を背景に、儀式あるいは、それにともなう諸行事を通じて、その国民統合的機能が非常に重視された」（中島三千男『天皇の代替りと国民』）と指摘しているが、「即位礼奉祝学校儀式」は、まさにその典型例であった。また、大正天皇の即位礼に対する記念事業が各府県レベルで推進されたが、御真影奉安所（奉安殿）の建築の他、部落基本財産・学校基本財産の造成、記念貯蓄、図書館の建設など、その多くは戊申詔書の趣旨徹底策で提案された事項であった。日露戦争後に確立した天皇・天皇制は、代替わりの儀式や記念行事を通じて、一層強化されるようになった。

さらに、大正天皇の即位礼を契機にして、御真影の「下賜」範囲が拡大され、基本的にすべての学校が御真影「下賜」の対象になったことも指摘しておかなければならない。すでに一九一〇年に私立中学校・高等女学校に、翌一九一一年には、私立専門学校・実業学校（甲種）に対して御真影「下賜」が許可され、明治後期には中等学校以上の私立学校にまで御真影「下賜」範囲が拡大されていたが、大正天皇即位礼直後から、それにさらなる拡大化の拍車がかかった。

一九一六年九月、宮内大臣は文部大臣宛通牒（「宮発第一一二二号」）を発し、これまで「複写御真影」の「拝戴」のみを認めていた公立尋常小学校に対しても、それ以後、申請があれば正規の御真影「拝戴」を認めると周知した。その後、一九一八年六月、文部次官発地方長官宛通牒「官秘一〇六号」により、私立実業学校以下、同高等小学校・尋常高等小学校・尋常小学校・幼稚園に対しても、「学校の経営基盤が確かであり、設備も確実で成績も優良である学校（基礎鞏固にして設備相応に整頓し、成績優良と認むるべきもの）」との条件付きながら、これらの教育機関も御真影の「下賜」対象に加えられた。

こうして、官立学校への御真影「下賜」が開始されてからおよそ四〇年を経て、ほとんどすべての公教育機関が御真影「下賜」の対象になった。政府は、日露戦争以降に急激にその権威を確立した天皇・天皇制を最大限に利用して、国民統合の確立のために「一視同仁」的に御真影「下賜」を行い、天皇制教化網の普及を目指したのである。

御真影の普及とその「奉護」をめぐる問題

学校に「下賜」された御真影は、国体史観に基づき、国家元首の「化身」として厳格な管理が求められた。これについては、当初「小学校設備準則」（一八九一年四月八日　文部省令第二号）の第二条で「保管する場所を一定する必要がある（奉置すべき場所を一定し置くを要す）」と規定されていたが、御真影、教育勅語謄本の管理は、設備準則などで規定する性質のものではないこと、及び小学校に限るものではないことを理由にして、「小学校設備準則」改正により該当分を削除し、同年一一月一七日に新たに「御影並　勅語の謄本奉置方に関する件」（文部省訓令第四号）を発し、御真影、及び教育勅語謄本は、「校内の一定の場所を選んで、最大限丁重に保管すること（校内一定の場所を撰び最も尊重に奉置せしむべし）」（前掲『続・現代史資料8　御真影と教育勅語1』）と改め、その管理方法を規定した。この規程はその後も変更されることはなく、管理する学校管理者が、「校内一定」とはどこか、あるいは「最も尊重」とはどのような形態なのかを判断して、日ごろの管理を行うことになった。

　各府県・市町村は、管下の諸学校に対して、御真影・教育勅語謄本に関する規程を作成し、管理方法を指示した。多湿という日本の気候状況は、御真影・教育勅語謄本に黴や紙《し》魚《み》による汚損を発生させる可能性が高く、こうした事態への配慮が求められた。黴や紙魚対策に加え、非常時の「奉遷」先を明示させ、日常も教員の日直・宿直制を定めて、常時御真影・教育勅語謄本「奉護」の徹底を図った。

　御真影・教育勅語謄本の「奉護」について、先述の「文部省訓令第四号」によって規定された、「校内一定の場所」は、文字通り校舎内の校長室や職員室の一隅、または講堂の一部が充てられるのが一般的であった。木造校舎が一般的だった当時、盗難・火災にあう危険性はつねにあった。そのため、一八九三年頃から学校側の「奉護」体制の実状に合わせ、「校内一定の場所」を拡大解釈して管理する事例が多くみられるようになってゆく。教職員が少なく校舎の設備も不十分との理由から、通常は町村役場や郡役所で「奉護」する事例（兵庫県・三重県）、同一町内複数の御真影・教育勅語謄本を設備の充実した一校に集めて「奉護」する事例（福岡県）、市内すべての小学校の御真影・教育勅語謄本を市役所内に堅牢な奉安所を建築して、そこで「奉護」する事例（宮城県仙台市）などを明治期から確認することができる。

大正天皇の即位礼を契機にして、二万校を超える校数の公立尋常小学校が正規の御真影の「下賜」対象になったことで、これは教育界全体の問題になった。正規の御真影は宮内省からじきじきに「下賜」されるものであり、文部省が管轄した「複写御真影」の「管理」よりも、さらに厳格な対応が求められたからである。大正天皇の即位礼を直前に控えた一九一五年一一月、長野県は通牒（学乙発第一〇一号）を発し、御真影・教育勅語謄本の「奉護」について、大正天皇・皇后の御真影「下賜」に際して、それぞれの学校で新たに奉置所を設置する動きがあるが、「保管という実用面だけを重視した（偏に奉蔵を旨）」施設が多く見受けられる。しかしこれは教育上、不適当なので、校舎内で「奉護」することを基本とすべきこと、もし校舎外に奉安殿を設置する場合は、「宮殿式にすることが望ましく、石造りで屋根がなく直接外気に触れるもの（宮殿式を可とすべく石造にして屋蓋を欠き露出するもの）」、規模が小さすぎるものは不可とした。少なくともこの時期には、まだ神社様式奉安殿での厳格な「奉護」が一般化していたわけではなかった。

御真影の盗難事件も一九〇〇年頃より頻発していた。御真影・教育勅語謄本の焼失、あるいは盗難・紛失は、当初から学校長の責任問題になっていた。「はじめに」でも触れたように、明治期より、火災に際して「不敬」と批判されることを恐れ、御真影の「奉遷」のために燃え上がる校舎に飛び込み殉職する教職員が後を絶たなかった。安全で確実、しかも「不敬」と批判される恐れのない御真影「奉護」とはどのような方法なのかは、正規の御真影が広く普及し始めた一九一〇年代以降、各府県当局の頭を悩ませる大きな問題となっていた。

こうした経緯をよく表しているのが、一九一六年に宮崎県が九州・沖縄地方各県を対象に実施した、御真影「奉護」に関する実態調査である。宮崎県は、大正天皇の御真影一斉「下賜」を受けた四ヵ月後の一九一六年二月、県下に通牒を発し、「取締方不注意なりし為」に、御真影「不慮の結果」が多発しているとして、注意喚起をした。同じく、一九一八年二月には、大阪府が府下に、御真影の紛失や毀損《きそん》事件の発生時、関係者は秘密厳守を徹底する通牒を発している。この時期、広い地域で御真影「奉護」をめぐり「不祥事」が多発していたのである。「不祥事」は増加傾向にある一方で、大正天皇の即位以降、御真影の「下賜」範囲は確実に拡大し、確実な「奉護」は各府県にとって喫緊の課題となっていた。

しかし御真影「奉護」に関する規程などは、先述の一八九一年一一月の文部省訓令第四号が存在するのみであり、後のことはそれぞれの府県の判断に任されていた。宮崎県が、九州・沖縄地方各県に対して、御真影「奉護」の実態に関するアンケート調査を実施したのは、こうした状況下でのことであった。各県の対応（回答内容）は精粗様々だが、すべての県が回答したことが確認できる。アンケートの詳細は、宮崎県文書センター所蔵文書「大正六年　学事関係諸令達通牒　第一号一冊　宮崎県」に納められているが、この時期の各地域の御真影「奉護」の実態を明らかにする点で興味深い。このアンケートをみると、御真影「奉護」は、式日における「奉掲」と通常の「奉護」場所が同一の事例（講堂などにつねに「奉掲」する）と、式日における「奉掲」とは別の場所である事例（職員室やその付近で「奉護」する）とに大別され、また、それぞれの県により傾向が分かれていたことがわかる。また、独立した建物（奉安殿）で御真影「奉護」を行う事例はきわめて少数であった（前掲『御真影と学校――「奉護」の変容』）。

松本女子師範学校の奉安殿（著者蔵）

これは、先述の文部省訓令第四号における「校内一定の場所」の解釈が、各県によりさまざまであったことを示すとともに、御真影そのものをどのように捉えているのかの違い、いわば、それぞれの天皇観の違いによるものであった。少なくとも、一九一〇年代中頃には、荘厳な神社様式の奉安殿に御真影を収め、神の分身のごとくに扱うというその後の状況はいまだ一般化されてはいなかった。大正デモクラシーのもとでの御真影の姿がそこに認められる。

危険（リスク）回避のための奉安殿の登場

ところが一九二〇年代以降、御真影「奉護」による教員の殉職者の存在が新聞などで大きく取り上げられるようになり、再び確実な御真影「奉護」が議論されるようになっていく。この問題がクローズアップされるようになったひとつのきっかけは、これも「はじめに」で取り上げた、長野県埴科郡南条尋常高等小学校長中島仲重が学校火災に際し御真影「奉遷」を試み、殉職した事件であった。帝国教育会編『教育塔誌』には、「学校火災に罹りたるを以て直ちに馳せて学校に至りて挺身火中に入りて御真影を奉遷せむとし遂に殉職す」と記されている。

このことは長野県で、非常に大きな問題になったようで、雑誌『信州』（第三巻第二号）は、「社説　単《ひと》り聖影の焼失を憂ふ可きか」と、同誌が長野県出身の著名人を対象に行った御真影「奉護」に関する調査結果、「聖影焼失殉難と奉安の方途」を掲載している。この調査は二つの項目からなっており、第一点は、中島校長の殉職に関しての感想と批判、第二点は、御真影「奉護」の最良方途であった。

「社説　単り聖影の焼失を憂ふ可きか」は、御真影「奉護」を第一とする教育界の考え方を真正面から批判するものであった。「校舎を焼失しながら、御真影の安全を優先し、学校そのものへの責任を軽視するようなあり方は、これを排除しなければならない（校舎を焼きつゝ独り尊像の安きに安んぜんとするが如き己が教育所に対する軽易なる責任感は之を一掃すべし）」との主張が象徴するように、学校火災に際して、御真影の安全確保だけに一喜一憂し、「臣民」教育の場である校舎の保全を全く顧みない一部の狂信的な国体主義者に対して、痛烈な批判を行った。この時期には、御真影の極端な「奉護」に異論や異議を唱えることは、まだ可能な状況にあったのである。

つぎに、「聖影焼失殉難と奉安の方法」だが、第一点に関しては、中島の行為を忠臣の証として賞賛するものがあった。大日本帝国憲法で「天皇は神聖にして侵すへからす」（第三条）とされていた時代、当然のことであろう。「至誠忠勇の行為は実に天地を貫き千古に亘りて光輝赫々《かくかく》たるもの」などがその典型である。それにも増して、中島校長の殉職に批判的な回答が多かったことが注目される。「態として殉死するは可ならず」、「死を以て奉移に及ばざる」、「畏怖れ多いことではあるが御真影は物であって中嶋校長は人である。人でありながら物を取り出さんが為に死んだとあっては、陛下に対し奉り申し訳のあるものではない」との回答に代表されるように、天皇とその肖像写真である御真影はまったく別であり、これを同一視することに対する厳しい批判が少なくなかったのは、一九二〇年代の状況として興味深い。

第二点に関しては、校舎とは別に独立した奉安殿を設置し、そこでの御真影・教育勅語謄本などの「奉護」を求める論調が主流になり始めたことが特筆される。「必ず奉安所を別に適当な場所に建設すべし。〔中略〕何《いず》れにしても、鞏固《きょうこ》にして、清浄の地に建設するを要す」、「素朴でもよいから、極めて、鞏固安全なる奉安殿なり奉安庫なりを、校庭の安全にして、不敬に当たらざる場所に建設して、奉安し置く」などが代表的なものだが、校舎から独立した奉安殿による「奉護」を最良の方途とする回答は、全回答八二件中五四件に及んでいる。しかし一九三〇年代以降に一般化する、神社様式の奉安殿を提案したのは二件にすぎない。この時期に議論されていた奉安殿とはあくまでも、盗難や火災のリスクを回避する、学校管理者の「自衛手段」としてのものであった。

このような、「自衛手段」としての御真影「奉護」施設が広く普及するひとつの契機になったのが、一九二三年九月一日に発生した関東大震災だった。関東大震災に際して、東京市に限っても市立小学校一八九校が焼失した。特に、下町地域の日本橋区、京橋区、浅草区、深川区は全校焼失、神田区、本所区は一校を除くすべてが焼失という惨状であった（東京市編『東京市教育復興誌』）。御真影「奉護」のために殉職した教員は、九名と記録されている（前掲『教育塔誌』）。震災による火災に際して、「各学校に在っては、校舎が危機に陥るや、校長又は宿直教員等、何れも御真影及び勅語謄本を奉じて避難し、不敬に渉らない様に注意し、瞬時も守護を怠らず」（前掲『東京市教育復興誌』）との状況であった。現職の教員にとって、非常時における御真影「奉護」がいかに大きな負担であったかを物語っている。

関東大震災からの復興事業により、東京市立小学校では確実な御真影「奉護」方法が模索された。一九二三年一二月の東京市小学校長会での議決では、「小学校教育復興に関し特に注意すべき事項」として「御真影奉安室」の設置を提示した。そもそも東京市の当初の復興案には、校舎内に特別な御真影「奉安施設」を設置する予定はなく、これは学校側からの強い要求であったと推測される。かくして一九二四年から二六年に本格化した東京市の小学校復興事業の過程で鉄筋コンクリート造の校舎のなかに金庫式の奉安庫の設置が進められた。敷地が狭くなおかつ住宅地に接近していて、校舎外での「奉護」では盗難などの危険性のある都市部で普及した方式だが、これにも「自衛手段」としての意味合いのほうが強かった。

天皇の神格化を象徴する「モノ」である御真影「奉護」施設としての奉安殿は、その多くが神社様式の鉄筋コンクリート造の荘厳な建築物であり、教職員や子どもたちは登校時・下校時にそれに向かっての「最敬礼」が求められたことがよく知られている。しかしながら、奉安殿が普及した直接の要因は、天皇の神格化などとは縁遠い、教職員、とくに学校管理者のリスク回避だったのである。

2 「国民精神作興ニ関スル詔書」の発布と国民統合・動員

「国民精神作興ニ関スル詔書」発布の要因

日露戦争後、日本は帝国主義国家の末端に位置することになった。ただし、遅れた状況下で帝国主義国家の一員となった日本は、対外的には国際協調路線を歩むいっぽう、国内においては国体論にもとづく天皇・天皇制による国民統治を徹底した。戊申詔書の発布は、こうした方針の宣言でもあった。当時の政府は、内政面では地方改良運動、外政面では、軍縮など国際協調路線を基本政策としていた。その意味において、教育勅語発布時の天皇・天皇制を「より絶対主義的」と表現するならば、この時期の天皇・天皇制はそれとは異なり、「よりボナパルティズム的」なものに変容していたと言ってよいだろう（「提案シンポジウム：教育史的認識をいかに形成するか」教育史学会紀要『日本の教育史学』第二一集）。

「ボナパルティズム」とは、フランスにおけるナポレオン一世・三世の統治期のことを指し、一般には、ブルジョアジーとプロレタリアートの対立において、力の均衡状態が生じ、両者のいずれもが国家権力を掌握するにいたらぬという状態の政治形態をいう。この時期の日本は、資本主義化が進み、資本家（ブルジョアジー）に対抗するような労働者（プロレタリアート）が台頭し始め、社会主義運動や労働運動が盛んになるなど、教育勅語発布当時と比べると、社会状況は大きく変化していた。大正デモクラシー運動により、一九二五年には普通選挙法が制定された。この過程で一九一八年七月に富山県魚津で発生し、全国へと波及した米騒動は、大きな民衆運動であった。また、農村部では小作争議が相次いで発生し、いったん沈静化されたかにみえた社会主義運動が再び活発化した。

内閣直属の教育関係審議会である臨時教育会議（一九一七年九月設置）は、政府からの審問事項への答申の他に二つの建議を行ったが、そのひとつが、一九一九年一月の「教育の効果を完《まった》からしむべき一般施設に関する建議」である。この建議は、当時の日本が、欧米諸国の文化の導入により「我が国の文化の進展を助け、その富強の実態がようやくあらわれているにもかかわらず、物質主義へと傾倒する弊害により、国民思想が次第に緩み、日本固有の国柄が衰退しようとしている（我が文化を裨補し富強の実漸く現わるるものあるに拘らず他の一面に於ては主として物質偏重の弊に因り国民思想の整飭を失し醇美の風淳厚の俗次第に頽敗せんとするの勢を呈するに至れり）」状況に陥っているとの危機感を示した。

その解決策として、「日本の建国以来育ててきた日本固有の文化を基本として、時勢の進展にともなって益々これが発展して、大成することを期待する（建国以来扶植培養せる本邦固有の文化を基址とし時世の進運に伴い益々之が発達大成を期する)」ことが重要であるとして、具体的には、「国体の本質を明らかにし、これを内外に明らかにして日本固有の精神文化を維持する(国体の本義を明徴にし之を中外に顕彰するが如き我国固有の淳風美俗を維持)」し、「国民思想を統一する(国民思想の帰嚮を一にする)」ことを提言した。第一次世界大戦後の社会主義思想のさらなる進展への対策として、教育勅語の精神にもとづく国民精神の統合を図ろうとしたのである。しかし、提言そのものが漠然としていたこともあり、すぐには具体化されなかった。

このような状況を一転させたのが、先述の関東大震災であった。この震災による莫大な被害だけでなく、震災後の恐慌も加わり人心の動揺は頂点に達していた。この人心動揺を鎮めるために、時の政府は教育も最大限に利用した。すなわち、人心動揺の鎮定と国民統合の手段として当時の政府が選択したのが、天皇の名による詔書の発布であったのだ。かくして、一九二三年一一月一〇日、「国民精神作興ニ関スル詔書」は発布された。

「国民精神作興ニ関スル詔書」の構造と内容

「国民精神作興ニ関スル詔書」の成立過程に関しては、戊申詔書と同様に史料が少なく、詳らかにするまでには至っていない。ただ、伊藤隆・広瀬順晧編『牧野伸顕日記』(中央公論社、一九九〇年）の一九二三年一〇月二〇日の条に、「樺山資英《かばやますけひで》書記官が来たので、詔勅〔「国民精神作興に関する詔書」〕の内容について注意をした（樺山〔資英〕書記官長入来。詔勅内容に付注意し置けり）」との記述、同年一一月九日の条に、「山本権兵衛《やまもとごんべえ》伯爵が来た。詔勅〔「国民精神作興に関する詔書」〕の奏請についての話であった。地方長官会議招集を機にして発布したいとの内容であった。詔書の文言については、かねて西村天囚《にしむらてんしゅう》が示したものと変わりはない（山本伯入来。詔勅奏請に付来談あり。地方官会議招集の機に御渙発ありたしとの事なり。文句は過日西村天囚より差出の分と大同なり）」との記述を確認することができる。総理大臣山本権兵衛、内閣書記官長樺山資英の主導のもと、宮内省御用掛の西村天囚が実質的な起草作業を行ったものと推測できる。その全文は以下の通りである。

> 朕惟フニ国家興隆ノ本ハ国民精神ノ剛健ニ在リ之ヲ涵養シ之ヲ振作シテ以テ国本ヲ固クセサルヘカラス是ヲ以テ先帝意ヲ教育ニ留メサセラレ国体ニ基キ淵源ニ遡リ皇祖皇宗ノ遺訓ヲ掲ケテ其ノ大綱ヲ昭示シタマヒ後又臣民ニ詔シテ忠実勤倹ヲ勧メ信義ノ訓ヲ申ネテ荒怠ノ誡ヲ垂レタマヘリ是レ皆道徳ヲ尊重シテ国民精神ヲ涵養振作スル所以ノ洪謨ニ非サルナシ爾来趨向一定シテ効果大ニ著レ以テ国家ノ興隆ヲ致セリ朕即位以来夙夜兢兢トシテ常ニ紹述ヲ思ヒシニ俄ニ災変ニ遭ヒテ憂悚交々至レリ

輓近学術益々開ケ人智日ニ進ム然レトモ浮華放縦ノ習漸ク萠シ軽佻詭激ノ風モ亦生ス今ニ及ヒテ時弊ヲ革メスムハ或ハ前緒ヲ失墜セムコトヲ恐ル況ヤ今次ノ災禍甚タ大ニシテ文化ノ紹復国力ノ振興ハ皆国民ノ精神ニ待ツヲヤ是レ実ニ上下協戮振作更張ノ時ナリ振作更張ノ道ハ他ナシ先帝ノ聖訓ニ恪遵シテ其ノ実効ヲ挙クルニ在ルノミ宜ク教育ノ淵源ヲ崇ヒテ智徳ノ並進ヲ努メ綱紀ヲ粛正シ風俗ヲ匡励シ浮華放縦ヲ斥ケテ質実剛健ニ趨キ軽佻詭激ヲ矯メテ醇厚中正ニ帰シ人倫ヲ明ニシテ親和ヲ致シ公徳ヲ守リテ秩序ヲ保チ責任ヲ重シ節制ヲ尚ヒ忠孝義勇ノ美ヲ揚ケ博愛共存ノ誼ヲ篤クシ入リテハ恭倹勤敏業ニ服シ産ヲ治メ出テテハ一己ノ利害ニ偏セスシテ力ヲ公益世務ニ竭シ以テ国家ノ興隆ト民族ノ安栄社会ノ福祉トヲ図ルヘシ朕ハ臣民ノ協翼ニ頼リテ弥々国本ヲ固クシ以テ大業ヲ恢弘セムコトヲ冀フ爾臣民其レ之ヲ勉メヨ

御名御璽

摂政名

大正十二年十一月十日

総理大臣他全大臣副署

【現代語訳】

私は、国家発展のための基本は、国民の精神が確実なところにあると思う。この国民精神を育て盛んにすることにより、国家の基礎を一層強固なものにしなければならない。この点で、先帝（明治天皇）は教育について強い関心を持ち、国体にもとづき教育の原点を求め、皇祖皇宗の遺訓を示して、日本の教育理念を「教育勅語を発布して」明確に示した。その後、臣民に「戊申」詔書を下して、忠実勤倹を勧め信義の必要性を説き、自身のつとめを怠らないように諭《さと》した。これは全て、道徳を重視し、国民精神を振興するための明治天皇の配慮に他ならない。これ以降、国民の向かうところは一定し、その効果は大きなものがあり、日本はいっそう発展した。私は即位以来、日夜自らを戒めながら明治天皇の遺業を受け継ぎ、それを発展させようと思っていたところ、突然大震災に遭遇し、この国の行き先を心配している。

近年、学術はますます発展し、知識も日々進んでいる状況であるが、虚飾で我がまな状況も次第に現れ始め、軽はずみで危険な状況も発生している。この状況の下、現在の諸問題を改めなければ、明治天皇の遺業を衰退させないかと憂慮している。今回の大震災は被害が甚大であり、文化・文明の復興を成し遂げ、国力を盛んにするのは、皆、国民の精神によるものである。それゆえ、今は実際に上下力を合わせて国民精神をふるいたたせ、改めるべき時である。この力を合わせて改める方法は、先帝の聖訓を遵守して、それを実行するほかはない。そのため、教育の根源を大切にし、知育徳育の双方をしっかりと行うように努め、規則を厳しくして不正を正し、良い風習を奨励し、浮つき気ままの風習を斥け、質実剛健を志し、軽薄で過激な風紀をただして、偏《かたよ》りなく厚い心づかいができるようになり、人の道を明らかにして、それに従って親しみ仲良くし、公共の道徳を守り秩序を大切にし、責任を全うして、節制を重視し、忠孝義勇という古代からの美風を発展させ、博愛共存の精神を発展させ、人それぞれに心を引き締めて自身の仕事に励んで暮らし向きを整え、世の中に対しては、利己的にならず公共のために力を尽くすことにより、国家・民族が繁栄し、社会が豊かになるようにするべきである。私は臣民それぞれの協力のもと、国の基礎をしっかりと固めて、この大事業を広めていきたいと願っている。臣民はこのことにしっかりと励みなさい。

「国民精神作興ニ関スル詔書」は、全文五九一字と教育勅語、戊申詔書に比べて長文である。この詔書は、「朕惟フニ国家興隆ノ本ハ国民精神ノ剛健ニ在リ〔中略〕朕即位以来夙夜兢兢トシテ常ニ紹述ヲ思ヒシニ俄ニ災変ニ遭ヒテ憂悚交々至レリ」の前半部と、「輓近学術益々開ケ人智日ニ進ム然レトモ浮華放縦ノ習漸ク萠シ〔中略〕朕ハ臣民ノ協翼ニ頼リテ弥々国本ヲ固クシ以テ大業ヲ恢弘セムコトヲ冀フ爾臣民其レ之ヲ勉メヨ」の後半部に分けることができる。

前半部は、国家の興隆には国民精神の振興が何より必要である。明治天皇は教育勅語、および戊申詔書を発布し、道徳理念が定まり国家の繁栄をもたらしたので、大正天皇自身もこの方針を堅持したが、今回の震災に際し心を痛めている、とする部分である。この詔書が、教育勅語・戊申詔書の趣旨を堅持し、それを補完するものであることが明確に示されている。

後半部は、三つの部分に細分化できるが、そのひとつ目は、「輓近学術益々開ケ人智日ニ進ム然レトモ浮華放縦ノ習漸ク萠シ軽佻詭激ノ風モ亦生ス〔中略〕先帝ノ聖訓ニ恪遵シテ其ノ実効ヲ挙クルニ在ルノミ」の部分で、現在の状況を学術などは発展する一方、思想状況は混乱しており、これを是正しなければならないと思う矢先の震災であり、非常に憂いているが、その復興には国民が一体となり先帝の聖訓（教育勅語・戊申詔書）を遵守すべきである、とした部分である。

ふたつ目は、「宜ク教育ノ淵源ヲ崇ヒテ智徳ノ並進ヲ努メ〔中略〕以テ国家ノ興隆ト民族ノ安栄社会ノ福祉トヲ図ルヘシ」に相当する。この部分が「国民精神作興ニ関スル詔書」が示す徳目の部分であり、この詔書の主要部分といえる。その内容は、教育勅語、および戊申詔書で示された徳目の再確認という傾向が強い。それらを遵守することにより、「国家ノ興隆ト民族ノ安栄社会ノ福祉トヲ図ルヘシ」と、国家と民族の繁栄と社会の幸福につなげなければならないと指摘している。最後の三つ目は「朕ハ臣民ノ協翼ニ頼リテ弥々国本ヲ固クシ以テ大業ヲ恢弘セムコトヲ冀フ爾臣民其レ之ヲ勉メヨ」の結論の部分であり、この詔書の趣旨徹底を命じるものになっている。

このように、「国民精神作興ニ関スル詔書」は、関東大震災の人心動揺の鎮定と興隆する社会主義運動への対策として出された、きわめて政治性の強いものであった。その証に戊申詔書が首相である桂太郎一名の副署が加えられたものであったのに対して、「国民精神作興ニ関スル詔書」には、首相山本権兵衛以下、全閣僚の副署が加えられている。一方、その内容にはさほどの新鮮味はなく、教育勅語や戊申詔書で言及されている徳目の再提示という性格が強い。とは言え、内容そのものに新鮮味はないとしても、その趣旨徹底策およびその延長線上にある、官製国民運動としての教化総動員運動などは、戦時下における国民統合と動員の原型をなすものとして、その後に与えた影響も無視できない。

「国民精神作興ニ関スル詔書」の趣旨徹底策と国民統合

「国民精神作興ニ関スル詔書」発布の翌日である一九二三年一一月一一日に「国民精神作

興ニ関スル詔書渙発ニ伴ヒ告諭ノ件」（内閣告諭号外）を発し、「先ず教育の振興を図り、特に徳育を根柢として重きを人格の養成に置き」と道徳教育の振興を説いた。こうした方針のもと、内務省・文部省の二つの省が趣旨徹底の中心官庁として政策を推進した。文部省は、同月一七日に文部省訓令号外を発し、「聖旨を貫徹するの途は先ず教育を振興して国本を培養するに在り」とした。

この文部省訓令号外を発した直後の同年一一月二〇・二一日に、第三回社会教育主事会議が開催された。その時の文部大臣訓示では、「一般社会民心の安定と国民精神啓発作興に関して諸君の力」が必要であると指摘した。その諮問案は「今次の震災に鑑み国民精神の振作上特に執るべき最良の方途如何」であったが、その答申のひとつとして、「各種社会教化団体に対し、統制ある訓練を施す」ことがあげられていた。しかし、この答申がすぐに具体化されることはなかった。

一方、内務省社会局も詔書発布後から詔書の趣旨徹底策を独自の立場で行っていた。それは、教化団体を動員して、その趣旨徹底を図るという方針に収斂《しゅうれん》された。当時内務省嘱託であった玉井広平は、震災により四方に離散所在不明になっていた各種教化団体の調査を行い、三六団体の所在を明らかにしたうえで、同年一二月二六日、これら三六団体を招集して会議を開催した。この会議は、必ずしも周到な準備の下に行ったものではなく、有力な教化団体の参加がない一方で、ほとんど教化団体としての体をなしていない団体が参加するなど、「玉石同架」であったが、内務省社会局は、その場で詔書趣旨徹底への協力を依頼した。教化団体からは、政府からの要望を達成するためには教化団体の連合会を結成し、連合会より政府に要求や建議を行うことにより、国民の奮起を促すべきとの提案があり、多くの賛同を得た（山本悠三『近代日本の思想善導と国民統合』）。

一二月三〇日、再度、会議が持たれ協議を行った結果、一二月二六日の会合に参加した三六団体を創設団体として、教化団体の連合組織を発足させ、その名称を教化団体連合会とすることが決せられ、会長に一木喜徳郎（中央報徳会）が就任することになった。さらに詳細が詰められ、一九二四年一月一五日に規約の議定と設立宣言書が読み上げられ、正式な設立をみた（『斯民』一九二四年二月）。その後、教化団体連合会は、一九二九年一二月二四日、財団法人中央教化団体連合会へと改組され、一九三〇年代の教化政策の一端を担う重要な組織となり、以後、国民教化の拠点として大きな影響力をもつことになる。この点、従来あまり注目されていないが、この詔書の役割を考えるうえでの重要な事実である（同前）。

教化団体連合会が設置され、「国民精神作興ニ関スル詔書」の趣旨徹底策が実行されることになったが、その諸実践の実際は、戊申詔書のそれと大して変わらなかった。ただ、戊中詔書の趣旨徹底策になく、「国民精神作興ニ関スル詔書」でにわかに注目されたのが、国旗掲揚の奨励であった。一九二四年九月二〇日に文部省は次官通牒「国旗掲揚方」（官会二七六号）を発し、官庁における国旗掲揚が従来まちまちであったが、今後は「祭日及祝日其の他国家又は皇室に関する祝祭の典ある場合には成《な》るべく国旗を掲揚する様《よう》致度《いたされたく》」との内閣書記官長からの通牒を関係機関に周知した。この方針は、そのまま詔書の趣旨徹底策に採用されることになった。

熊本県は、詔書の趣旨徹底機関として民風作興委員会を設置したが、その活動の主要なもののひとつとして、「国旗掲揚調査」（一九二七年四月二九日実施）をあげることができる。熊本県全戸を調査し、国旗の所有の有無、祝祭日における国旗掲揚実施戸数の調査を実施し、国旗掲揚の促進を図った（熊本県教育会編『熊本県教育史』下巻）。その他、岐阜県の趣旨徹底策にも「三大節は勿論、祝祭日には必ず国旗を掲揚する事」（岐阜県『国民精神作興に関する施設概要』）などが確認できる。国旗掲揚については、明治初期に政府が掲揚に及ばずとの方針を示して以来、官庁のレベルで積極的に行われることはなかった。その方針を転換したのが、この通牒であった。国旗掲揚の奨励は「国民精神作興ニ関スル詔書」の趣旨徹底策により本格化したものと指摘できる。しかし、準備不足のまま開始された国旗掲揚の奨励策は、その後、大きな問題を抱え込むことになるが、それは次節で詳しく扱いたい。

「国民精神作興ニ関スル詔書」は、戊申詔書と同様に修身教育の教材ともなった。さっそく、第三期国定修身教科書である『高等小学修身書　第三学年用』（一九二八年度以降使用）の第二六課・第二七課に教材として採用され、その解説が行われた。この点について、『高等小学修身書編纂趣意書』（一九三四年）では、巻一で戊申詔書の大意を扱い、巻二で教育勅語の徳目を解説した後、巻三で「課を設け国民精神作興に関する詔書の大意を謹述し、以て聖旨を会得せしむることに努めたり」と説明している。教育勅語についての大意は、第三期国定修身教科書である『尋常小学修身書　巻六』（一九二三年度以降使用）の三課にわたり扱っている。教育勅語・戊申詔書を理解したうえで「国民精神作興ニ関スル詔書」を学ぶ構成であった。こうして、「国民精神作興ニ関スル詔書」は、教育勅語、戊申詔書とともに教育に関する三大詔勅として、教育界では特に重視される詔勅のひとつとして取り扱われた。

3　昭和天皇の「御大典」と学校を舞台にした国民統治

昭和天皇即位と御真影「下賜」制限の撤廃

病弱であった大正天皇が公務の遂行が不可能な状況になると、皇太子裕仁親王《ひろひとしんのう》が一九二一年、摂政《せっしょう》に就任した。大正天皇は快復することなく、一九二六年一二月二五日に「崩御」し、即日、摂政宮裕仁親王が天皇に即位し、昭和と改元した。大正天皇の喪が明けると、昭和天皇の即位礼の準備が開始された。この過程で、学校へ「下賜」される御真影の在り方にも大きな変化がみられるようになった。昭和天皇・香淳皇后の御真影作製とその「下賜」は一九二六年末頃から検討が開始され、『朝日新聞』(一九二七年一月一日付)に報道されるまでになっていた。実際には、一九二八年一月に撮影が終わり、五万枚におよぶ複製が行われた(『朝日新聞』一九二八年二月二日付)。

これは明らかに、昭和天皇の即位礼までに御真影「下賜」を完了するためのものであった。即位礼は、関連の奉祝行事を含めて、「新天皇の即位を祝い、それへの忠誠・奉公を誓うという、極めてイデオロギー的色彩の濃いものであった」(前掲『天皇の代替りと国民』)と指摘される通り、新天皇を支配者として周知させる一大イベントであった。なかでも即位礼に合わせて、学校で挙行される「奉祝儀式」に「奉掲」する新天皇・皇后の御真影は、即位礼の効果をさらに強めるための重要な「装置」と認識されていた。同年五月二四日、宮内省は宮内次官による照会「宮内大臣官房文書課宮発第三〇三号」を発し、天皇・皇后の御真影を各官衙、軍隊、軍艦、学校などに「下賜」するので、その種別や数など調べるように要請した。

この照会は、御真影「下賜」について新たな原則を示した点で注目に値する。すなわち、御真影の「下賜」の対象を団体と個人とに区別し、団体については、特別な行事などがある場合、多数の人々が集まって、拝賀式を行える場所とし、（イ）学校、（ロ）朝鮮総督府、台湾総督府、関東庁、南洋庁、樺太庁、道府県庁、在外大公使館及領事館、（ハ）軍隊、軍艦、軍衙、（ニ）特ニ詮議セラレタル諸官公衙団体、と明示した。これは、すべての学校が御真影の「下賜」対象となったこと、学校が国内外の国家行政機関や軍関係施設に先立って御真影「下賜」対象の筆頭にあげられるようになったことは、従来の方針からの大きな変更であった。この二つの方針転換は、御真影の機能が一義的に教育に置かれるようになったことを端的に示している。

宮内次官による照会文書の日付の翌日である五月二五日、文部省は「照秘一号」を地方長官宛に発し、これまで御真影を「拝戴」していなかった学校で昭和天皇・皇后の御真影の「下賜」を希望する学校は六月末日までに申請するように周知した。さらに、六月四日にも文部次官発地方長官宛通牒「官秘五八号」を発し、学校への御真影「下賜」は、「奉安施設有之、且拝戴申出の」学校に対して行う旨を示した。この「奉安施設有之」という条件を、多くの府県は奉安殿・奉安庫のことと解釈した。同年一〇月、全国一斉に昭和天皇・皇后の御真影が「下賜」されたが、この「下賜」が全国的に独立奉安殿・奉安庫が広く普及する契機になった。

昭和天皇・香淳皇后「御真影」（『続・現代史資料８』）

もうひとつ指摘しなければならないのは、一九二八年に全国に一斉「下賜」された御真影は、昭和天皇の即位礼に間に合わせるための「急ごしらえ」の、仮の御真影であった事実である。この点について、『朝日新聞』（九月二七日付）は、「この御真影はとくに御大典に際し奉拝申上げるためのもので、御大典後には更に両陛下の出御を仰ぎ御写真部にて御撮影、約一年の計画で絶対不変色のカーボン写真を謹製それぞれ取換御下賜になるはずである」と報道している。

昭和天皇の即位礼と関連の祝賀行事には、御真影は必須不可欠の「装置」であった。そのため、政府はかなりの無理をして「急ごしらえ」の天皇・皇后の御真影、約五万枚を作製して、広く行き渡らせた。この結果、昭和天皇の即位礼当日には、「拝戴」希望を行ったすべての学校に御真影が行き渡り、新しい支配者である天皇の肖像写真を「奉掲」し、各種の祝賀行事が実施されることになったのである。

昭和天皇の即位礼と学校

昭和天皇の即位礼にともない実施された数々の奉祝行事のうち、全国で大々的に実施されたのが、昭和天皇即位礼の「奉祝儀式」であった。即位礼の準備が進行中の一九二八年四月一七日、文部省は「健全にして有為の国民を養成し教育教化の効果を全くする趣旨徹底方」（文部省訓令第五号）を発し、今後の教育教化の方針を、「輝ける日本の国柄にもとづく国民道徳を育成して、国民精神を盛んにすることは、国家の教育の根本である。〔中略〕我が国民の教養や学術研究は一義に国体の真価を高め、国の繁栄に貢献することを、その基本にしなければならない（抑々光輝ある我が国体に由来せる国民道徳を涵養し国民精神を作興するは我が国家文教の根幹たり〔中略〕我が国民の教養及学術の研究は一に我が国体の精華を発揚し国の隆昌に貢献するを以て其の基本となさざるべからず）」として、これからの教育・教化は教育勅語の精神にもとづき、国体主義によるものを基本とすることを明らかにした。

学校を含めた各機関に御真影が行き渡り、即位礼を一ヵ月後にひかえた一九二八年一〇月一五日、文部省は直轄学校、公私立高等学校・専門学校、地方長官宛に「文部省訓令第一九号」を発し、「〔即位礼――筆者注〕当日各学校に於て職員生徒児童を参集せしめ、左の次第に準じ奉祝の式を挙ぐべし」と、式次第を添えて「奉祝の式」を挙行することを命じた。「君が代」斉唱、御真影への最敬礼から始まるこの式次第は、若干の字句に違いはあるものの、一九一五年九月の「文部省訓令第七号」による「即位礼奉祝学校儀式次第」とほぼ同じ内容であり、すでに指摘した通り、一九〇〇年八月の「小学校令施行規則」第二八条で規定された、三大節学校儀式に準じた内容である。これは、学校儀式そのものが国体主義にもとづく天皇制教化の重要な「装置」として重要視されるようになったことを示している。

上述の通り、大正天皇の即位礼に際して、一九一五年九月の「文部省訓令第七号」による「即位礼奉祝学校儀式次第」が制定された。この次第に準じて、翌一九一六年一一月三日の「立太子奉祝学校儀式」、一九一九年五月七日の「皇太子成年式奉祝学校儀式」が挙行された。皇室関係の学校儀式にとって御真影は必要不可欠の「モノ」になり、天皇制教化の「場」としての学校は、三大節学校儀式に準ずる儀式を繰り返すことにより、天皇制国家における国民統合の重要な「装置」として大きな影響力を持つものと認知されるようになったのである。

即位礼における学校の動員は、「即位礼奉祝学校儀式」だけではなかった。「即位礼当日、全国の各家では国旗、軒灯をあげ、市街地では幔幕が張りめぐらされた。そして、官庁、学校、民間など、あらゆるレベルにおいて奉祝式がおこなわれ、定刻三時、紫宸殿における田中《たなか》〔義一《ぎいち》――筆者注〕首相の万歳三唱に合わせて、いっせいに万歳三唱を行った。引きつづいて全国で旗行列が行われ、夜には提灯行列がおこなわれた」と指摘される通り、祝賀行事には全国民が動員されたが、なかでも学校が演じた役割は大きかった。

旗行列の中心は小学校の児童であった。横浜市を例にとれば、少なくとも市内一八校、総勢一万六〇〇〇人以上の参加届け出があったことを新聞が報じている。その他、神奈川県内では、川崎市一万四〇〇〇人、横須賀市一万人、鎌倉町五〇〇〇人が参加したと報じられている。その他にも提灯行列などが実施されたが、旗行列・提灯行列は、「手に手に小国旗を持ち、万歳を唱え、奉祝歌を歌いながらの行進は、〔中略〕夜の提灯行列と並んで、参加者、見物者に『大礼』中、一番の印象を残した」（前掲『天皇の代替りと国民』）と伝えられている。

その他、学校の児童・生徒があらゆる場面で動員の対象になったことが祝賀行事の大きな特徴であった。青年団や在郷軍人会も旗行列や提灯行列に動員されたが、学校はこれ以降、上述の団体とともに「規律ある団体」のひとつとして教化総動員運動、国民精神総動員運動など、天皇制教化を軸とする官製国民運動の動員対象となった。昭和天皇の即位礼とその祝賀行事を通して、天皇制教化のための動員対象として学校は、従来以上に注目されるようになった。

昭和天皇即位礼と統合の象徴としての「国旗」への注目

昭和天皇の「即位礼」と、学校における「国旗」掲揚の普及との間には深い関係があった。商船規則にもとづき日章旗（日の丸）が「御国旗」と定められたのは、明治三年正月二七日（一八七〇年二月二七日）であった。この「御国旗」は、海軍が定めた軍艦旗と類似していたため、その後も、国定教科書における「国旗」制式の記述などで混乱を来した。政府は、同年三月二八日の太政官達により開港場・開拓使・府県庁などに「国旗」掲揚を指示したが、一八七七年一二月一八日には太政官達で開拓使・府県庁、税関などでは「国旗」掲揚の必要はないと方針を転換したことにより、これ以降、政府機関における「国旗」掲揚の慣行は消滅した。そのため、政府が国旗の制式や掲揚方法の規程などの作成について、積極的な動きを起こすことはなかった。

国旗掲揚という方法による国民統合が強く意識されだしたのは、一九〇八年一〇月の戊申詔書発布以降のことである。この時期の修身教育に関する著作である『小学校作法教授要項』（宝文館、一九一一年）をみると、祝祭日に各家庭で「国旗」を掲揚する必要性に論及していることが確認できる（佐藤秀夫編『日本の教育課題1 「日の丸」「君が代」と学校』）。このことからも、「国旗」掲揚は、学校（公的機関）ではなく、各家庭のレベルから普及したことがわかる。政府が学校関係に「国旗」掲揚に関する通牒を発した最初の事例は、一九一五年八月一七日付普通学務長発地方庁宛通牒である。これは、大正天皇の「即位礼」の当日に小学校で掲揚する奉祝旗は、「国旗」のみであると指示するもので、直接的に国旗掲揚を命じるものではなかった。

政府が国民教化・統合の一環として祝祭日の「国旗」掲揚を促進させたのは、一九二三年一一月一〇日に発布の「国民精神作興ニ関スル詔書」の趣旨徹底策にあった。同詔書は、関東大震災後の民心動揺の鎮定と勃興する社会主義運動への対策をその内容としていた。文部省は各道府県に通牒を発し、趣旨徹底のための具体策を報告するよう各地方に求めたが、そのなかに、祝祭日における「国旗」掲揚の励行の提案が多く寄せられていた。事実、祝祭日の「国旗」掲揚は、地方レベルから普及した。そして、その多くは、地方の教化団体によって実施された。

地方から祝祭日における「国旗」掲揚が進められるようになると、政府も重い腰をようやくあげた。一九二四年九月三日開催の次官会議において、政府全体での祝祭日の「国旗」掲揚の推進が決定され、同月一〇日、「国旗掲揚の件に付通牒」により、祝祭日や皇室関係の祝典に官公庁で「国旗」掲揚を行うことを命じた。しかし、この時点で政府自身には、いまだ「国旗」に関する規程を制定する意図はなかった。

　そのため、一九二八年には昭和天皇の即位礼に合わせて、「国旗」に関する規程を定めることを目的に掲げる民間団体、財団法人国民教育奨励会が作成した私案が公表された。同会は、「国旗」に関して、制式や掲揚法など何らの規定を行うことのない政府に対して、「我国に於ては、これまで一般国民に向ては、国旗に関する何等の制式も示していない。〔中略〕此の度の御大典を好機として、我が国旗の制式及びその作法等につき、委員を挙げて調査審議の上、ここに大体の基準を定める事になった」との活動の経緯を示している（『国旗の制式及びその作法』一九二三年九月一五日）。財団法人国民教育奨励会は、文部省関係者（普通学務局長武部《たけべ》欽一《きんいち》）、国民道徳の権威（亘理《わたり》章三郎《しょうざぶろう》、吉田熊次）、軍関係者（陸軍次官阿部《あべ》信行《のぶゆき》、海軍教育局長末次《すえつぐ》信正《のぶまさ》）などを網羅した「国旗調査会」を設置して「国旗」に関する規程の私案を作り提案するとともに、その普及策も検討した。

　「国旗」掲揚普及については、「先ず全国各小学校の賛成を得て、第一番に各小学校の間に本案の実行を計る事になった。而して昭和三年十一月十日御即位式日当日及び十一月十四日（大嘗祭《だいじょうさい》）十一月十六日（大饗宴第一日）以上三日を期して一斉にこれを掲げ始めることにし」（同前）と、普及先として小学校が最も有効であることが示されている。事実、同会は東京市内の市立小学校に対して「国旗」を配布しその掲揚の普及活動も積極的に行った。こうした動きも大きく影響したのだろう。

同様の動きは、横浜市でも確認できる。『横浜貿易新報』（一九二八年一一月一日付）は、「茲に記者は五〇万市民に対して御大典奉祝に関し緊急動議を提出する。それはまず毎戸必ず国旗を掲げることである。〔中略〕由来国旗を尊ぶということは取りも直さず皇室の崇拝を意味することである。よって之を機会に国の慶事には毎戸必ず国旗を掲げるようにするのが最も意義深い一大記念事業の一つではあるまいか」との記事を掲載した。

「国旗」制式の問題はこの後もくすぶり続け、帝国議会でも政府の側が「国旗」制式について消極的であると批判された。この問題は、国民学校で使用する国定教科書で「国旗」をどう説明するかを解決するため一九四〇年、文部省が明治期の商船規則以来の制式の採用を表明するまで続いた。しかし、「国旗」掲揚が広く一般に普及する端緒として「国民精神作興ニ関スル詔書」の趣旨徹底策があり、それが昭和天皇の即位礼とその祝賀行事によって、日本社会、家庭に広く浸透したことは、間違いのない事実である。

関東大震災による人心動揺を鎮めるために発布された「国民精神作興ニ関スル詔書」の

趣旨徹底策と昭和天皇即位礼、及び関連の諸行事のなかで構築された国民統合策は、その後の戦時下における国民統合・動員のための「下地」を作り上げた。それが戦時下においてどのように機能したのかは、次章で詳しく論究してみたい。

第五章

ファシズム的状況における教育勅語・学校儀式

1　天皇の神格化完成と国民教化・動員

教化総動員と国民教化

一九一〇年代半ばから二〇年代の日本では、自由主義的な思想が台頭した。この動きに対抗するために、前章で検討したとおりこの時期に、国民統合や動員のための諸「装置」が、「国民精神作興ニ関スル詔書」の趣旨徹底策、大正天皇の大喪、昭和天皇の即位礼という、一連の動きのなかで形成されていった。「国民精神作興ニ関スル詔書」の趣旨徹底のために組織化された教化団体連合会は、一九二九年一二月二四日、財団法人中央教化団体連合会となり、それまで個々に加盟していた教化団体をそれぞれの所在地の連合会に加盟させ、道府県単位の教化団体連合会の連合機関に改組され、全国的に国民教化を行う中心的機関の役割を担うようになった。

一九二九年九月一〇日の「教化動員に関する件」（文部省訓令第一九号）は、この運動の目的は、「国体観念を明徴《めいちょう》にし、国民精神を作興すること。並に経済生活の改善を図り国力を培養《ばいよう》すること」にあるとした。この件に関する具体的な実践を、青森県を例に以下、検討してみたい。一九二九年九月二六日、青森県は県下各市町村長、各小学校長宛に学務部長通牒「教化総動員並公私経済緊縮運動に関する件」（青社第五三八号）を送付した。そこには実践項目として、伊勢神宮遥拝・神社参拝、「国旗」掲揚、「国民精神作興ニ関スル詔書」奉読と「国歌」斉唱があげられている。その後も引き続き勅語や詔書の趣旨徹底を標榜する国民教化策が実施されたことが一九三〇年代以降の国民教化策の特徴である。

一九三〇年九月一五日には「教育に関する勅語渙発四十年記念式挙行方」（発文六六号、文部次官通牒）が発せられ、教育勅語発布四〇年を記念して「聖旨の徹底を図り度に付〔中略〕当日休業の上記念式を挙行」するとともに、教育勅語の趣旨徹底策として、訓話、印刷物の配布、「国旗」掲揚式、神社参拝・清掃などが行われた（久木幸男「教育勅語四〇周年」）。久木はこれを、この時期の家族・国家観の動揺への「梃入《てこい》れ」とするが、むしろ新たな段階に入った日本社会への国家側からの対応策のひとつと位置づけるべきだろう。

同様のことは、一九三三年一一月の「国民精神作興ニ関スル詔書」発布一〇周年記念事業にもあてはまる。一九三一年九月の柳条湖《りゅうじょうこ》事件に端を発する満州事変勃発により、日本は国際連盟を脱退するなど、侵略戦争への道を本格的に歩み始めた。この事業はまさに、日本社会がいわゆる「天皇制ファシズム」へと転換し、国際社会からの孤立が進んでいった時期の国民教化策であった。

この事業は、満州事変、国際連盟脱退を日本の当面の難題とする政府により、「大正天皇の偉大な戒めを心にとめ、昭和というこの時代にその恩に報いることができる感激を新にして、国民全体が団結して励ましあい、〔中略〕国民精神を益々確実にして、国体を固く引きしめて、この時代の困難を解決し、さらに日本の名誉を広く世界に示す（大正の丕訓を奉体して、昭和の聖代に報効する所以の感激を新にし、相率き相励まして〔中略〕国民精神を愈々剛健ならしめ、国体を鞏くし時艱を匡救し、進んで帝国の光輝を益々宇内に発揚）」すべく実施された「記念的教化事業」であった。実際には、前出の中央教化団体連合会が中心となり、式典の実施の他、同詔書発布記念日の一一月一〇日を中心とした一週間を「精神作興週間」として、国旗掲揚、神社参拝や多摩御陵遥拝、詔書奉読式などの実践を奨励した（聖旨奉行会輯『国民精神作興詔書奉礼満十周年記念　聖旨奉行録』）。要するに、「国民精神作興ニ関スル詔書」発布当時の趣旨徹底策を再現する内容であった。

天皇機関説事件と国民教化・動員

満州事変以降、国体主義にもとづき、思想統制も厳しくなる傾向にあった。それまでも社会主義や共産主義への弾圧は見られたが、この時期にはその標的が自由主義へも及んだ。

一九三二年一〇月に京都帝国大学法科大学教授であった滝川幸辰《たきがわゆきとき》が中央大学で行った講演（題目「トルストイの『復活』に現はれた刑罰思想」）が無政府主義であるとされ、翌一九三三年四月に著書『刑法読本』、『刑法講義』が発禁処分になった。この問題に、当時の文部大臣鳩山一郎《はとやまいちろう》が直接介入し、京都帝国大学総長小西重直《こにししげなお》に滝川の罷免《ひめん》を求めた。大学の自治を盾に小西はこれを拒んだが、結局、滝川は休職処分となる。これを受け、京都帝国大学法学部の教員の多くが京都帝国大学を去り立命館大学に移籍した。

続いて一九三五年の天皇機関説事件と、これを契機に展開した国体明徴《こくたいめいちょう》運動、およびその教育・学術の世界における対応である「教学刷新」により、それまで微かに残っていた大正デモクラシー下の自由主義的思想はすべて排除され、教育・学術の世界はもとより日本社会全体を偏狭な国体主義が席巻した。国体主義は天皇の神格性を人々に強制するものであり、教育勅語発布時にその起草者井上毅が配慮した、「臣民」の良心の自由への配慮はここに完全に否定された。以下では、天皇機関説事件以降の教育・学術界の変容を検討したい。

天皇機関説事件は、一九三五年二月一八日の帝国議会貴族院本会議で男爵議員菊池武夫《きくちたけお》(予備役陸軍中将)が、それまで憲法学の定説となっていた天皇機関説を、「国体を破壊するようなもの」と攻撃し、その典型が美濃部達吉《みのべたつきち》などの著作であると糾弾《きゅうだん》したことに端を発する。名指しで批判された美濃部は、同月二五日の貴族院本会議で「一身上の弁明」として、「言いがかり」ともいえる菊池の批判に反論した。

この弁明は学問的に高く評価されるものであったが、政党や軍部、そしてその背後にある国粋主義者からの攻撃は止むことなく、国体明徴運動へと進んだ。三月二〇日、貴族院が「政教刷新に関する建議」を、三月二三日には衆議院が「国体明徴に関する建議」を可決し、政府に圧力をかけるとともに美濃部を追いつめた。政体そのものの否定につながるとして国体明徴運動には及び腰だった政府も大きな運動のうねりに抗することができず、四月九日、美濃部の著作三冊（『憲法撮要』『逐条憲法精義』『日本国憲法の基本主義』）を発禁処分とした。翌四月一〇日には、文部大臣が地方長官・高等教育機関の各長宛に国体明徴徹底に関する訓令を発するに至った。

それでも軍部による圧力はさらに強まり、政府は国体明徴問題について、八月三日に第一次声明、一〇月一五日に第二次声明を出すに至った。この過程で政府は、自らが公認していた憲法学説としての天皇機関説を「国民道徳規範に適合しない」（宮沢俊義『天皇機関説事件 上』）として禁止した。標的となった美濃部は第二次声明が出される直前、貴族院議員を含めすべての公職を辞した。

国体明徴運動とは、天皇機関説による既存の国家秩序を否定し、ファシズム的な天皇制へと再編する試みであった。当然のことながら、教育・学術にも大きな影響を与えた。一九三五年一一月一八日に設置された教学刷新評議会は、国体明徴運動の教育版ともいうべき「教学刷新」の方策を答申・建議によって示した。この答申は、万世一系の天皇天祖の詔勅を奉じて統治することが、日本の「万古不易《ばんこふえき》の国体」であると定義し、そのうえで、「我が教学は源を国体に発し、日本精神を以て核心となし、これを基として世局の進運に膺《あた》り人文の発達に随《したが》い、生々不息《せいせいふそく》の発展を遂げ皇運隆昌のために竭《えき》すを本義とす」との前文で始まる。

そのうえで、「教学刷新の中心機関」の設置と「教学刷新」の「必要なる方針」として、「日本の国柄は、祭祀と政治と教学とは一体不可分の関係で、切っても切り離せないことが基本であり、この基本を一層高め、教学の原理を明らかにすることは、現状においては極めて重要である（我が国に於ては祭祀と政治と教学とは、その根本に於て一体不可分にして三者相離れざるを以て本旨とす。よってこの本旨を発揚し、教学の根基を明にするの方策を講ずるは、時勢に照し緊要とするところなり）」、「国柄の真髄を明らかにするためには、統治権の所在を明確にすることは言うまでもないが、それに加え、歴代の天皇による詔勅、なかでも教育勅語に示されている国体の理念によって教育の内容を再編し、学問の在り方を示し、この国の方針を実生活の面で明確にすることが重要である（国体の真義の闡明には、統治権の所在を明にすべきは論を俟たず、更に歴代の詔勅特に教育に関する勅語に示させられたる国体の具現を以て精神とし、教育の内容を刷新し学問に根柢を与へ、我が国の道を実生活に顕現すること肝要なり）」との方針を示した。「教学刷新」とは、祭政一致の原則により、天皇を神格化して教育勅語の理念を確実に教育内容のレベルにまで徹底することを目指すものであった（日本文化協会編『教学刷新評議会答申及ビ建議』）。

この方針のもと、『国体の本義』の編纂、文部省外局としての教学局の設置、大学での国体関係の講座設置（東京帝国大学・京都帝国大学・東京文理科大学・広島文理科大学）などが行われた。さらに、一九三四年六月、文部次官通牒により各道府県に設置された国民精神文化講習所を中心に、教員や社会教育の指導者を対象として国民精神文化講習会（長期・短期）が実施された。実際にどの程度の効果があったのかは今後の研究課題だが、教学刷新評議会の答申により「家族国家観のもとでの総家父長に代わる、現人神＝天皇のイメージ」（久木幸男他編『日本教育論争史録』第一巻 近代編〈上〉）が広く教育・学術の世界に強制される体制が確立されたことは、まぎれもない事実である。

国民精神総動員と国民教化・動員の質的変化

一九三七年七月七日の中国盧溝橋《ろこうきょう》事件に端を発した日中戦争の泥沼化にともない、第一次近衛《このえ》文麿《ふみまろ》内閣の主導のもと、「挙国一致」「尽忠報国」「堅忍持久」を三つのスローガンとして、同年九月より実施された官製国民運動が、国民精神総動員である。これは総力戦への国民総動員をその目的とし、天皇信仰の強制と、国民一人ひとりの国策への全面協力（協賛）を求めるものであった。その実践項目自体は、神社参拝、国旗掲揚、勤労奉仕など、これまでの地方改良運動や教化総動員運動と表面上は変わらない。しかし国体明徴運動を経たことで、その内実は大きく変化している。それを端的に示すのが、天皇信仰の強制である（須崎慎一『日本ファシズムとその時代』）。

天皇信仰の強制に関する典型例を以下に示そう。国民精神総動員が進行中の一九三八年二月二八日、文部大臣官房秘書課長通牒「宮城遥拝国旗掲揚の方法に関する件」（媛秘七二号）が発せられた。これは愛媛県から、宮城遥拝と神宮遥拝の優先順位、そして呼称として、「皇居遥拝」と「宮城遥拝」とではどちらを使用すべきかという文部省への照会を機として、「宮城遥拝」を優先すべきこと、また呼称は「宮城遥拝」とすべきことを全国に周知させたものである。これ以後、「宮城遥拝」を伊勢神宮「遥拝」の上位に置くことを、全国民に強制する動きが加速した。これにより、天皇への信仰を神仏よりも上位に置き、国民の天皇信仰を身体化する体制が成立した。「国旗」掲揚も従来以上に重視され、学校を単位とする神社への集団参拝などが学校生活の日常となった。このように、学校が思想教育の重要な「装置」として、これまでになく重要視されるようになった。

国民精神総動員にあって、義務教育機関である小学校では訓育面が重視された。文部省は、国民精神総動員は「学校においては教育全般に亙っての運動であるが、殊に訓育に於て児童の実践に具現せしむることが最も肝要であるから、此の意味に於て一種の訓育運動である」とした。その上で、「尊皇愛国、敬神崇祖の施設」として、「我が国体の尊厳無比なることを十分体認せしめ、以て尊皇愛国の志気を振起せしむると共に敬神崇祖の精神を培養し、我が国民精神の真髄を体得せしむることが肝要である」と、奉安殿に対する「奉拝」、「宮城遥拝」を「一層緊要」なものと位置づけた。そして皇威宣揚・武運長久を祈願しての神社・墓陵への集団参拝・清掃は「適切なること」であり、「此の時局に際してかかる施設又は行事を一層全うすることは、児童をして真に国体観念を明徴ならしめ国民精神を発揚せしむることができる」と、その意義を強調した。この他にも、祝祭日や記念日の式典、国旗掲揚式などによる国旗を用いての国家意識の昂揚をあげ、「これらの行事又は施設は形式的になるべきでなく、真に感謝感激の裡になさるる様其の指導留意」することを求めている。

その他、「非常時訓練施設」として、「今回の事変に当っては飛行機の来襲に対して冷静に之に対応する心構えを作ること」と、防空、防毒、防火などの訓練の必要性を強調した。「勤倹力行施設」については、「今回の総動員においてその実践事項として堅忍持久の精神を養い、困苦欠乏に堪える心身の鍛錬が要望せられておる」として、勤労作業の奨励や実業・作業的科目の重視、諸行事の簡素化・質素化を求めた。

また「銃後の後援施設」については、「〔今回事変における―筆者注〕我が将兵の忠勇果敢の奮闘振りは、我が国民教育に絶好の材料を与えて居ると同時に、内にある国民の涙ぐましき銃後の〔中略〕後援の護りは以て我国民精神の涵養のよき活資料となる」と指摘し、さらに児童に対し、出征兵士への慰問（袋）や出征家庭への慰問と手伝い、戦死・傷病将兵家族への弔意と手伝い、「特別の勤労」による献金などを行うことを指導するよう求めた。さらに、「非常時経済政策への協力施設」について、「今回の事変は多額の経費を要し、殊にいつまで継続するか予想できないので」節約して貯蓄に努め、国産品を使用し国際収支の改善に努める必要性を児童に理解させるよう求めている。そして、「資源の愛護施設」について、「濫費奢侈（無駄遣いや贅沢―筆者注）を戒めその生活態度を上昇せしめぬ様注意する」ことを学校教育のなかで養うように求めている（内閣・内務省・文部省『国民精神総動員と小学校教育』）。

「非常時訓練施設」など戦争遂行と直結する事項を学校に採り入れた以外の「尊皇愛国、敬神崇祖の施設」、「勤倹力行施設」、「非常時経済政策への協力施設」、「資源の愛護施設」などの項目は、教化総動員運動の実践項目と表面的には変わらないものが多い。しかし、国民精神総動員と教化総動員との間には、国体明徴運動を経て、小学校の児童も含む全国民に、国体主義にもとづく神格化された天皇への無尽の忠誠を求めることが大前提であった点、さらには、数々の実践項目が直接的に戦争動員体制構築につながっていた点に大きな違いがあった。国民精神総動員は単なる精神動員ではなく、国体主義にもとづく神格化された天皇への信仰を基本に据えた、総力戦体制を構築するための全国民を対象とする動員体制への強制であった。

2 「青少年学徒ニ賜ハリタル勅語」の発布と教育勅語の再解釈

総力戦体制の教育理念としての「青少年学徒ニ賜ハリタル勅語」

一九三五年二月に発生した天皇機関説事件とそれに端を発する国体明徴運動は、「合法無血クーデター」と称されるように、大日本帝国憲法にもとづく既存体制を否定するものであった。そうした体制では、一九世紀後半の社会に対応するために発せられた教育勅語に示された教育理念の提示ができないことは明らかであった。さりとて、一九〇〇～二〇年代のブルジョア化が進行する社会における教育理念を提示した戊申詔書・「国民精神作興ニ関スル詔書」も「よりファシズム的」に変容した社会に対応できるものではなかった。

そこで求められたのが、教育勅語が提示する教育理念を基本綱領としながらも、それを変容した日本社会に対応するために「補完」する詔勅であった。これこそが、一九三九年五月二二日に公布された「青少年学徒ニ賜ハリタル勅語」である。この勅語は、「陸軍現役将校学校配属令」（一九二五年勅令第一三五号）公布一五周年を記念し、日本全国（植民地・占領地域を含める）の男子中等学校以上の各学校代表生徒・学生約三万二五〇〇人を皇居前広場に武装集合させ、天皇の前で大分列行進を繰り広げた当日に、軍属の文部大臣荒木貞夫《あらきさだお》（予備役陸軍大将）に「下賜」された。その全文は、以下の通りである。

> 国本ニ培ヒ国力ヲ養ヒ以テ国家隆昌ノ気運ヲ永世ニ維持セムトスル任タル極メテ重ク道タル甚ダ遠シ而シテ其ノ任実ニ繫リテ汝等青少年学徒ノ双肩ニ在リ汝等其レ気節ヲ尚ビ廉恥ヲ重ンジ古今ノ史実ニ稽ヘ中外ノ事勢ニ鑒ミ其ノ思索ヲ精ニシ其ノ識見ヲ長ジ執ル所中ヲ失ハズ嚮フ所正ヲ謬ラズ各其ノ本分ヲ恪守シ文ヲ修メ武ヲ練リ質実剛健ノ気風ヲ振励シ以テ負荷ノ大任ヲ全クセムコトヲ期セヨ

【現代語訳】

国家の基礎と国力の増強により国家繁栄の気運を永遠に持ち応えようとする任務は、極めて重要であるとともに、極めて難しい。この重大な任務は、幼稚園から大学まですべての学校に学ぶ青少年学徒の双肩にかかっている。青少年学徒は、気概を持ち恥を知り、古代から今に至る歴史的事実と国内外の情勢をよく顧みてその思考を見つめ、反省することにより、思考を高めるように努め、行いや思想が中正の道から外れないように、それぞれが各自の本分を守り、文武の修練に励み、質素着実な気風を発揮して、この国家繁栄という重大な任務を全うすべきである。

この勅語は、一九四一年度に創設された国民学校の教科書、および師範学校の教科書に、その意義の解説が早速、掲載されることになった。その詳細を検討したのが、一九三九年一〇月に文部省の内規により設置された「聖訓の述義に関する協議会」であった。以下、この協議会の議論をもとに「青少年学徒ニ賜ハリタル勅語」の概要を検討してみたい（文部省『聖訓の述義に関する協議会報告』）。

「青少年学徒ニ賜ハリタル勅語」は、全文一七七文字という、きわめて短く簡潔な文章である。同勅語は、全体で二段構成となっている。第一段は、「国本ニ培ヒ国力ヲ養ヒ〔中略〕汝等青少年学徒ノ双肩ニ在リ」であり、第二段は、「汝等其レ〔中略〕以テ負荷ノ大任ヲ全クセムコトヲ期セヨ」になる。第一段で、国家繁栄の基本となる精神を育て国家の実力を養うことで国家を繁栄に導き、それを永遠のものとする任務ははなはだ重大で、容易なものではないが、その任務は汝ら青少年学徒（幼稚園から大学に至る全ての学校で学ぶ者）の双肩にある」と、「青少年学徒」の心得を説く部分である。

第二段は、その大任を果たすためにつとめるべき内容「徳目」を示している。「気概があり節操が高いこと（気節ヲ尚ビ）」から「行く道を間違えない（嚮フ所正ヲ謬ラズ）」までの八つの徳目を謹んで実行し、「文武を修練すること（文ヲ修メ武ヲ練リ）」、その結果、質実剛健の気風を養うことで、この大任を全うするように命じている。

この勅語には、以下の特徴がある。まずは、勅語形式を採用したことである。教育勅語の場合には、起草者井上毅が強調してやまなかったように、近代立憲制において、政治権力は国民の内面に介入すべきではないとの原則を貫徹したために勅語形式とされたのだったが、「青少年学徒ニ賜ハリタル勅語」は事情を異にしている。

天皇機関説事件や国民精神総動員を経て、すでに天皇の神格化は完成し、天皇信仰の強制は、後に詳細に検討する御真影の扱いや「宮城遥拝」の日常化などにより幼稚園・小学校から大学まで、すべてのレベルの学校におよんでいた。そのような「現人神」である天皇が、男女を問わずすべての「学徒」に教育の方針を直接的に呼びかけている点に、「ファシズム的」段階に入った天皇制公教育の在り方の一面が端的に示されている。さらに、その天皇が、「青少年学徒」に対して、「文ヲ修メ武ヲ練リ」との表現を用いて呼びかけていることから、学ぶべきは「文」だけではなく、「武」があるとの軍国主義的な色彩が極めて強い勅語である。

「青少年学徒ニ賜ハリタル勅語」は、その草案に時の文部大臣荒木貞夫による鉛筆メモで、「第二の教育勅語」の記載が確認できる（前掲『続・現代史資料9　御真影と教育勅語2』）。また、それまでの戊申詔書・「国民精神作興ニ関スル詔書」は、文面にも教育勅語の精神を引き継ぐものとして、それぞれの詔書が位置づけられることが明記されているが、この勅語にはそうしたこともなく、きわめて単純で素朴な内容になっていることも特徴的である。まさに、戦時体制下の画期的な「勅語」である。

戦時下における教育勅語の再解釈と国定教科書

「青少年学徒ニ賜ハリタル勅語」は、「よりファシズム的」な社会へと変容した現状に対応するために提示された教育理念であった。そのため、「教育に関する勅語と青少年学徒に賜わりたる勅語との関係ならびにそれに関聯して教育に関する勅語の述につきましても、改めて御意見を承る」必要が生じる結果になった。そのため、上述の「聖訓の述義に関する協議会」は、文部省の要請により「青少年学徒ニ賜ハリタル勅語」の述義に加え、教育勅語についても、「時代の進展に鑑み」その述義を再検討することになった（前掲『聖訓の述義に関する協議会報告』）。時代状況に合わせた教育勅語の再解釈が行われたのである。

教育勅語の述義で問題となったのは、「斯ノ道」の解釈であった。少なくとも、第二期国定修身教科書以降の文部省による公式解釈は、「天壌無窮の皇運扶翼ということは外国には通じない」との判断で、「斯ノ道」の指し示す徳目の範囲から除外することとし、国定教科書もそのような記述となっていた。ところが、「聖訓の述義に関する協議会」では、①従来の解釈を支持する立場、②「爾臣民〔中略〕扶翼スヘシ」までを含めるという立場、そして③範囲をさらに拡大し、「我カ皇祖皇宗」からを含め、徳目以外神話的根拠までをも含むという見解が示され、議論になった（高橋陽一『共通教化と教育勅語』）。教育勅語が如何ようにも解釈することが可能であったことを物語っている。

結局のところ、「斯ノ道」は、『『父母ニ孝ニ』以下『天壌無窮ノ皇運ヲ扶翼スヘシ』までを指す」ことになり、その釈義は、「この道は古今を貫いて永久に間違がなく、又我国はもとより外国でもとり用いている正しい道である」（前掲『聖訓の述義に関する協議会報告』）となった。「天壌無窮ノ皇運ヲ扶翼ス（天地同様に永遠の皇位の存続に奉仕すること）」までもが外国にも共通するという、他民族を教育勅語の理念で支配することを正当化する解釈になったといえる。侵略国家としての教育理念へと再解釈された教育勅語とそれを「補完」する「青少年学徒ニ賜ハリタル勅語」が戦時下日本の教育理念として教育界に君臨することになった。

周知のとおり、一九四一年四月一日に発足した国民学校は、それまでの義務教育制度からの大転換、新たな義務教育制度の創出であった。国民学校令（一九四一年三月一日勅令第一四八号）は、その教育目的を「国民学校は教育勅語に示された道にもとづいて、初等普通教育を実施し、国民の基礎的な修練を行うことを目的にする（国民学校は皇国の道に則りて初等普通教育を施し国民の基礎的錬成を為すを以て目的とす）」（第一条）と規定した。それにもとづく、「国民学校令施行規則」（一九四一年三月一四日文部省令第四号）は、児童を教育する留意事項として、「教育勅語の趣旨を実行して、教育の全般にわたってその精神を鍛え、特に国体に関しての信念をより深めるようにする（教育に関する勅語の旨趣を奉体して教育の全般に亘り皇国の道を修練せしめ特に国体に対する信念を深からしむ）」（第一条第一項）と、国民学校の教育全体を通して、教育勅語の趣旨と国体の信念を徹底させることを求めている。そのうえで、国民科修身ついて、「教育勅語の趣旨によって国民道徳の実践を指導して、児童の徳性を養い、皇国日本の道義的な使命を自覚させるようにする（教育に関する勅語の旨趣に基きて国民道徳の実践を指導し児童の徳性を養ひ皇国の道義的使命を自覚せしむるものとす）」（第三条）とした。

こうした事情もあり、国民学校の教科書は、従来の小学校の教科書の「改訂」ではなく、新たな学校制度への対応として「新発刊」と位置づけられ、教育勅語と「青少年学徒ニ賜ハリタル勅語」の釈義については「聖訓の述義に関する協議会」における決定事項を基礎資料としたうえで、一九四〇年六月二九日に文部省内に設置された教科書調査委員会により「国民学校教科書編纂方針案」が示され、編纂作業が行われた。

この国民学校用国定教科書に関しては編纂趣意書は作成されず、教師用書の「総説」がそれに代わるものとされたので、第五期国定修身教科書の作成意図を『初等科修身四　教師用』の「総説」により検討したい。「総説」の「二　国民科修身指導の精神」、「(1)国民科修身の意義」の「教育に関する勅語と修身指導」で、教育勅語は、「国民のすべてがそのお諭しを体して実践すべき第一の経典であって、〔中略〕ただ単に観念的に奉体するというのではなく、お諭しにしたがって躬行《きゅうこう》し、実際行為に表していくということが大切である」と指摘している。

第五期国定修身教科書で教育勅語が教材とされたのは『初等科修身　四』の「一　大身心の奉体」のみである。第四期国定修身教科書である『尋常小学修身書　巻六』が第二五課から第二七課にわたり「教育勅語」を掲載していたのに比べると、分量的には大きく削除されたが指導内容はより具体化したものになっている。『初等科修身　四』の教師用書では、「児童用書の文章取扱いに当っては、これを反復拝誦せしめ、教師の謹話と相俟って要旨の理解を深からしめるようにする。また勅語の謹写を行わしめるがよい。〔中略〕日常の行為について反省せしめ登下校の際奉安所に向って最敬礼をなすこと、宮城遥拝のこと、大東亜戦争下いかにして自己の本務をつくすべきか、などについて、具体的な指導を徹底せしめる」ようにと具体的に指示していた。

このような指導を求める背景には、修身教育で「祭祀の意義を明らかにして、神を敬う気持ちを養成すること（祭祀の意義を明らかにし、敬神の念を涵養すること）」が初等科修身の指導の重点に挙げられていたことがあった。「天皇が神に奉仕なされることと、臣民が神を敬うことは、いずれもその根本は同じであり、天皇は祭祀によって君主としての徳を高め、臣民は神を敬うことによってますますその分を尽くす覚悟を強くする。〔中略〕ここに忠と孝とは一体となるのである。修身の指導に際しては、このことへの注意が重要である（天皇の神に奉仕せられることと臣民の敬神とはいずれもその源を同じうし、天皇は祭祀によっていよいよ君徳を篤くし給い、臣民は敬神によっていよいよその分を尽くすの覚悟を篤くする〔中略〕ここに忠孝一体となって万全現れるものである。修身指導に際しては、このことに対する注意が肝要である）」との方針により、教育勅語の教育は、教科書による観念的な「奉体」ではなく、実際的な行為（実践）が重視されたのである。

教育勅語の教授に関して、観念よりも実践というこの方針は、「礼法指導はどこまでも修身と切離すことのできない不可分の関係に於いてなされるべきものである」（前掲『初等科修

身　四』教師用）と、礼法重視にも現れている。礼法について、文部省は、国民学校令施行と同じ一九四一年四月一日、「作法教育に関する件」（文部省普通学務局長・専門学務局長通牒発普五二号）を発し、その別冊として「礼法要項」を提示した。「作法教育に関する件」によれば、「礼法要項」は師範学校及び中等学校の「修身科の作法教育の参考資料として取り扱う（修身科に於ける作法教授の参考資料として御取扱い相成）」べきものとして編纂されたが、実際はこれ以外の学校でもこれに準じて取り扱うことが求められており、礼法の教育全般の指針となるものであった。

その「礼法要項」は、「前篇は、諸礼法に通ずる基本的な事項を掲げたものであり、後篇は、国民生活の実際に即して具体的の項目を便宜、皇室・国家に関する礼法、家庭生活に関する礼法、社会生活に関する礼法の三大部に分けて記述した」と述べるが、『皇室・国家に関する礼法』は我国礼法の根幹であって敬神尊皇の誠を致し、国民精神を涵養するうえに特に重要」であると指摘している。国民学校における教育勅語教育とは、まさに国民学校教育の目的そのものであった。そしてそこにおいては上述のように観念的な「座学」が廃され祭祀・礼法を積極的に採り入れた実践の導入を進めようとした。

学校生活における教育勅語の身体化

「国民学校令施行規則」第一条第六項に「儀式、学校行事を重視して、これらを教科と一体化して、教育の実をあげるように努力しなければならない（儀式、学校行事等を重んじ之を教科と併せ一体として教育の実を挙ぐるに力《つと》むべし）」とあるように、国民学校の教育の特色のひとつに儀式、学校行事の重視があった。このことについて、文部省督学官倉林《くらばやし》源四郎《げんしろう》は、「祝祭日、記念日等の国家的行事とか入学式、卒業式その他の学校行事、及び雛祭節句等の民族的行事などは児童をして国民生活を体験せしめる一つで、国民的情操陶冶の無二の機会」と指摘している（日本放送協会編『国民学校教則案説明要領及解説』）。

そのため、国民学校の国民科修身では祭祀・礼法の重要性が強調され、またそれを儀式や行事と密接に連繋させることが強く求められた。この儀式・行事は「教科外の施設」に位置づけられた。具体的には、法令により定められた四大節（一月一日、紀元節、天長節、明治節）学校儀式がある。その他、教育関係の詔勅発布記念として、教育勅語発布記念日、戊申詔書発布記念日、「国民精神作興ニ関スル詔書」発布記念日、「青少年学徒ニ賜ハリタル勅語」発布記念日などがある。その他、学校の慣行としての入学式・卒業式、始業式・終業式、行幸記念日など、また時局関連の行事として、興亜奉公日、神武天皇祭、靖国神社臨時大会祭、海軍記念日、陸軍記念日、春季皇霊祭、秋季皇霊祭、神嘗祭、新嘗祭、義士祭、楠公祭、乃木祭なども含まれていた。

これらの儀式、行事のなかで、四大節や教育関係詔勅の発布記念日については、①勅語・詔書の趣旨を奉体して国体信念を培うこと、②国民礼法を錬成すること、③国民科修身、国民科国史、芸能科音楽と関連させ教科と一体のものとして儀式の教育的効果を上げることが、その他の儀式についても、日本の醇風美俗である敬神崇祖の念を培うことを求めている。国民学校期の教育においては国体主義にもとづく天皇や天皇制に関する儀式行事が従前にもまして頻繁に行われるようになった。

国民学校では儀式、行事に留まらず、児童の日常の学校生活のなかにも国体主義にもとづく天皇・天皇制が深く入り込み、教育勅語の身体化が徹底された。先述の通り、指導の具体像は『初等科修身　四』の教師用書に「日頃の行いを反省させ、登下校時には奉安殿に最敬礼を行い、皇居に向かって拝礼し、戦時下において自分は何をするべきかなどについて、具体的な指導を徹底する（日常行為について反省せしめ登校下校の際奉安所に向って最敬礼をなすこと、宮城遥拝のこと、大東亜戦争下いかにして自己の本務をつくすべきか、などについて、具体的な指導を徹底せしめる）」ことが提示されている。

次項で詳しく検討するが、一九三五年の天皇機関説事件を契機とする国体明徴運動、「教学刷新」の推進により、文部省は、神社様式の奉安殿による御真影などの「奉護」を推奨するようになり、登下校時の奉安殿への最敬礼が、国民精神総動員のなかで一般化した。その他、朝礼などを利用した、教育勅語、「青少年学徒ニ賜ハリタル勅語」の「奉唱」、宮城遥拝、神棚への拝礼、国旗掲揚、「国歌」斉唱、また、放課後を利用した学校や学年・学級を単位とする神社参拝や勤労奉仕などが行われていたことが確認できる（教養研究会編『国民学校経営資料』・同続編）。これらの項目の多くは、国民精神総動員で重視された実践項目であった。

3　大戦末期の御真影と学校儀式の強制

御真影の強制「下賜」と四大節学校儀式の徹底化

国体明徴運動と「教学刷新」を経て、天皇の神格化が完成したことは、これまで検討してきたとおりである。「教学刷新」の遂行のために設置された教学刷新評議会（一九三五年一一月一八日設置）の審議と答申を通して、学問・教育の分野でも、天皇を「現人神」として扱うことを徹底するための方策が検討された。一九三六年一一月二九日の「教学刷新に関する答申」には、大学の刷新として、「国体ノ本義」を体して学問研究と学生の教育に従事することが、そして各学校の刷新として、「わが国古来からの神を敬い、祖先を大切にするよい気風を一層盛んにする（我が国古来の敬神崇祖の美風を盛ならしめ）」ことが含まれていた（日本文化協会編『教学刷新評議会答申及び建議』）。

特に、大学に対しては教学刷新評議会の審議の過程で、「教育勅語すらも奉読したということの事実あることを私は聞かない、いわんや是等の四大節など儀式を挙げて、そういう敬虔な念を披瀝するというようなことをかつて聞かない」と批判されていた。この指摘を受け、同評議会の答申の直後に具体策が政策化されることになった。

大学が四大節学校儀式の挙行や御真影「拝戴」に積極的ではないことは、これより以前から文部省は把握していた。「御真影奉戴ノ有無及四大節式典挙行各学校別調査表」（『昭和九年早稲田大学々生運動年報』所載）には、東京府下一六大学（東京・慶応・明治・法政・立教・中央・国学院・専修・拓殖・日本・慈恵医・東京農・東洋・上智・大正・日医）の調査結果が収められている。その結果は、御真影を「拝戴」しているのが東京と国学院（拓殖は大正天皇御真影のみ）、四大節学校儀式を挙式しているのが国学院と立教という結果であった。

上述の大学のなかには、東京商科大学・東京工業大学・東京文理科大学など、官立単科大学が含まれていないが、大学における御真影の受け入れや四大節学校儀式の実施状況の概要を知るには十分であると思われる。大学における御真影の受け入れと四大節学校儀式の挙行は「教学刷新」の象徴として、文部当局にとって必須の課題になった。

この調査や教学刷新評議会の答申に相前後して、軍部を中心とした大学への圧力、および文部省の「行政指導」による、御真影の強制「下賜」が進行した。神棚事件に端を発し、軍部からの圧力に屈した同志社大学、文部省専門学務局からの「行政指導」を受け入れた早稲田大学の両校が御真影の「下賜」を受けたのが、一九三六年一〇月一五日である。史料的には、一九三五年から三八年にかけて多くの私立大学に、その後一九三七年頃をピークにして私立専門学校に、それぞれ御真影「下賜」が進められた。それと同時に私立の高等教育機関にも、確実な御真影「奉護」が文部省から求められるようになった。

文部省は、「行政指導」による高等教育機関への御真影普及策を進めると同時に、四大節学校儀式の挙行の徹底を求めた。一九三七年四月一日、その時点で四大節学校儀式を挙行していなかった高等教育機関（大学・専門学校）に対しては文部次官通牒「式日に関する件」（発専二六号）を発し、「紀元節、天長節、明治節及び一月一日に職員、学生・生徒を学校に集めて行う学校儀式は、教育上非常に重要なことなので、これからは十分配慮を施したうえで儀式を行うようにするべきである（四大節に職員及学生々徒学校に参集して祝賀の式を行うことは、教育上きわめて緊要なるをもって、将来十分留意の上挙式せらるる様致度）」と、四大節学校儀式の完全実施を求めている。一九三〇年代中頃までの高等教育機関は四大節学校儀式を全く実施しないもの、その一部しか挙行しないものなど様々だったが、これにより、すべての高等教育機関が四大節学校儀式の挙行を求められることになった。

文部省は政策徹底のために同年七月一二日、再度、次官発照会「御真影拝戴及式日に関する件」（照専四六号）を発し、高等教育機関の御真影「拝戴」の年月日、「奉護」状況、四大節学校儀式の挙行状況と教員、学生の出席の実況についての調査・報告を求めた。こうした文部省の方針に高等教育機関でも従わざるを得なくなったのが天皇機関説事件以降の状況であった。

この方針は中等教育機関、小学校にも及んだ。周知のとおり、御真影は各学校からの「拝戴」願が文部省を通じて宮内省に出されることにより「下賜」が認められるのが原則であった。従って、一九三〇年代以降も御真影「奉護」の煩雑さから逃れるため、御真影未「拝戴」校は確実に存在していた。ところが、学校における神格化された天皇への信仰を強制する文部省は、御真影「拝戴」を求めて強権的な行動に出るようになった。一九三九年九月一四日、文部省は、普通学務局長照会「御影並教育勅語謄本に関する件」（照普四七号）を各地方長官宛に送付した。「調査の要有之に付」とするこの照会は、全県の中等学校、小学校を対象に、御真影の「拝戴」と教育勅語の「下賜」状況を悉皆調査した後に、リストを作成して提出を求めるものであった。これは、御真影の未「拝戴」校の「焙《あぶ》り出し」を目的にしたものであった。こうした調査などにより、各学校現場に圧力をかけ、御真影の普及を図ったのである。

文部省は、高等教育機関から初等教育機関にいたるまで、すべての学校に御真影を行き渡らせるために強権的な「行政指導」を行った。一九三七年前後をエポックにして強権的な「行政指導」による御真影「下賜」と四大節学校儀式挙行の「強制」が行われたことは、神格化された天皇への信仰が強制された象徴的な事実であった。

さらに、一九三六年一月開催の全国学務課長並視学官会議で文部省は、御真影「奉護」方法の標準化を進める方針を表明した。まずは、一九三二年度から始まった、「御真影奉安状況調査」が対象道府県のすべての「奉護」状況を係官が悉皆調査する方針に転換された。この過程で、文部省は各道府県レベルの御真影に関する「奉護規程」についてもすべて報告することを求めた。そしてこれら一連の調査結果をもとに文部省は新たな御真影「奉護」基準の標準化を推進した。

文部省による御真影「奉護」基準の標準化の詳細は、「御真影奉安殿関係書類」(『菅野誠文庫』東京工業大学教育環境創造センター所蔵)により知ることができる。この資料には、御真影の汚損状況、それへの対策の具体例、さらに御真影「奉護」の標準化のひとつの結論としての、奉安殿・奉安庫の設備、様式やそこでの「奉護」の注意事項などが含まれていた。

この文書に含まれている「御真影奉護に関する心得」（和紙B４判袋綴、一九三七年の早い時期と推定）が、文部省が提示した御真影「奉護」に関する統一基準と考えられる。そこでは「御真影奉安所の位置」において「拝礼するのに適切な場所を選ぶこと（奉拝せしむるに適切な場所を選ぶこと）」が明示され、このことからこの時点で奉安殿・奉安庫は教職員・児童の「奉拝」の対象であることが前提となっていたことがわかる。その他、火気・換気・通風への配慮なども求めている。また「奉安所の様式、構造、設備」は注目すべき内容である。ここで奉安所の様式は価値あるものとして荘厳な外観であるとともに、火災や盗難への対策および防湿、防水などの対策を行うこと、また独立奉安殿を設置する場合は、「神殿型軸部鉄筋コンクリート造の耐火性構造」が最善であると指摘していた。

こうして一九三二年頃までに御真影「奉護」方法については校舎外に独立した鉄筋コンクリート造りの神社様式奉安殿を設置し、そこで保管することが文部省の要求として固まった。これを受け、神社様式奉安殿が全国的に普及し、教職員・児童が登下校時それに向かって「奉拝」するという日常が成立した（前掲『御真影と学校――「奉護」の変容』）。

御真影疎開政策とその実態

これ以降、御真影・教育勅語謄本などの「奉護」は、厳格化を極めることになり、月ごとに御真影の異常の有無の確認などが行われるようになった。こうした「奉護」の厳格化の行きつくところが戦局悪化にともなう学校防空対策における御真影「奉護」である。以下、戦時下の御真影疎開の実態を中心に、学校防空と御真影「奉護」について論じたい。

文部省は、日米開戦前の一九三九年四月に文部次官通牒「防空教育及学校防空の徹底に関する件」（発文第七四号）を発し、各学校で防空教育を徹底し、学校防護団を組織することなどを求めた。だがこの時点では御真影・教育勅語謄本の「奉護」には何も触れられていなかった。公文書で最初に学校防空における御真影・教育勅語謄本の「奉護」に論及したものは、東京市教育局『秘　昭和十六年八月　市立学校防空実施計画設定要領』である。このパンフレットの「昭和〇〇年度東京市立〇〇学校防空実施計画」の第三条のなかに、「命に代えて御真影・勅語謄本の安全を計る（一死を以て御影、勅語謄本の御安泰を計り）」との条文が確認できる。この実施計画をもとにして、各学校段階の防空計画を作成することが、同年九月一五日付東京市助役通牒「市立学校防空実施計画に関する件通牒」（教発第五二〇号）で命じられている。日米開戦以前から、御真影・教育勅語謄本等は「一死を以て」護ることが条文化されていたのである。

空襲時における、御真影・教育勅語謄本等の「奉護」について政府レベルで明文化されたのが、一九四三年九月一七日の「学校防空指針」である。そこでは、学校防空について、「其の主眼」として、「(1)御真影、勅語謄本、詔書謄本の奉護、(2)学生生徒及児童の保護、〔以下略〕」とある。すなわち、子どもたちの命より、御真影・教育勅語謄本等の「奉護」が優先されていたのである。さらに、文部省の担当者は、「非常の場合に於ける奉遷所をあらかじめ決定しておかなければなりません。〔中略〕もちろん防空警報が発令されましたら警備班の奉護係が常に奉安所の警備に就いていることが必要」と、非常時の御真影の「奉遷」、すなわち、疎開とそこでの厳重な「奉護」の必要性についても論及していた(前掲『御真影と学校──「奉護」の変容』)。

「学校防空指針」が提示された一九四三年九月以降、日本の戦況は極端に悪化する。一九四四年に入るとさらに状況は深刻化し、二月一七日にトラック諸島集結の海軍部隊壊滅、同二九日には、ラバウル海軍航空隊基地の孤立など、これら防衛線の壊滅により、日本の本土空襲の本格化は避けられない状況になった。敗戦は必至の状況となっていたのである。

この差し迫った状況に、一九四四年二月二六日、「御真影奉護に関する件」(教一発第一六〇号)により、東京都は、都の特殊事情に配慮して特定校の校長に対して「御真影を別に移す場所を指定して、必要な措置を命令すること(御真影奉遷個所を別に指定し、その他必要なる措置を命ずること)」の可否を文部次官に照会した。これに対して文部省は、東京都の対策は、「学校防空指針」の範囲内とし、御真影の「奉遷」に際して文部省との間で十分な連絡を取ることを条件に、この照会内容を承認した。

　首都東京への本格的な空襲の危険がさらに強まった一九四四年八月下旬から九月上旬にかけて、東京都の当初からの方針により都下三五区の国民学校・中等学校「拝戴」の御真影・教育勅語謄本等の、都内西多摩郡氷川国民学校、同三田国民学校、同吉野国民学校、同五日市国民学校への集団「奉遷」、すなわち集団疎開が実施された。上述四国民学校に集団疎開となった御真影・教育勅語謄本等は、「東京都特定奉遷所に於ける　御真影奉護規定《ママ》」、「東京都特定奉遷所に於ける　御真影奉護細則」、「東京都特定奉遷所に於ける　御真影奉護心得」にもとづき、厳格な「奉護」が行われた。

　これらの規程により、西多摩郡に集団疎開した御真影については上述四国民学校長が「奉遷所長」に指名された（「規定《ママ》」第二条）。実際の「奉護」には、「特定奉遷所」に御真影を疎開させ、それぞれの学校長が月一回を目安に、「交互に出張」して行った（同第四条）。「細則」では、御真影「奉護」のため、各校長は「日夜の別なく」その任務にあたることなどが定められていた。さらに、「心得」の第三条では、「空襲又は非常時の場合の注意」として、「万一の場合は身に代えて御真影の警備にあたること（万一の場合は身を以て御真影の奉護に当ること）」と規定されている。まさに神格化した御真影の姿がここにはある（蓮田宣夫『多摩の学童疎開と御真影疎開』）。

愛知県も比較的早い段階で御真影疎開を検討し、計画を具体化させた。一九四四年九月二二日に愛知県知事は文部大臣宛「空襲時に於ける　御真影奉護対策に関する件」(教第八六九四号)で、名古屋市における緊急時の御真影「奉護」策を照会した。この照会は承認され、名古屋市の場合は、市立国民学校、同中等学校の御真影は市庁舎内の「特定奉安所」に「奉護」されることになった。

戦局がさらに悪化し、米空軍の爆撃機「B29」による北九州地区の空襲(一九四四年一〇月二五日)、首都東京への本格的な空襲(同年一一月二四日)を受け、同年一二月二二日に文部省は、各地方長官宛に「御真影並詔勅謄本の奉護に関する件」(発秘二七号)を発し、「それぞれの状況に応じて、対策を検討して、警護に万全を尽くす(夫々の状況に応し策を検討せられ奉護に万全を期す)」ように命じた。そこには事例として、上述の東京都、名古屋市の事例が明示されている。米軍による空襲が激化した時点で文部省が、各府県に指示した内容は「それぞれの状況に応じ策を検討」、つまり完全な責任放棄と各府県・市町村への一任であった。その後、各都道府県の都市を中心として、御真影の疎開が実施された(前掲『御真影と学校――「奉護」の変容』)。

沖縄・広島と御真影「奉護」

戦時下の御真影「奉護」でもうひとつ指摘しなければならないのは沖縄県の事例である。周知のとおり沖縄県では一九四五年三月二六日から同年六月二三日まで壮絶な地上戦が繰り広げられ、日本側だけでも、多数の民間人を含む犠牲者は、一八万人以上といわれている。その沖縄県でも「学校防空指針」を遵守した御真影「奉護」が展開された。防空壕を造っての「奉遷」や民家への「奉遷」などさまざまな措置が取られたが、地上戦の展開でこうした「奉遷」でも、御真影の安全確保がむずかしくなると沖縄県全体の御真影を本土へ一括「奉遷」する案も検討された。しかし軍の士気への影響と船舶による移送の危険性が障害となり断念された。

結局、安全確保が見込まれる場所を数ヵ所指定し、島内諸学校の御真影をそこで一括して「奉護」することにした。一九四四年一〇月一〇日に米軍機による大規模な空襲に見舞われて以降、同県は、学校へ「下賜」された御真影「奉護」を目的にした御真影奉護隊（隊長は那覇国民学校長渡嘉敷真睦《とかしきしんぼく》）を結成した。沖縄本島と周辺諸島の御真影は、同県国頭郡名護町の大湿帯山中に作られた「御真影奉護壕」で、上記の御真影奉護隊と沖縄県立第三中学校生徒十数人の補助員により厳重に「奉護」された。

米軍が上陸すると、「御真影奉護壕」が危険になり、同年四月八・九日に御真影をすべて台紙からはがし、昭和天皇・皇后の御真影以外を「奉焼」した。そして昭和天皇・皇后の御真影を「リュックのような奉護嚢」に納めて山中に分け入り、同年六月二三日の沖縄戦終結まで、およそ八〇日の間山中を彷徨いながら、四月二九日の天長節には拝賀式、毎日の「拝礼」も欠かすことなく「奉護」にあたった。最終的には、これらの御真影は、宮城遥拝、国歌斉唱の後「奉焼」され、その後、御真影奉護隊は米軍に投降した（名護市教育委員会文化課市史編さん係編『名護市史叢書・一六　語りつぐ戦争　第二集　市民の戦時・戦後体験記録』）。

広島市の事例も忘れてはならない。一九四五年八月一六日付広島工業専門学校長発文部大臣宛文書「御真影奉遷の件報告」と題する文書資料がある。「敵機空襲の危険性があるので、本校に「拝戴」した御真影は七月二十一日付広島県知事の承認を得て左記の安全な場所に移し、異状なく護衛しましたので、これを報告いたします（敵機空襲の虞《おそれ》あるため本校奉戴の　御真影御影は七月二十一日附広島県知事の承認を得て左記の通り安全場所に奉遷し御異状なく奉護致候条此段及報告候也）」とあるこの文書は、同年七月二三日から「敵機空襲の虞なきと認むる迄《まで》」、同県安佐郡伴村伴国民学校奉安殿に「奉遷」し、異状のないことを報告する内容の文書である。同年八月六日、世界初の原子爆弾が広島市に投下され、その被害は筆舌に尽くせなかった。その大混乱のなか同県から文部大臣に発せられた文書が、この御真影に異常がない旨の報告であった。

戦時下における沖縄と広島の御真影「奉護」は、天皇機関説事件を契機とする国体明徴運動、「教学刷新」を経て確立した神格化した天皇への信仰の強制が何を意味するかを端的に示している。神格化した天皇の肖像写真である御真影は、人命よりはるかに重んじられた。「紙切れ一枚」を神として「崇め奉り」、生命を差し出すことを厭わないように求める、これが戦時下の天皇制公教育の実態であった。

第六章　戦後教育と象徴天皇制

1　戦後改革と御真影・学校儀式

敗戦直後の「国体護持」政策と御真影

一九四五年八月一五日、天皇の「玉音放送」により、日本はポツダム宣言（一九四五年七月二六日発表）を受諾し、連合国軍に無条件降伏することを公表した。三年九ヵ月におよぶアジア太平洋戦争は、日本の完全なる敗北で終結した。その後、ポツダム宣言にもとづき、米国を中心とする連合国軍の占領下での戦後改革が実施されることになった。

ポツダム宣言受諾に際して日本側は、天皇の国家統治の権限の変更を含まないとの理解のうえで受諾を打診した。これに対し米国政府は、国務長官バーンズ（J. F. Byrnes）による「バーンズ回答」を日本政府に送り、日本の最終的な政治形態は、ポツダム宣言に従いながらも日本国民の意思によると、間接的表現ながら天皇制の維持があり得るとした。「国体護持」に微かながら展望を得た日本政府は、八月一四日の御前会議で天皇の「聖断」によりポツダム宣言の受諾を決定した。しかし、日本の降伏が予想よりも早かったため、米国政府も明確な日本の戦後処理方針を持っていなかった。日本の戦後改革は、多くの不確定要素を含んだ「曖昧」な状況のもとで実施されることになったのである。

日本の戦後改革の大きな課題が天皇・天皇制であった。この問題については、戦時下において米国国務省で本格的な検討が行われていた。しかし、同省の日本派と中国派との対立に端的に表れているように、天皇制維持・天皇利用論から天皇制廃止・天皇戦犯論までじつに多様な議論が交錯していた（武田清子『天皇観の相剋』）。これに、日本政府による、米国を中心とする連合国への強力な「国体護持」の働きかけが絡まり合い、連合国は天皇・天皇制に対する一貫した方針を持ち得ていなかった。

日本政府は、ポツダム宣言受諾を公表した当日から、平和国家建設を前提としながらも、「国体護持」を最優先すべきことを訓令などで繰り返していた。一九四五年八月一五日、文部大臣太田耕造は「文部省訓令第五号」において「終戦の詔書を心にとめて国体主義の維持を第一にして（大詔之聖旨を体し奉り国体護持の一念に徹し）」と天皇制の堅持を前提にした戦後復興に尽力するよう広く教育関係者に求めた。文部省は、同年九月一五日に発表した「新日本建設の教育方針」でも、「今後の教育は、一層国体主義の堅持に努め、それとともに軍国主義的思想と施策を排除して、平和国家の建設を目標にして（今後の教育は益々国体の護持に努むると共に軍国的思想及施策を払拭し、平和国家の建設を目途とし）」と、これまでの天皇制を堅持した上で日本を民主化し平和国家として再建することは可能との立場を明確にしていた。当時の日本政府には、天皇制に大きな変更を加えることなどまったく念頭になかったのである。

こうした方針は、敗戦間もない時期の御真影「奉護」に端的に表れている。少なくとも、一九四五年一一月頃までの御真影「奉護」は、戦時下のそれと、全く同じであった。その事実を示すのが、「学校防空指針」（一九四三年）にもとづいた御真影集団「奉遷」の戦後である。

敗戦間もなく、西多摩郡の四校の国民学校（氷川・三田・吉野・五日市）に集団「奉遷」されていた東京都区部の御真影は宮内省に一時戻されることになった。一九四五年八月二二日、東京都は文部省にこの方針の許可を求めた。同省は、同日中に宮内省宛通牒「御真影奉安方依頼に関する件」を送付し、「現在の諸事情を考慮し、この際、西多摩郡内四ヵ所の国民学校に『奉遷』中の御真影を貴省（宮内省）にお預け致したいこと（目下の諸情勢に鑑み、此の際一応　右〔西多摩郡国民学校四校に「奉遷」の御真影――筆者注〕御真影を貴省に御預け致度旨）」の願いが東京都より来ているので、「御配意相煩度」と照会した。これはすぐに了承され、翌八月二三日に、これら御真影はすべて宮内省に「御預け」られた。「国民学校の児童は整列して校門までお送りした。奉遷所長はバスに同乗し西多摩郡境まで同行し最後まで責任を全うした」（新宿区教育委員会編『新宿区教育百年史』）との回想が示す通り、その扱いは神格化された御真影のままであった。

一方、一九四五年六月に京都市大原国民学校に集団「奉遷」されていた京都市内所在の高等教育機関「拝戴」の御真影は、厳格な「奉護」が敗戦から二ヵ月余りも継続した。京都帝国大学庶務課長発九月二五日付「御真影奉護日宿直に関する件」（文書番号無し）では、一〇月末日までの日宿直の日割りが通知されている。この御真影の集団疎開は、一〇月二七日まで継続された。この日、各校の御真影は、一括して大原国民学校から京都帝国大学へ戻された。敗戦から二ヵ月間経過した時点でも戦時下と同様に、疎開先の御真影は厳格な管理のもと、戦時下とまったく変わることなく「奉護」されていたのである。

御真影の疎開を実施しなかった学校でも、厳格な御真影「奉護」が継続されていた。このことは、当時の学校所蔵文書によって確認できる。愛媛県宇和町国民学校では、敗戦後改めて、「終戦後の学校行事に付て」を規定した。それによると、「朝礼」の次第には、戦前・戦時下と同様に、「御真影奉安殿に対し奉り最敬礼」が確認できる。静岡県中泉国民学校も敗戦に直面して、「教育方針」を改訂したが、「昭和二十年八月十四日の詔書、昭和二十一年一月一日の詔書の御聖旨奉戴し」の一文が加えられただけで、それ以外は従前と同様、学校長の「事務分掌」の筆頭は御真影と勅語謄本の「奉護」であった。少なくとも、敗戦からの二ヵ月間、御真影・教育勅語謄本の扱いは戦時下と何ら変わるところはなかった。そしてそれは、敗戦直後からの日本政府による「国体護持」政策と完全に一致するものであった。

神道指令と御真影の一斉回収

先述の通り、戦後の天皇制については、米国国務省内の日本派と中国派との対立に代表されるような相克があり、未確定で曖昧な部分が多かった。しかし、天皇制を温存しながら円滑な占領行政の推進を目指す米国国務省日本派にも、日本政府の「国体護持」政策は認められるものではなかった。すでに、一九四四年段階の戦後改革構想である、米国国務省内の戦後計画委員会では、御真影について、四大節学校儀式で畏敬の念をもって取り扱われていると述べ、こうしたことをカリキュラムに採り入れることは禁止すべきであるとしていた。

日本の予想外に早い降伏に、戦後措置の具体像をまとめ切れていなかった連合国軍も、国家神道と直結するような、国体主義にもとづく天皇制の存続には占領開始直後から否定的であった。連合国総司令部は、占領開始直後、日本の天皇制と公教育を国家神道との関係でどう扱うべきかについて宗教学者のホルトム（Daniel Clarence Holtom）に意見を求めた。ホルトムは、同年九月二二日、「奉安殿を閉鎖するか、他の目的に転用すべきであり、御真影は教職員や児童・生徒が接しやすい、例えば校長室に掲げるべきである」と勧告した。

ホルトムの勧告は、その後の御真影・奉安殿の取り扱いと一致していることから注目すべきものである。

日本政府が当初目指していた「国体護持」政策を実質不可能にしたのは、一九四五年一二月一五日の神道指令の発令によるところが大きかった。神道指令は、「どのような宗教、信仰、宗派、信条、あるいは哲学であっても軍国主義や超国家主義的なイデオロギー宣伝や普及はもちろんこれを禁止するとともに、このような行為ノ即刻ノ停止ヲ命令スル（如何ナル宗教、信仰、宗派、信条或ハ哲学ニオイテモ叙上ノ〔軍国主義的乃至過激ナル国家主義的—筆者注〕「イデオロギー」ノ宣伝、弘布ハ勿論之ヲ禁止シカカル行為ノ即刻ノ停止を命ずる）」とあった。そしてこの「軍国主義的乃至過激ナル国家主義的『イデオロギー』」として、「（1）日本の天皇はその家系や血統、あるいは特別な起源により、他国の元首より優れているという考え方（日本ノ天皇ハソノ家系、血統或ハ特殊ナル起源ノ故ニ他国ノ元首ニ優ルトスル主義）」、「（2）日本の国民は、その家系、血統あるいは特別な起源により、他国の国民より優れているという考え方（日本ノ国民ハソノ家系、血統或ハ特殊ナル起源ノ故ニ他国民ニ優ルトスル主義）」、「（3）日本列島は、神に起源を発するため、あるいは特別な起源を持つためにほかの国より優れているという考え方（日本ノ諸島ハ神ニ起源ヲ発スルガ故ニ或ハ特殊ナル起源ヲ有スルガ故ニ他国ニ優ルトスル主義）」、「（4）

その他、日本国民を騙し、侵略戦争へと駆り立て、また他国民との論争の解決の方法として武力行使をほめたたえる考え方（ソノ他日本国民ヲ欺キ侵略戦争へ駆リ出サシメ或ハ他国民ノ論争ノ解決ノ手段トシテ武力ノ行使ヲ謳歌セシムルニ至ラシメルガ如キ主義）」の四つが掲げられていた。

神道指令は、ＣＩＥ（民間情報教育局）宗教課中心に立案作業が行われた。その過程は、「神道指令・担当者研究（Shinto Directive Staff Study）」（一九四五年一二月三日）などの史料で概要を知ることができる。神道指令は、その性格からすれば、御真影・教育勅語についても、何らかの措置が施されるべきものであったが、神道指令そのものでは、これらにかんする論及はなかった。

神道指令の内容からすれば、御真影と奉安殿、そして教育勅語についても、何らかの措置が必要とされた。神道指令の立案過程の「担当者研究」では、御真影の神格性を排除すること、学校が御真影の受け入れを拒否する権利を持つべきことなど、この問題に関する識者の意見が示されたが、これらの問題は「憲法改正や全政治体制と密接に関連しているので、改革は、これらの分野の進展にともない、注意深く行われなければならない」と明記されている。

神道指令そのものでは、御真影の取り扱いについては何も触れられていなかった。奉安殿に関しては、婉曲的に「公の財源に依って維持せられる役所、学校、機関、協会ないし建造物中に神棚その他国家神道の物的象徴となるすべてのものを設置することを禁止する、而してこれらのものをただちに除去することを命令する」とされたにすぎず、直接、奉安殿の撤去に触れることはなかった。これは、「神道指令・担当者研究」にもある通り、御真影や奉安殿に対する措置は日本の政治体制の根本にかかわる天皇・天皇制に直結するとの連合国軍内の判断から、早急な改革を回避したものと推測される。しかし、神道指令を貫く基本方針は、日本からの国体主義と軍国主義にもとづく天皇・天皇制の排除・否定であり、日本政府がもくろんでいた「国体護持」などはありえなかった。そしてその後の戦後改革の方向性が確定された段階で、御真影・奉安殿についての措置も具体化することになった。

国体主義と軍国主義にもとづく天皇・天皇制を排除・否定するという連合国軍の方針は、彼らと公式・非公式のルートで接触していた「宮中グループ」と称される皇族や官僚などによって、かなり早い段階から、正確な情報として入っていた。この段階で、戦前と違う形であれば、天皇制の存続が可能であるとの判断をした「宮中グループ」は、天皇の神格化の否定を、自らの判断で行った。

先ずは、天皇の服装から軍国主義的天皇像の改革を試みた。天皇の服装は一九一三年一一月一四日制定の「天皇の御服に関する件」（皇室令第九号）により、「天皇の服装は〔中略〕陸軍式および海軍式にする（天皇御服は〔中略〕陸軍式及海軍式とす）」と軍装とされていた。これが軍国主義の象徴と見なされることを危惧した日本政府は、宮内省発の一九四五年一一月七日「天皇の御服に関する件」（皇室令第三七号）において「天皇の服装は〔中略〕別表による制式のものを通常にする（天皇御服は〔中略〕別表の制式による常装とす）」とした。この制式は、軍装ではないので、この時点で、天皇の通常の服装として軍装を廃止したといえる。

これにともない、宮内省は、軍装であった御真影は「平和日本建設期に当たっては不適当」（『朝日新聞』一九四五年一一月二四日）との理由で、新たに制定した天皇御服による御真影を作成し、従来の御真影を一斉回収して新しい御真影を下付することを決定した。この新聞報道から約一ヵ月後の同年一二月二〇日、文部省は文部次官発地方長官宛通牒「御真影奉還に関する件」（宮三〇号）を発し、各学校に「下賜」した御真影を至急「奉還」することになったので、「教育上の配慮を（教育上万遺憾なきを期）」した上で全部取りまとめてなるべく年内に「奉還」するよう求めた。

この通牒を受け、各地方長官の手により、それぞれの学校が「拝戴」していた御真影の一斉回収が「奉還」と称して実施され、各学校の御真影は県庁、または地方事務所に回収された。この御真影の扱いは、昭和天皇の即位礼にあわせて一九三一年に実施された御真影の一斉回収と新たな御真影下付という、一連の手続きを踏襲するものであった。一九三一年の一斉回収に当たっては変色や汚損に対する始末書の提出、警察署などとの事前協議、奉還式の挙行などがなされたが、このときの御真影一斉回収でもこれが踏襲された。

回収された御真影は、一九四六年一月一四日の「御真影奉還に関する件」(文部次官通牒宮第三〇号)により、地方長官の責任で「努めて内密」、かつ「尊厳鄭重」に「奉焼」、すなわち焼却処分に付された。府県教育史などの記録によって確認すると、同年の一月中には、御真影の焼却は終了したことがわかる。各学校に「下賜」された御真影は、こうして学校から姿を消した。

奉安殿の全面撤去までの過程

御真影の保管施設である奉安殿の扱いも、戦後教育改革のなかで改められた。先述の通り、一九四五年一二月一五日の神道指令は、奉安殿の措置に直接、言及することはなかったものの、役所や公立学校で「神棚、その他国家神道の象徴となるような物のすべてについて、設置することを禁止する。従って、現存するこれらすべてをすぐに撤去すること(神棚その他国家神道の物的象徴となる凡てのものを設置することを禁止する、而して之等のものを直に除去すること)」を命じた。奉安殿の多くは神社様式であり、一九三〇年代以降に慣行化された教員や児童・生徒による登下校時の奉安殿に対する最敬礼も、「現人神」としての天皇に対する扱いそのものであった。少なくとも、神社様式の奉安殿は、神道指令による「直に除去する」対象そのものであった。

文部省は、一九四五年一二月二二日、文部次官通牒「国家神道、神社神道に対する政府の保証、支援、保全及監督並に弘布の禁止に関する件」(発学九八号)を発した。これは、神道指令にもとづく国内措置の第一段であった。ここで奉安殿は、神道的な象徴とされ、除去することになった。もっとも文部省は、神道指令を受けても奉安殿の措置は神社様式の奉安殿など、神道的象徴として明確なものの除去ですむと判断していた。しかし、連合国軍はさらなる措置を要求した。宮崎県は文部省の通牒に沿い奉安殿の神道的象徴のみ撤去したが、地方軍政部は奉安殿そのものが天皇の神格性の象徴であるとして、全面撤去を求めている。

このような状況に、文部省も方針を転換せざるを得なくなった。翌一九四六年一月三〇日、文部省は、学校教育局長名により、前年の一二月二二日の文部次官通牒(発学九八号)と同一の表題の通牒(発学四九号)を発し、「神社様式を有する御真影奉安施設」の撤去を命じた。この通牒を受け、各都道府県で神社様式の奉安殿の撤去が一九四六年二月ごろから開始された。福島県や山形県などのように、地方軍政部の強い方針によって神社様式の奉安殿に限らず、すべての奉安殿の撤去を命じられた事例もみられる。この間の詳細な事情は明らかでないが、依然として登下校時に奉安殿への最敬礼を強制していた事実により、様式を問わず奉安殿は超国家主義的な天皇を象徴するものと判断されたのだろうと推測される。

その後、同年四月一三日には、米国内の国務・陸軍・海軍調整委員会（SWNCC：対日占領方針決定の重要機関―筆者注）も「天皇制の取り扱い」と題する文書のなかで、「御真影を保管している神社は学校の所有物としては禁止すべきである」と国務長官に勧告していた。米国内の動き、あるいは、上述のような地方軍政部の動きに文部省は動揺し、GHQ／SCAP（連合国軍最高司令官総司令部）との間で協議を行った。当時の文部省内の記録では、同年六月一八日、関野事務官を通して、CIE（民間情報教育局）宗教課長バンス（W.K. Bunce）にすべての公立学校から形式のいかんにかかわらず、すべての奉安殿を撤去する方針に決定したことを報告し、その通牒案を提出した。

この通牒案は原案のまま承認され、公立学校における奉安殿の全面撤去が決定した。文部省は、六月二九日に文部次官通牒「御真影奉安殿の撤去について」（発学二五〇号）を発し、校舎外にある奉安殿は、形式のいかんにかかわらず、「教育上の考慮を十分払いつつ」

全面撤去すること、校舎内にあるものについてはできる限り撤去し、金庫や倉庫などに転用できるもののみを残して、これらの目的のみに使用することにし、結果を速やかに報告するように命じた。

　多くの場合、同年八月末日までに撤去工事を完了するように求められていた。しかし撤去工事の進捗には、地方によって著しい違いが見られた。最も迅速に撤去工事が進んだ地方のひとつが大阪府である。大阪府が府下に公立学校の奉安殿全面撤去を通牒で命じたのは、一九四六年六月一七日、すなわち奉安殿全面撤去の通牒が発せられるより、一〇日以上前のことであった。さらに大阪市は八月二七日、撤去工事を督促する通牒も発している。そこには期限までに工事が完了しない場合には、「責任者が処分されるから念の為申し添える」という、強い調子の文言が含まれている。その効果もあったのだろう、大阪市に限ると多くの公立学校で八月中に奉安殿の撤去工事が終了し、最終的には一〇月一五日、すべての奉安殿撤去が完了した。

　一方、撤去工事が難航する地域も存在した。その典型例が、福井県今立地方である。同地方事務所は、一九四六年七月二七日に「御真影奉安殿撤去について」（今学一七八三号）を発し、夏休み終了までの工事完了を求めた。しかし遵守する学校は少なかったようで、同地方事務所は、九月六日付で「奉安殿（奉安所）撤去促進並撤去実施状況に関する件」を発し、撤去工事が遅々として進行していないとして、「早急にこれを促進すること（早急之が促進方）」を命じた。九月三〇日に発した通牒も確認できる。この通牒「御真影奉安殿（奉安所）の完全撤去について」（今学二〇〇七号）では、「原形を留めないよう」にと指示されている。天皇制改革の学校教育における実践例として、奉安殿の速やかな全面撤去はGHQ／SCAPが最も重視したものであった。そのため日本政府も、従わざるを得なかったのである。

しかし史料は一九四七年になってもまだ同地域では撤去工事が完了していなかった事実を伝えている。同年五月一日、今立地方事務所は、「学校奉安殿の完全撤去について」（今学六二一号）を発し、「今回その筋〔地方軍政部――筆者注〕よりの強い警告もあったので」、撤去工事が未了のところは速やかに完了するように命じた。その後、五月三〇日にも「学校奉安殿の完全撤去について」（今学七六二号）を発し、各町村長・学校長に対して、「町村当局学校教育の上万遺憾なきを期せられたい」とし、「六月十日以降撤去について未完了の場合は、連合軍の占領政策に違反したものとして責任を問われ、処罰される」と厳しい姿勢を打ち出している。GHQによる戦後日本の改革の大きな方針のひとつとして、神道指令を根拠に国体史観にもとづく天皇制の公教育からの徹底的な排除があったのである。

祝祭日学校儀式をめぐる諸問題

「君が代」斉唱、御真影への拝礼、教育勅語「奉読」、式歌斉唱と校長訓話を主な次第とする四大節（一月一日、紀元節、天長節、明治節）学校儀式は、天皇制教化を徹底する「装置」として、学校における教育で最も重視されたものだった。そのため四大節学校儀式もまた戦時下からすでに米国では問題視されていた。

「国体護持」を当然視する日本政府は、四大節学校儀式の改革をまったく想定していなかった。連合国内部でも天皇制への立場はまちまちだったが、結局、占領行政を円滑に遂行するためには戦前の天皇制から軍国主義、および超国家主義的部分を完全排除し、天皇・天皇制の維持自体は認めるのが得策であるとする勢力が主導権を握った。その結果、天皇の神格化の象徴を学校から排除する動きが急速に進行した。

戦後教育改革の過程で、祝祭日学校儀式の措置は廃止ではなく、儀式内容から神格化された天皇への忠誠を示す行為を排除することに終始した。すなわち、かならずしも祝祭日学校儀式の持つ問題性を明らかにするには至らなかった。以下、この点を検討したい。

敗戦以降の最初の祝祭日学校儀式は、一九四五年一一月三日の明治節祝賀の儀式であった。この件に関しては、占領軍からも日本政府からも、指令・通牒などが発せられたことを確認することはできない。したがって、「国民学校令施行規則」第四七条に規定された内容の儀式が行われていたと考えられる。つぎの一九四六年一月一日の新年祝賀の学校儀式に関しては、上述の通り、一九四五年一二月二〇日の文部次官通牒「御真影奉還に関する件」（宮三〇号）により、御真影の一斉回収を行うことを周知したが、この通牒が「御真影未回収の学校であっても、来る一月一日の式場には御真影を『奉掲』してはならない（右手配〔御真影回収のこと—筆者注〕完了に至らざる学校に在りても来る一月一日の式場には〔中略〕奉掲せざること）」と命じたため、物理的に御真影への最敬礼はできない状況になったが、それ以外の儀式は実施されたと理解すべきだろう。

このような状況にも、やがて変化が現れる。その大きな節目となったのも、やはり一九四五年一二月一五日発令の神道指令であった。同指令を受け、同年一二月二二日、文部次官通牒「国家神道、神社神道に対する政府の保証、支援、保全及監督並に弘布の禁止に関する件」（発学九八号）が発せられたが、そこには、「祝祭日の取り扱いについては、現在内閣で検討中なので、今後指示があるはずである（国祭日に対する取扱に付ては内閣に於て考究中なるを以て追て指示あるべきこと）」と祝祭日に関しての措置がありうることが予告されていた。

一九四六年の紀元節学校儀式については、長崎県大村市が二月七日に通牒「紀元節挙式に関する件」（大学号外）を発し、唱歌「紀元節」の斉唱を禁止するとともに、儀式自体を

「軍国主義的過激国家主義的乃至神道的なるもの一切を払拭したる式とすること」が求められたことが確認できる。つぎの儀式である天長節については、青森県三戸郡地方事務所による同年四月二五日付通牒「天長節挙式に関する件」（三地総第二〇七号）を確認することができる。この通牒には、天皇を神格化するようなことのないことを条件に、「実施することは差し支えないと文部省から通達があった（実施相成差支無き旨文部省より通牒有之）」と記されていた。この時点では文部省は、神道指令に抵触しないよう留意しつつ四大節学校儀式の存続を図っていたことがわかる。

こうした状況に対する変化には、一九四六年三月に来日した米国対日教育使節団の報告書による勧告が大きかった。米国対日教育使節団は、祝祭日学校儀式、入学式・卒業式などで教育勅語「奉読」が式次第となっていることを問題視し、一九四六年四月六日公表の「米国対日教育使節団報告書（第一次）」において、祝祭日学校儀式について「人格の向上に不適当で、民主主義的日本の学校教育に反すると我々は考える」と勧告した。

この後、文部省の方針転換ともいうべき事態が起こった。同年六月二八日、三重県知事は文部大臣宛に「四大節に於ける学校儀式につき伺」（教第一四一三号）を発し、四大節学校儀式の内容順序について、各学校の識見に従って斟酌《しんしゃく》を加えることの可否について照会した。これについて文部省は七月一一日付で三重県に対して、儀式の内容順序は学校の識見によるものとして構わないと回答した。この時期、CIE内で学校儀式における教育勅語の扱いなどの検討が本格化しており、文部省単独で祝祭日学校儀式について判断することはできなくなっていた。

学校儀式と直接関係のある施策として、教育勅語「奉読」禁止の措置がある。同年一〇月八日、文部次官通牒「勅語及詔書等の取扱について」(発秘三号)が発せられた。この通牒は、「教育勅語を以て我が国教育唯一の淵源となす従来の考え方を去って」と、教育勅語を実質的に否定したうえで、式日における教育勅語「奉読」を禁止した。続けて文部省は、翌一〇月九日の「国民学校令施行規則の一部改正」(文部省令第三一号)により、第四七条に挙げられていた四大節学校儀式における詳細な儀式内容の部分を削除した。この結果、条文は、四大節には「職員と児童は学校に集まり、祝賀の式を行うこと(職員及児童学校に参集して祝賀の式を行うべし)」と改正された。すなわち依然として四大節学校儀式の挙行は義務であった。事実、福島県は一〇月三〇日に「明治節祝賀式について」(二一学)を発し、憲法発布の式典と兼ね合わせて簡素化するとしながらも、明治節そのものは挙行を命じた。

一九四七年三月三一日に公布された学校教育法(同年四月一日施行)、および学校教育法施行規則には四大節学校儀式挙行の義務条項はなかった。この改正により、四大節学校儀式の挙行義務は消滅した。しかし祝祭日学校儀式は慣行的な学校行事として残った。一九四七年三月発行の『学習指導要領一般編（試案）』においては教育内容に関して学校に大きな裁量権が与えられたが、逆にこの裁量権が、従前の学校儀式をそのまま行う根拠にもなり得た。一九四七年五月三日施行の日本国憲法は、天皇を象徴と規定した。天皇に敬意を示す学校儀式の挙行も、象徴天皇制の範囲であれば理論的には可能であった。

事実、一九四七年六月三日に発せられた文部省学校教育局長通牒「学校における宮城遥拝等について」（発学二三九号）では祝祭日学校儀式において「宮城遥拝」と「天皇陛下万歳」、そして、一律でパターン化した、画一的な内容での実施を禁じたが、行う場合は、「学校の実情に即して〔中略〕実施されたい」としている。

その後、一九四八年七月二〇日公布・施行の「国民の祝日に関する法律」により、四大節を含む戦前の祝祭日が廃止され新たに国民の祝日が制定されたことにより、祝祭日学校儀式は消滅した。しかし新たに成立した「国民の祝日」は戦前の祝祭日と関係の強いものが多く、戦前の学校儀式は新学制下でも装いを新たにして存続することになった。それについては後に詳しく論じたい。

2　戦後改革と教育勅語

敗戦直後の教育勅語の有効論と新教育勅語発布論

一九四四年一一月以降、米軍による日本本土の空襲が本格化され、日本の敗戦は決定的な状況になるとともに、民心の離反も深刻化した。危機感を抱いた「宮中グループ」と称される重臣層から連合国との和平を画策する動きが表面化した。一九四五年二月になると昭和天皇は、それまで自身で遠ざけていた「宮中グループ」に属する各重臣と個別会談し、戦局打開に関する意見聴取を行った。同年二月一四日には近衛文麿《このえふみまろ》が皇居内御文庫で上奏をおこなった。近衛は、敗戦はもはや避けがたい状況であるが、米英の世論は日本の国体の変更を求めるまでにはいたっていないので、敗戦という状況でも国体を維持は可能に思われる、ただ、「国体の護持という観点からすると、最も心配なのは敗戦よりも敗戦とともに起こる可能性のある共産革命である（国体の護持の建前より最も憂うべきは、最悪なる事態よりも之に伴うて起ることあるべき共産革命なり）」として、天皇制存続のための速やかな戦争終結を主張した（木戸日記研究会『木戸幸一関係文書』）。

近衛による上奏は、戦局好転にわずかな望みをかける昭和天皇の判断により却下された。その後も、日本は米国・英国・中国三国による「ポツダム宣言」（同年七月二六日）も「黙殺」していたが、広島（八月六日）、長崎（八月九日）への原子爆弾投下と、ソビエト連邦の参戦（八月八日）と、戦局はいっそう悪化した。とくに、ソビエト連邦の参戦を知った昭和天皇は、内大臣木戸《きど》幸一《こういち》に戦局の収拾を命じた。こうして日本は「天皇の国家統治の大権を変更するの要求を包含し居らざることの了解の下」での「ポツダム宣言」受諾を連合国に打診した（山極晃・中村正則編『資料日本占領1　天皇制』）。日本からの打診に米国政府はいわゆる「バーンズ回答」（米国国務長官による日本への回答——筆者注）により、最終的な政治形態は「ポツダム宣言」にしたがい、日本国民の自由に表明する意思により決定されるべきものであるとあり、天皇制の存続もあり得るという「曖昧な」ものであった。国体護持存続に対してその可能性があるとの感触を得た日本政府は、「ポツダム宣言」を天皇の「聖断」により決定し、同年八月一五日の「玉音放送」によりこれが周知された。

　このように、日本は無条件降伏をしたとはいうものの、当時の政府中枢は天皇制、すなわち国体の護持がなされることを前提した降伏であった。しかも、その根底には、近衛上奏が端的に示すように、敗戦にともない勃発する可能性がある共産革命への恐怖があったといえよう。こうした基本方針は、その後の戦後改革においても日本政府の指導者に共通したものであり、その後の展開される、安倍《あべ》能成《よししげ》・田中《たなか》耕太郎《こうたろう》など歴代文部行政の責任者の国体護持や教育勅語の擁護にも及んだものと思われる。

先述の通り敗戦当初の日本政府は、「国体護持」を基本方針としていた。そのことは、当時の文教政策に責任ある立場の人々が一様に教育勅語有効論を唱えていたことからも明らかである。天皇の「玉音放送」が行われた一九四五年八月一五日、文部大臣太田耕造は、文部大臣訓令（文部省訓令第五号）を発したが、そこでは、国土復興のために教育関係者は、「終戦の詔書を心にとめて国体主義の維持を第一にし（大詔の聖旨を体し奉り国体護持の一念に徹し）」て、職務に当たるよう求めた。

その後も方針が変わることはなかった。一〇月一五日、文部大臣前田多門《まえだたもん》は、新教育方針中央講習会の挨拶で、「ここに私たちは、改めて教育勅語を読み直し、心の整理をする必要があります。教育勅語はわたしたちに天皇に尽くす国民になることと並んで、よき人間、よき父母、よき子ども、よき夫婦でなければならないことを示しています（茲に於て吾人は茲に改めて教育勅語を謹読し、その御垂示あらせられし所に心の整理を行わねばならぬと存じます。教育勅語は吾々に御諭し遊ばされて、吾々が忠良なる国民となる事と相並んで、よき人間となるべきこと、よき父母であり、よき子供であり、よき夫婦であるべきことを御示しになっております）」と述べている。

翌一九四六年二月二一日の地方長官会議では、文部省学校教育局長田中耕太郎《たなかこうたろう》が、「教育勅語は我が国の醇風美俗と世界人類の道義的な核心に合致するものでありましていわば自然法というべきものであります」と挨拶し、教育勅語が敗戦の後も有効であるとした。その四日後の二月二五日の同じ地方長官会議の席上で、文部大臣安倍能成《あべよししげ》も、「過日も私の方の田中教育局長が明言した如《ごと》くに、私も教育勅語をば依然として国民の日常道徳の規範と仰ぐに変わりないのであります」と挨拶をしている。

田中耕太郎が就任した学校教育局長であるが、この学校教育局そのものが、一九四五年一〇月一五日の勅令第五七〇号による文部省の組織改編で新設された部局であった。学校教育局は戦後教育改革に対応するための部局であり、その下に大学教育課、専門教育課、師範教育課、中等教育課、青少年教育課を置き、学校教育全般のかじ取りを行い、戦後教育改革に大きな影響を与えた。同局は、文部省設置法（一九四九年法律第一四六号）による文部省の改編まで存続した。

田中耕太郎は、第一高等学校から東京帝国大学法学部を首席卒業し、内務省勤務をへて東京帝国大学法学部助教授へと転身した法学者である。東京帝国大学法学部教授、法学部長を務めた後、一九四五年一〇月に文部省学校教育局長に転じた。敬虔なカトリック教徒でもあった。思想的には、いわゆるオールド・リベラリストとして、戦前の右翼や軍部には批判的だったが、天皇・天皇制は擁護した。また、反共主義者であり、日本への共産主義の浸透に一貫して警戒心を抱いていた。先の発言に見られるように教育勅語の有効論の急先鋒であった田中は、一九四六年五月、第一次吉田茂《よしだしげる》内閣の文部大臣に就任し教育基本法の成立に尽力するとともに、教育勅語の廃止過程においても参議院文教委員長として重要な役割を果たしている。さらに後には第二代最高裁長官も務めるなど、戦後教育改革期におけるキーパーソンであるに止まらず、敗戦直後の日本のキーパーソンのひとりであったと言ってよい。

前田多門、安倍能成、田中耕太郎と、戦後教育改革の初期を支えた文教政策の責任者は、オールド・リベラリストと称される自由主義者である。しかしながらそのような彼らの念頭にあったのも、やはり「国体護持」であり、教育勅語は従前どおりに有効との立場であった。

オールド・リベラリストの「限界」

戦後教育改革の中心的部分を担った、いわゆるオールド・リベラリストたちは、戦中から日本の進む方針をめぐる方向性について情報交換をする「場」を持っていた。一九四五年一月に、当時の外務大臣である重光葵《しげみつまもる》のもと、京都学派の創始者である西田幾多郎《にしだきたろう》を理念的支柱に置く、「三年会《さんねんかい》」（外相官邸が麴町区三年町にあったことによる——筆者注）が発足した。

メンバーは、安倍能成、田中耕太郎、志賀直哉《しがなおや》、武者小路実篤《むしゃのこうじさねあつ》、和辻哲郎《わつじてつろう》、山本有三《やまもとゆうぞう》、谷川徹三《たにがわてつぞう》、富塚清《とみづかきよし》であった。この会は、重光が外相を退任した後も存続し、戦局が日々悪化の一途をたどる日本のその後の方向性などについて意見交換を行う「場」であった。

「三年会」は、敗戦後の一九四五年九月一五日に会則を整え、名称も「同心会《どうしんかい》」と変更し、新たなメンバーを加えて再出発をした。この時に、新たなメンバーとして、高木八尺《たかぎやさか》、柳宗悦《やなぎむねよし》、務台理作《むたいりさく》、関口泰《せきぐちたい》、戸田貞三《とだていぞう》など、その後、日本側教育家委員会や教育刷新委員会の中心的存在として、戦後日本の教育改革に大きな役割を果たした人々が加わった。「同心会」は、安倍能成の働きかけで、岩波書店の岩波茂雄《いわなみしげお》の了解を得て、総合雑誌『世界』（一九四六年一月から）を発刊した。その「発刊の辞」は田中耕太郎によるものであった。田中は、まもなく雑誌『世界』については、後進の丸山眞男《まるやままさお》を紹介し、距離を置くことになる。

戦後の日本文化の復興に大きな役割を果たした「同心会」だが、戦後の論壇の主流派にはなり得なかったとの指摘がある。それは、「同心会」の人々が、「概して共産主義と厳しく対峙し、これを排斥した点では、若い世代からは旧来の保守主義者の集団と映った」（牧原出『田中耕太郎――闘う司法の確立者、世界法の探究者』）からとされている。彼らは、戦前の体制からは脱しきれないという限界を有していた。このため、戦後においても天皇制を擁護することでも一致した。

この点は、戦後教育改革期に終始教育勅語を擁護した田中耕太郎にも言えることである。田中は、文部大臣安倍能成のもと、学校教育局長の職にあった一九四六年四月三〇日に昭和天皇・皇后、さらに皇族一四名に対して、カトリックの宗教と思想についての進講を行った。同年五月に文部大臣に就任したのちには、内閣の構成員として、また文部大臣として、教育改革の進捗状況の奏上などで天皇に接する機会が増した田中は、「天皇への敬意を深め、一層の擁護を図る」(同前)ことになった。安倍能成、田中耕太郎など、戦後初期の文部行政の中心を担った人物が頑なに教育勅語を擁護したのは、このような背景があったからであろう。戦後初期において、新しい世代からは、「保守主義者」との批判を受けた人々が戦後日本の教育改革の中心を担った事実が、その後の日本の教育の保守回帰にも影響を与えたのではないかと思われる。

このように、敗戦直後の日本の文教政策の責任者が教育勅語擁護論に終始していたのに対し、連合国内では前述のように、米国を中心に戦時下から教育勅語の問題を指摘し、戦後改革でこれを排除すべきとの議論が台頭していた。

連合国側の教育勅語処置論

GHQ／SCAPによる戦後の教育改革を再度、確認しておこう。まずGHQ／SCAPは、国家神道に関する占領政策について、米国の宗教学者ホルトムに助言を求めた。この求めに彼は一九四五年九月二二日付書簡で勧告を行ったが、教育勅語については、学校儀式における「奉読」を禁止するとともに、民主主義と国際主義との立場からそれを補足すべきと指摘した。一方、CIEも同年一〇月から一二月にかけて、神道指令との関連で教育勅語の処置問題に着手した。

一九四五年一〇月二〇日頃と推定されているバンス起草による神道指令の第一草案には、教育勅語の使用禁止条項があったが、第二草案では除外された。この過程で、CIE教育・宗教課長のヘンダーソン（H. G. Henderson）、およびCIE民間人顧問のデル・デ（Arundel Del De）などを中心に新教育勅語論が台頭した。この動向が最初に確認できるのは、一二月三日付「神道指令・担当者研究」である。そこでは超国家主義的解釈を否定する新たな教育勅語を提示するか、学校から排除（禁止）するかの二案が提示されたが、教育勅語の完全な排除は天皇への直接的な攻撃とみなされるとして、教育勅語の超国家主義的解釈を明確に否定する権威ある声明が望ましいと結論づけられた。

このCIEの方針は、一九四六年元日の「新日本建設に関する詔書」、すなわち、「天皇の人間宣言」に採用された。この時期のＣＩＥは、新教育勅語発布論に大きく舵を切っていたのである。それを象徴するできごとが、同年二月二日のＣＩＥ局長ダイク（Kenneth Reed Dyke）と文部大臣安倍能成との会談である。この会談で、ダイクは新教育勅語の発布を強く勧めた。ダイクは、明治天皇による教育勅語は偉大な文書だが、軍国主義者たちがこれを誤用した。たしかに誤用される要素が勅語にはあった。であるからこの際、新教育勅語を発布して、日本の再教育のための指針にしてはどうかと述べた。これに対して安倍文相は、新教育勅語発布には同意したが、「現存の教育勅語は偉大な文書であり、それ自身としての価値が大きいから〔中略〕以前の教育勅語をも保存したいと思う」（神谷美恵子『遍歴』）と応じた。

この会談には新教育勅語発布をめぐるＣＩＥと日本政府との方向性の違いをみることができる。双方とも新教育勅語発布の必要性を認めながらも、ＣＩＥ局長ダイクが従来の教育勅語を否定し、新たな教育理念を提示するための新教育勅語発布を提案した一方、文部大臣安倍能成は、従来の教育勅語そのものを否定する意図はなく、従来の教育勅語を「補完する詔勅」をとの認識であった。新教育勅語を発布するという方法論は同じであるものの、新教育勅語の持つ性格に関しての認識は正反対であった。

ＣＩＥの首脳により、新教育勅語発布による教育勅語問題の処理が行われようとしていたこの時期には、多数の新教育勅語草案（試案）が準備されたことが知られている（鈴木英一『日本占領と教育改革』）。そのなかでも、上述のヘンダーソンが、「新日本建設に関する詔書」（天皇の人間宣言）の発布に深く関与した学習院事務局長浅野長光《あさのながみつ》に新教育勅語の起草を依頼した事実が伝えられている（高橋紘・鈴木邦彦『天皇家の密使たち――占領と皇室』）。多数用意されたとされる新教育勅語草案で現存するものの一つに「トレーナー文書」（Joseph C. Trainor Collection）所収の有賀鉄太郎《ありがてつたろう》（同志社大学教授）起草による「京都勅語案」（The Proposed "Kyoto" Rescript）がある。これは、その成立事情もあきらかになっている（前掲『日本占領と教育改革』）。

先述のように一九四六年初頭のＣＩＥ内部では、従来の教育勅語の否定と円滑な占領行政の推進の立場から、新教育勅語発布論が台頭していた。一方、ＣＩＥ局長ダイクから新教育勅語発布の提案を受けた日本側も、一時期、それを本格的に検討した。なかでも、米国対日教育使節団に協力することを目的として設置された、後の教育刷新委員会の前身ともいうべき日本側教育家委員会は、独自の活動を行い自らの教育改革プランをまとめた。それが、一九四六年四月に文部省に提出されたと推定される『米国教育使節団に協力すべき日本側教育委員会の報告書』である。この報告書の冒頭は、「教育勅語に関する意見」である。

ここでは、従来の教育勅語に誤りはないが、戦後という状況の変化にともない、今後の国民の精神生活に適さないものがあるため、平和主義による国民教育や国民生活の方針を示す新教育勅語の発布を賜りたいとされている。ＣＩＥ局長ダイクが文部大臣安倍能成に新教育勅語発布を要請した状況などをふまえ、単なる教育勅語擁護だけでは戦後日本の教育理念の問題を解決することは不可能との判断から、新教育勅語発布論へと進展したものと推測される。

日本側教育家委員会によって提案された新教育勅語は、人間性・自主的精神・社会生活など、教育基本法の理念に連続する内容であった点が興味深い。しかしその基本的姿勢は依然として、従来の教育勅語を肯定し、そのうえで内容を「補完」するものにすぎなかった。この点において、ＣＩＥが模索した、従来の教育勅語を否定する手段としての新教育勅語発布論とは、基本的に性格を異にしていた。

教育勅語「奉読」禁止までの過程

教育勅語の処置問題に大きな影響を与えたもうひとつの要因は世論の動向であった。米国対日教育使節団の来日を控えた一九四六年二月ごろから、日本国内では先述のように世論を通じて頻繁に教育改革案が論じられるようになっていた。新聞紙上における論調は、教育勅語擁護・新教育勅語発布反対、すなわち、従来の教育勅語体制維持の論陣を張った『ニッポン・タイムズ』から、教育勅語廃止・新教育勅語発布反対、すなわち、詔勅による教育理念の提示に反対する『朝日新聞』や『アカハタ』まで、じつに多様であった。

教育関係雑誌の論調も多様であった。雑誌『民主教育』創刊号において、著名な教育ジャーナリストである藤原喜代蔵《ふじわらきよぞう》は、教育勅語について、「天皇の権威失墜と共に、教育勅語も亦遽然としてその権威を失うに至った」としたうえで、「吾人は断然ここに教育勅語の廃棄を主張する。少くも、式日に於ける学校の奉読を全廃せんことを主張する」と、教育勅語の実質的廃止を主張した。同じく、大正新教育の実践者であり、明星学園《みょうじょうがくえん》の創設者であった赤井米吉《あかいよねきち》も同号で、米国対日教育使節団が検討すべき事項のひとつに教育勅語をあげ、これが将来の日本にとって妥当であるか否かの詮議があるだろうと指摘したうえで、従来のような形式的な「奉読」や暗誦といった学校での扱いは「大いに反省しなければならない。あのような形式的取扱では、生徒の自覚を喚起することは出来ない」と批判した。

雑誌『教育公論』第一巻第二号は、田中耕太郎による教育勅語擁護論を批判したうえで、日本側教育家委員会を中心に台頭した新教育勅語発布論についても、「新教育勅語の渙発を奏請してそれに依って日本教育の目標を設定し、そこから演繹的に教育内容を導出せんとすることはそれ自体非民主主義的でないかという疑問がある」と、勅語という天皇の名による教育理念の提示そのものが非民主的であると批判するとともに、速やかな教育勅語問題の処置を主張した。

一方で、新教育勅語発布を支持する勢力もあった。雑誌『民主主義』第一巻第三号は、「勅語を聖典として取扱い、道徳の金科玉条として強制的に奉体せしめるのはよくない。けれども、その取扱方法さえ改むるなら、新教育勅語の渙発必ずしも反対すべきではない。〔中略〕民主主義に傾倒する故を以てこれに反対するのは、甚《はなはだ》しい偏見といってよい」と述べている。この主張は、CIEで台頭した新教育勅語論、すなわち、新しい教育理念を天皇の権威によって普及させようとする発想と同じものであったと指摘できる。

教育勅語問題は米国対日教育使節団でもその第三委員会で検討された。米国対日教育使節団は、報告書作成に当たりそれぞれ担当の委員会で報告書を作成し、それをもとにして、『米国対日教育使節団報告書』の正文を完成させた。

第三委員会の報告書は、教育勅語問題について、「いかなる方法においても、これらの慣例〔祝祭日学校儀式における御真影への拝礼と教育勅語「奉読」――筆者注〕を禁止することが勅語勅諭と御真影の恒久的廃止を保証することになることを強く勧告する」と、御真影と教育勅語の廃止を強く勧告するものであったが、『米国対日教育使節団報告書』の正文は、「儀式における勅語の奉読や御真影への拝礼は、過去において、生徒の思想と感情を統制する強力な手段であった。〔中略〕それらは廃止すべきである」と、儀式における教育勅語と御真影の使用禁止勧告へと一歩後退したものとなった。

新教育勅語発布で意見の一致をみた日本側教育家委員会（委員長・南原繁《なんばらしげる》）が使節団に強く働きかけたこと、また使節団団長のストッダート（G.D. Stoddard）の裁量もあり、草案の内容に比べて柔らかな表現になった。このことから、『米国対日教育使節団報告書』が祝祭日学校儀式における教育勅語と御真影の使用の問題性を指摘し、その廃止を勧告したことが、それ以降のCIEによる教育勅語「奉読」禁止措置への契機になったと評価できる。

CIE内部で教育勅語措置の検討が本格化したのは、一九四六年の夏であった。CIE内部では、この時点においても新教育勅語発布論を支持する側と教育勅語そのものを廃止しようとする側とに二分されていた。七月一〇日、教育課のジョージ少尉（Scott Gorge）は、同課長オア（Mark T. Orr）宛の覚書（Memorandum）で、宗教課長バンスとの協議内容を報告した。教育勅語の処置については、宗教課長バンスが、教育勅語の「奉読」は、どうでもよい問題であるが、祝祭日学校儀式の歴史をふまえると、教育勅語は新日本にとって不適切であるから、その「奉読」を禁止すべき、との考えであることを紹介したうえで、ジョージ自身は、教育勅語が廃止された場合、日本側教育家委員会の意向もあり、新教育勅語発布が望ましいと勧告した。

ＣＩＥ民間人顧問デル・デも七月一五日付の覚書で、上述のジョージ少尉の勧告を支持するとともに、新教育勅語の発布と同時に教育勅語が否定されるとの見解を示した。八月六日、女子教育担当のドノヴァン（Eileen R. Donovan）は、覚書を提出し、先述の京都勅語案を高く評価し、早期の段階で教育勅語を廃止していたら新教育勅語発布を考える必要がなかったとしたうえで、文部大臣田中耕太郎の面子《メンツ》に配慮し、教育勅語問題は旧勅語の否定ではなく新教育勅語発布によって対処すべきと指摘した。

ＣＩＥ内部でも、これに反対する立場の意見もあった。宗教課長バンスは、七月一二日付の教育課長オア宛文書で、教育勅語は最もリベラルに解釈したとしても、新憲法案の精神に反している、教育勅語は歴史的資料として大学において扱う以外、公立学校から排除すべきであるとした。七月一七日付のウィグルワース（Edwin F. Wigglesworth）発教育課長オア宛の文書も学校儀式における教育勅語「奉読」の禁止、および新教育勅語の発布反対であった。

このように教育勅語の処置についてはＣＩＥ内にもさまざまな見解が存在した。それらを総括したうえで一つの方向性を示したのが、教育課長代理のトレーナー（Joseph C. Trainer）のメモである。そこでは教育勅語問題が一九四六年の夏に再燃したのは、ＣＩＥがこの問題に正面から向き合わなかったからだとして、教育勅語は早々に学校から排除すべきとしている。そのうえで、新教育勅語が発布されれば、それは教育勅語に替わるものであるから何もしなくてよいが、新教育勅語が発布されない場合は神道指令にもとづき、「教育勅語の『奉読』はしないこと、儀式には用いないことを指示し、それを文部省に実行させよう」との方向性を示している。

ＣＩＥ内部で、教育勅語の実質的な学校からの排除を具体化するため「奉読」禁止措置を進めようとしていた段階でも、文部省首脳の教育勅語擁護は一貫しており、両者は対立していた。これに発足を直後に控えた教育刷新委員会も関係して、さらに問題が複雑化した。この問題についてそれぞれの了解を取り付けたのが、九月四日のＣＩＥ・文部省・教育刷新委員会の三者の代表会談であった。この会談により、教育刷新委員会は独自の立場で、第一特別委員会を中心にして教育勅語問題を審議することになった。

教育刷新委員会で教育勅語の処置問題を検討・審議中の九月一二日、教育課長オアは、文部次官山崎匡輔《やまざききょうすけ》に再度、教育勅語の措置問題を提起した。これを受けて文部省内での教育勅語問題の検討が本格化した。九月二〇日に文部省は、ＣＩＥと教育刷新委員会第一特別委員会に対して、「勅語及詔書等の取扱について」の草案を提出した。この草案は、教育刷新委員会の了承を得るとともに、ＣＩＥによる若干の修正を経た後、一〇月八日に文部次官通牒「勅語及詔書等の取扱について」（発秘三号）として、直轄学校・公私立大学専門学校長・地方長官宛に発せられた。この通牒では、①教育勅語を日本の教育の唯一の淵源とする考え方を排除すること、②式日などで教育勅語を「奉読」しないこと、③今後も謄本は学校で保管するが、それを神格化して扱わないこと、が命じられている。

教育刷新委員会でも九月二五日の第一特別委員会第二回会議で「教育勅語に類する新勅語の奏請はこれを行わないこと」が決定された。こうして、学校教育の場で教育勅語の影響力が著しく低下することになったが、完全廃止にはならなかった。そのことは、教育刷新委員会第一特別委員会の席上、文部次官山崎匡輔の「陛下から賜ったものを、否定するとか、つまり廃止するとかいう積極的立場に立つことは穏当をかいている」との発言によく示されている。

教育基本法の成立と教育勅語の廃止

ＣＩＥは、上述の文部次官通牒「勅語及詔書等の取扱について」による措置で、教育勅語問題は一応解決したと判断していた。一般にこの通牒は教育勅語の「奉読」禁止の面だけが強調されている感があるが、それよりも、教育勅語が日本における唯一の教育の淵源であることを明確に否定した点が重要であり、教育史上、画期的なものである。しかしながら一方では、教育勅語そのものを明確に否定しなかったため、教育基本法制定の過程においても教育勅語の考え方が教育基本法の中にも含まれているという、教育基本法と教育勅語との併存関係を容認する結果を招くことになった。

教育基本法は、「教育根本法」の制定により国としての教育理念を提示するという、当時の文部大臣田中耕太郎の発案、および教育刷新委員会第一回建議事項「教育の理念及び教育基本法に関すること」で、「教育基本法を制定する必要があると認めたこと」と建議されたことにより具体化されたものである。強硬に教育勅語擁護論を展開していた田中の構想によるこの教育基本法が、その発案時点から、教育勅語との間に矛盾はないとの認識のもとに考案され、法案化されたものであったことはおそらく間違いはないだろう。

事実、教育基本法の審議過程で、政府側答弁は一貫して教育基本法と教育勅語とは併存するとの立場を堅持した。帝国議会に教育基本法案を提出する手続きとして、枢密院会議における審議（一九四七年三月七日）の席上、河原春作《かわはらしゅんさく》による、教育基本法の成立後、教育勅語の扱いをどうするのかとの質問に対して、文部大臣高橋誠一郎《たかはしせいいちろう》は、「教育勅語の扱いとしては、奉読を行わしめないこととした。教育勅語の精神は、概《おおむ》ね本案に盛られているので、両者は矛盾するところはないと考える」と答弁している。

第九二回帝国議会における教育基本法案の審議過程においても、政府側は枢密院会議とほぼ同じ答弁に終始した。三月一九日の貴族院の審議で、無所属倶楽部所属の法学博士である佐々木惣一《ささきそういち》が教育基本法と教育勅語との関係について質《ただ》したのに対して、文部大臣高橋誠一郎は、「日本国憲法の施行と同時に、これと抵触する部分についてはその効力を失うが、その他の部分は両立するものと考える」と答弁した。この方針は、第九二回帝国議会を通じての政府の基本的立場であった。

一方、世論の動向は政府の見解とは明らかに異なっていた。『朝日新聞』(一九四七年三月五日付)の社説「教育基本法の重大性」で、「考えてみるがよい。従来の教育勅語にかわって、人民みずからが教育の指導理念を定めるということが、どんなに大きな革命であるかを」と、教育基本法の制定が教育勅語を否定するものであるとの立場を明確にしていた。また、CIEも教育勅語の「奉読」禁止で、実質として教育勅語は否定されたとの立場にあった。教育基本法制定時にも、GHQ/SCAPのGS(民政局)から、教育基本法の条文の中に教育勅語の廃止状況を追加するように要求する動きがあったが、CIEは、「寝た子を起こすな」(letting sleeping dogs lie)との方針で、GSの要求には否定的であり、実際にそのような条文は教育基本法に盛り込まれることはなかった。

このような「曖昧」な状況を批判する勢力も存在した。GHQ/SCAP内の民間諜報課、CIE宗教課、米国国務・陸軍・海軍調整員会の国務省代表などがその代表格であった。こうした勢力は、憲法改正を審議する第九二回帝国議会における田中耕太郎(当時文部大臣）の一貫した教育勅語擁護の姿勢が英字新聞『ニッポン・タイムズ』で伝えられたことでいっそう態度を硬化させた。一九四六年九月二六日付「国務・陸軍・海軍三省調整委員会　国務省代表覚書」（State-War-Navy Coordinating Committee. Memorandum by State.）は、教育勅語など教育関連詔勅について、それを認めることは、「われわれの日本における民主化傾向を促進する政策に明らかに矛盾する」と、明確にその存続を批判した。この批判の影響は大きく、極東委員会（ワシントンD・C設置の対日占領政策の最高決定機関）の方針も変更され、教育基本法と教育勅語との併存を明確に批判するようになった。

教育勅語の廃止は、次第に避けられない状況になった。一九四八年六月、GHQ／SCAP民生局次長ケイディス（C. L. Kades）の提案により、同国会課長のJ・ウィリアムズ（J. Williams）が松本淳三《まつもとじゅんぞう》（衆議院文教委員長）と田中耕太郎（当時参議院文教委員長）を召喚し、国会決議による教育勅語の廃止を検討するよう要請した。この要請に対して、衆議院の松本は受け入れたが、かたくなに教育勅語擁護の立場にあった田中耕太郎は、強い難色を示した。田中が難色を示した理由は二つあった。第一の理由は、教育勅語は教育基本法の成立で実質的に効力を失っており、国会における廃止決議は必要ないというものであり、第二の理由は、法的な効力を宣言するのは最高裁判所の仕事であり、国会で行うべきではないというものであった。田中耕太郎は、教育基本法の発案者であり、その制定過程で文部大臣として大きな役割を演じた。彼には、教育基本法の制定には尽力したが、それによって教育勅語が否定されるという認識は全くなかった。教育勅語にある国体主義的部分は否定するが、それ以外については併存可能という立場に終始していたのである。そうした立場から、教育勅語の廃止決議に消極的であったといえよう。

最後には教育勅語の排除・失効確認に関する国会決議を受け入れた田中耕太郎だが、当初はこれに強く「抵抗」した。田中はこの決議の主眼を教育勅語の廃止ではなく、教育基本法による戦後新教育の普及に力点を置こうとして、教育勅語の廃止を主目的に置くGSとあくまでも対立し続けた。

こうした事情もあり、教育勅語廃止に関する決議は、その名称が衆参両院で微妙に食い違うことになった。そもそも両院は当初、同じ決議を行うことを目指していた。しかし結局、別々のものになった。衆議院側の案文でも一部だが、当初、教育勅語を肯定するような表現があり、GS側の指摘によりその削除が行われるなど、廃止の過程においても日本の保守層による消極姿勢が随所にみられた。しかしそれ以上のことは資料的には明らかにされず、推測の域を脱しきれない。

国会における教育勅語の排除・失効決議に関する英文資料は、国会課長であったウィリアムズ文書のなかに全八種類を確認できる（衆議院関係五種類と参議院関係三種類）。この資料群により、教育勅語の排除・失効確認過程における占領軍の側の関与の実態を明らかにすることができる。一九四八年六月一九日に第二回国会衆議院本会議に「教育勅語等排除に関する決議」が上程され、審議が行われた。まず、文教委員長松本淳三が提案理由を述べ、「教育勅語等」としたのは、排除する対象は教育勅語だけではなく、広く教育関係の詔勅（戊申詔書、「国民精神作興ニ関スル詔書」、「青少年学徒ニ賜ハリタル勅語」）を含むと明言し、「その中には、真理性を認められる部分はあるが、勅語という形式である以上、認めるわけにはいかず、廃止する必要がある」と指摘した。そのうえで、教育関係詔勅の排除とその謄本の回収を行い、完全に廃止したことを明らかにしたいと述べた。

　参議院では、文教委員長田中耕太郎が「教育勅語の失効確認決議」の趣旨説明を行った。そのなかで、教育勅語などの教育における最高指導原理としての性格を明瞭に否定したのは、日本国憲法と教育基本法の成立であると指摘した。それにもかかわらず、依然として教育勅語が教育の指導原理としての性格を持っているとする勢力が少なからず存在する状況があるが、ポツダム宣言を受諾して、これを確実に履行するためには、教育勅語が効力を完全に失っている事実を明確にするとともに、これら謄本を回収し、極端な国家主義が教育界から一掃されなければならないと論じた。衆参両院ともこれら議案を全会一致で可決し、教育勅語の排除と失効確認が行われ、その歴史は完全に幕を閉じることになった。

これまで検討してきた通り、教育勅語は日本の教育理念を国体主義にもとづく天皇・天皇制に求めていた。一九四五年一二月一五日の神道指令が、徹底的に排除すべきものとした「日本の天皇はその家系や血統、あるいは特別な起源により、他国の元首より優れているという考え方（日本の天皇はその家系、血統或は特殊なる起源の故に他国の元首に優るとする主義）」、「日本の国民は、その家系、血統あるいは特別な起源により、他国の国民より優れているという考え方（日本の国民はその家系、血統或は特殊なる起源の故に他国民に優るとする主義）」は、国体主義そのものであり、それを教育理念として具現化した教育勅語は、その時点で廃止されるべきものであった。それにもかかわらず、完全廃止に至るまで月日を費やし、教育基本法との併存期間さえ許したのは、戦後改革のなかの複雑な政治的「駆け引き」の結果であった。

3　講和独立後の御真影・学校儀式と国民の祝日

天野談話以降の学校行事と国旗・国歌

一九四八年七月二〇日に「国民の祝日に関する法律」（一九四八年　法律第一七八号）が公

布・施行された。政府は、新たな国民の祝日普及を目的に、一九四九年一月一三日に『国民の祝日』事業、行事、計画表」(次官会議決定)を発表した。そして国民の祝日全九日について、「実施事業又は行事」とその「説明」を行った。かくして新たな国民の祝日が制定され、四大節を含む戦前の祝祭日は廃止された。しかし、新たに制定された国民の祝日は、紀元節が廃止された以外は、名称やその意義は変更したものの、その多くは戦前の祝祭日との連続性の強いものであった。以下、戦前の四大節との連続性が強い、元日(一月一日)、天皇誕生日(四月二九日・旧天長節)、文化の日(一一月三日・旧明治節)について、どのような行事を想定していたのかを検討してみたい。

元日では「年頭挨拶の交換会」の行事を想定し、それを「学校、公民館その他適当な場所に集ってお互いの幸福を祈りあう」ものとした。天皇誕生日は、「祝賀運動会、学芸会、コンクール等」を開催するとして、「小学校通学区域ごとに、その地方の老若男女相集まって、天皇の誕生日を祝い、お互いの健康を祈る」ことが趣旨であるとした。これら二つの祝日について、学校儀式を行うべしとする記述は見られないが、学校や通学区域を単位として行事を行うことを前提とした例示になっている。戦後教育改革を経ても、学校を国民「動員」の「装置」とする戦前的な思考が残っていたと指摘できる。

政府は、この国民の祝日に「国旗」の掲揚を奨励した。一九四八年九月一四日付「連合国軍最高司令官総司令部指令（SCAPIN－1934）日本政府宛覚書　日本国旗の掲揚について」で国民の祝日における「国旗」掲揚はすべて許可されることになった。文部省は、一九四九年四月一四日付文部次官通達「『こどもの日』の行事について」（発社二六六号）では、こどもの日について、次代の国民となる子どもの成長を祝福する記念日として、各学校、市町村などで適宜行事をするように求めたが、そのなかの学校を中心とする行事の筆頭に「国旗を揚げる」を提示している。

「君が代」は、被占領期を通じ、ＧＨＱ／ＳＣＡＰは諸行事における斉唱を禁止しなかった。そのため、これ以降、学校で行われる諸行事で、「国旗」掲揚と「国歌」斉唱を奨励することに対しては、何も障害はなくなり、保守層による学校行事における「国旗」掲揚と「国歌」斉唱により強い働きかけが行われるようになった。

日本と連合国間の講和条約締結と、それによる日本の独立が既定路線になると、こうした動きにさらなる拍車がかかった。なかでも、一九五〇年一〇月一七日付文部大臣官房総務課長通達「学校における『文化の日』その他国民の祝日の行事について」（文総第一六七号）は、その典型ともいえるものであった。この通達は、同日付の文相天野《あまの》貞祐《ていゆう》による談話「学校における『文化の日』その他国民の祝日の行事について」の内容を周知するためのものであり、行事実施に際しては、文相天野の談話の内容を「お含みの上」実施するよう求めている。

この談話で天野貞祐は、国民の祝日の行事に際して、学生児童生徒に対して、「各学校では、〔中略〕それぞれ特色ある様々な行事を催されることとは思いますが、その際国旗を掲揚し、国歌を斉唱することもまた望ましいことと考えます」とした。天野貞祐は、戦前には京都帝国大学文学部教授でありカントの研究者で有名な自由主義者であった。戦後は旧制第一高等学校長に就任し、教育刷新委員会などで教育基本法制定過程でも重要な役割を演じた。彼もまた、いわゆるオールド・リベラリストであり、天皇・天皇制そのものを批判することはなかった。その天野は、戦前の学校儀式の復活を目指したわけではなく、それぞれの学校が主催する、祝賀のための「訓話、講演会、学芸会、展覧会、運動会等」の行事において、「国旗」掲揚と「国歌」斉唱を含めることが望ましいとした。

一連の戦後教育改革により、天皇制と教育との関係の見直しも進められた。その結果、戦前の祝祭日が廃止され新たな「国民の祝日」が制定されたことと、学校教育法・同施行規則に学校儀式に関する条文が盛り込まれなかったことにより、それぞれの学校における学校行事の挙行義務はなくなった。しかし、新たに設置された「国民の祝日」は、紀元節が廃止された以外は戦前の祝祭日との連続性がきわめて強いものであり、日本の講和独立の日程が具体化するとともに、東西冷戦という国際情勢のなか日本が西側陣営に組み込まれると、保守勢力の復権が顕著になり、学校教育のなかで「国旗」・「国歌」が重視されるようになった。とくに「国旗」は、御真影がなくなった学校現場における愛国心の象徴の役割を担わされるようになった。

講和独立後の復古的天皇観の台頭と教育

一九五一年九月八日、サンフランシスコ講和条約に全権委員が署名し、翌一九五二年四月二八日に発効した。これ以降、日本国内では被占領期に影を潜めていた保守層の復権・台頭が著しくなった。一九五二年七月一七日に秋田県秋田市私立敬愛学園高等学校に、戦後初の御真影「下賜」が行われた。その御真影は、「儀式のさいはかならずかざるばかりでなく、月に一回高橋校長自ら全生徒を集めて天皇の話題を中心として講話」する場合にも使われた。そのほか、千葉県山武郡組合立平野中学校も天皇の写真（正規の御真影かどうかは不明）を飾ってある学校として紹介されている（『読売新聞』一九五三年二月二〇日付）。日本の講和独立以降ほどなく、日本の保守層の復権と時期をおなじくして、戦前方式の学校行事が早くも復活し始めたのである。

このような状況を、県単位で促進しようとする動きも現れ始めた。サンフランシスコ講和条約発効から約一年後の一九五三年四月二四日、愛知県教育委員会は教育長発県立各学校長宛に「学校における『天皇誕生日』その他国民の祝日の行事について」を通達した。これは、先述の「天野文部大臣談話」の趣旨を愛知県内で徹底しようとする試みであった。

具体的には、「国民の祝日」当日の各学校は、「それぞれ特色ある行事を計画し、さらに当日には国旗を掲揚し、君が代を斉唱するなど国民すべてが共に喜び共に祝う祝日にふさわしい行事を実施されたい」との要請であった。愛知県教育委員会は各市町村教育委員会教育長にも県管轄の学校へと同様の通達を行ったので、各市町村教育委員会も、県教育委員会通達の趣旨を参考にして、各学校あてに「貴管下の学校における国民の祝日の行事についてもよろしくご指導願います」とする内容の通達を発した。

同年四月二九日には愛知県下の小中高等学校で祝賀の行事が行われた。その内容は、「式の始まった時間も九時、十時とまちまち。式内容も一様でなかったが大体正月の式典に準じ君が代をせい唱ののち校長先生から天皇誕生日をお祝いする講話を聞いた程度の簡単なところが多かった」(『中部日本新聞』一九五三年四月二九日付)と伝えられている。通達では、各学校それぞれの行事を行うように記していたが、実際には戦前の四大節学校儀式に準じた行事が行われたのである。

こうした動きは広く全国に広がった。このことは、『朝日新聞』(一九五四年二月一五日付)の「各地に天皇神格化への兆し　御写真の前で訓話　儀式歌に『君が代』も復活」との記事により、その概要を知ることができる。同記事では、先日の秋田県秋田市私立敬愛学園高等学校への御真影再「下賜」の事例のほか、岐阜県下のほとんどの学校で式歌として「君が代」が復活するとともに、朝礼で「国旗」掲揚が行われている事例、約七割の学校で儀式における「君が代」斉唱が行われている佐賀県の事例、その他、元日の祝賀式に皇居「遥拝」を実施したという山梨県小泉村・大泉村組合立小・中学校の事例が紹介されている。さらに、後で詳しく検討するように、この時期には戦後教育改革の過程で廃止された旧紀元節にも学校儀式の挙行を強行するような事例もみられるようになり、それを保守政党が擁護する事態にもなっていた。

戦後初期の『学習指導要領一般篇（試案）』（一九四七年版・一九五一年版）は、「試案」と明示されたものであり、管理者（学校側）の裁量により多様な教育活動が保障されていた。そのことが、民主的な新教育の実践を可能にするとともに、復古的な天皇観を過激なまでに推進する、戦前式の教育実践もまた同じく可能にすることになったのである。ただし、戦前・戦中とは異なり戦後には革新勢力が存在し、復古的天皇観を学校教育に取り入れようとする教育実践は日本教職員組合や日本社会党・日本共産党など革新政党による厳しい反対運動に見舞われ、教育現場では、学校の管理者（教育委員会や校長）と教員との間に大きな軋轢《あつれき》を生む事例が多発した。

そのことは、一九五八年の『学習指導要領』改訂に際して、教育課程審議会でも問題視された。そこで、教育課程審議会は、「答申の中で『学校行事を特別教育活動として儀式、学芸会、運動会、遠足、学校給食などの指導の種類、範囲ならびに教育上の要点を明らかにする』との結論を出し」（『朝日新聞』一九五八年三月二二日付）、この問題に決着をつけることにした。一九五八年改訂の『小学校学習指導要領』には、「第3章　道徳、特別教育活動および学校行事等」の「第3節　学校行事等」で、「国民の祝日などにおいて儀式などを行う場合には、児童に対してこれらの祝日の意義を理解させるとともに、国旗を掲揚し、君が代をせい唱させることが望ましい」と明記された。それまでの「試案」としての位置づけから「告示」となり、法的拘束力を持つと文部省が主張する『学習指導要領』に、「国旗」掲揚と「国歌」斉唱をすることが望ましいと記述されたことにより、式日における「国旗」掲揚と「国歌」斉唱が、よりいっそう推進されることになった。

『朝日新聞』（一九五九年八月二三日付）は、学習指導要領改訂後の学校行事に関する全日本中学校長会による調査結果を報じた。これによると、東京都をはじめとする一四都府県から回答があったとし、「国旗」掲揚と「君が代」斉唱を行う学校が増えたと指摘したうえで、祝日の学校儀式については、「儀式をともなうものと、たんに休日として取扱うものの二つに分けられる。『国民の祝日』として法律で決められた祝日のうちでも、現に学校で挙式しているのは『元日』ぐらいのもの。あとは成人の日、春分の日、天皇誕生日、憲法記念日、子どもの日、秋分の日、文化の日、勤労感謝の日など、いずれも儀式は行わず、休日扱いにしているところが多い」と報じている。

従来の先行研究では一九五八年改訂の『学習指導要領』は、祝日の学校行事に儀式を行う場合、「国旗」掲揚と「君が代」斉唱が「望ましい」と明記されたことにより、教育行政の反動化が決定づけられたと評価されてきた。だが、これを明記した背景として、講和独立後、復古的天皇観を学校教育に深く浸透させて教育の戦前回帰を目論む極端な保守層の動きを抑制することも同じく文部省の念頭にはあったことも忘れてはならない事実だろう。当時の文部省は、日本国憲法の枠組み、すなわち象徴天皇制の枠組みのなかで祝日学校儀式に対応しようとしていたのである。

このように、サンフランシスコ講和条約の締結と発効に前後して、「国民の祝日」に実施する学校行事で「国旗」を掲揚し、「国歌」を斉唱する学校儀式を普及させようとする動きが顕在化した。この動きには、天皇の神格化の復活を目論む過激な保守層が大きく加担していた。その動向を受け、象徴天皇制の範囲での学校儀式における「国旗」掲揚と「国歌」斉唱を導入するようにしたのが、一九五八年改訂の『学習指導要領』であった。実際のところ、この改訂により「国旗」掲揚と「国歌」斉唱をともなう元日の学校儀式が次第に普及する傾向が見られるようになった。しかし、文部省が企図した通りに天皇誕生日や文化の日など他の祝日にまで拡がるには至らなかった。

「建国記念の日」制定までの道のり

戦後においても可能な限り、戦前の体制を残そうとする日本政府の方針は、「国民の祝日」の制定にも貫かれた。新たな祝日の制定に向けての動きは、一九四七年頃から顕著化した。この問題の管轄であった総理庁は、紀元節を祝日として残す方針であったが、国体主義に直結する紀元節を残すことは直接的に神道指令に抵触し、GHQ／SCAPが容認できるものではなかった。

GHQ／SCAPは、CIE局長ニュージェントによる覚書、すなわち、「国家神道の神話、教養、実践、祭礼、儀式、式典に起源と趣旨がある祝日を廃止し、新しい祝日の名称について好ましくない神道の用語を避けるよう、日本政府に指令することを勧告する」との方針で、この問題に対処した。しかし紀元節やこれに類する祝日の制定は認めないというGHQ／SCAPの強い方針にもかかわらず、紀元節を祝日として残そうとする動きは止まらなかった。新しい「国民の祝日」は国会審議による法律で決定することになっていたため、保守的な国会議員（衆議院議員）が、GHQ／SCAPに対して紀元節を残すように陳情を行ったが認められることはなく、元日、春分の日、天皇誕生日、憲法記念日、こどもの日、敬老の日、秋分の日、文化の日、勤労感謝の日が「国民の祝日」となった。

「国民の祝日」制定時には除外された紀元節だが、その後も祝日として復活させようとする保守層の動きが衰えることはなかった。この動きは、祝日の学校行事における「国旗」掲揚と「国歌」斉唱の推奨の動きとほぼ軌を一にして、日本の講和独立が日程に上る時期ににわかに活発化した。一九五一年三月九日の第一〇回国会参議院予算委員会における桜《さくら》内義雄《うちよしお》の「愛国精神をどう高揚するか」との質問に対して、首相吉田茂は、「日本も独立後は当然紀元節は復活したいと考えているが、国民の総意により盛りあがる力で回復することが大切だと思う」と答弁している。

その後、議員立法による紀元節復活が試みられたが、それが失敗に終わると、保守派が主催する民間団体による紀元節復活運動が活発化した。一九五四年一月に「建国記念日（紀元節）制定促進会」が結成され、紀元節復活運動の中心的存在になった。同年二月一一日、同会主催により日比谷公会堂で「国の肇《はじ》めを祝う会」が開催され、一〇〇〇名を超える参加者があった。その後、一九五五年一〇月には、八八団体の参加により、「紀元節奉祝国民大会運営委員会」が設置され（渡辺治『戦後政治史の中の天皇制』）、保守陣営による紀元節復活運動は活発化した。

このような状況のなか、祝日から除外されたはずの二月一一日に、「紀元節」祝賀式と称して学校儀式を行っている公立学校の存在が明らかになった。それは、高知県長岡郡大豊村繁藤小学校であった。一九五六年二月一一日、町村合併問題で揺れるこの地区の住民投票の状況を取材する報道陣が投票所のひとつである同校に集まっていた。その報道陣が大々的に「紀元節」祝賀式を実施している場面に偶然に遭遇し、これも報道したことにより、大きな社会問題になった。当日の式典は、校舎改築の式典も兼ねており、従来よりも盛大なものであったと報道されている。

同校校長溝淵忠広《みぞぶちただひろ》は「筋金入り」の保守思想の持ち主で、「君が代」斉唱と一九四六年元日の詔書「奉読」、式歌「紀元節」斉唱を儀式内容とする「紀元節」祝賀式を一九四九年から実施していたが、「国民の祝日」から除外された旧紀元節の二月一一日に授業を休止して祝賀式を挙行し続ける状況は、「行き過ぎ」と多方面から批判された。それならばと溝淵は、「国民の休日」である天皇誕生日ならば問題ないとして、この年の天皇誕生日にも戦前の「天長節」に準ずる儀式を強行した。先述の通り、この時期には学習指導要領はいまだ試案であり、教育実践については学校現場に大きな裁量権が与えられていた。かくして自由で民主的な教育実践が可能となった一方で、裁量権を楯にとり、このような反動的な教育実践も可能になっていたのである。

溝渕の極端な行動は、批判される以上に、講和独立後に復権を果たした、復古的な天皇観を進めようとする保守派から強く支持され、紀元節復活運動の象徴的存在に祀り上げられた。この事件は発覚すると、すぐさま国会審議の対象になった。同年二月二一日の衆議院文教委員会で野原覚《のはらかく》（日本社会党）が、繁藤小学校の「紀元節」の式典は、教育基本法に反するのではないかと質問した。これに対して文部大臣清瀬一郎《きよせいちろう》は、繁藤小学校の事例は、教育基本法に抵触しないとの立場を崩さず、その後の閣議（二月二四日）で、①「紀元節」の儀式を止める理由はない、②教育委員会の承認を得た挙式なので非難するに当たらない、③休日でない日に授業を行わなかったことは「行き過ぎ」との見解を示し、全閣僚からの承認を得たとされている。清瀬文相は、さらに、天皇誕生日や皇后の誕生日において同様の種類の式典を行うことも差し支えないと表明した。

このように、議員立法での紀元節復活が不可能になったのち復活運動の先兵となったのは、復古的天皇観を崇拝する突出した人々であった。高知県の繁藤小学校「紀元節」式典問題も「個性的」な溝渕忠広という校長の突出した行為であったが、同校を管理する村の教育委員会にもそれを黙認するような状況が確実に存在していた。

さらに重要なのは、このような突出した行為について、直接、あるいは間接的に支援・激励し利用しようとした、政権や政権与党の存在である。一見すると極端に思われる民間や個人レベルの運動も、政府内の保守層との間にお互いに「持ちつ持たれつ」の関係を構築していた。「政府側は、『民間』の復活運動に有利になるような政策や言明を行うと同時に、それをより公然たる反動化の先兵として、また一種の観測気球として利用し、『民間』運動の側は、そのことを十分承知のうえで、保守党権力の走狗《そうく》として、教育・思想の全面的反動化と紀元節復活の精神的地ならしに奔走している」(田口富久治他編『紀元節問題――「建国記念の日」制定はなにをめざすか』)という状況が確実に存在していたのである。

一方、戦後改革の成果として、革新勢力も日本社会党や労働組合などを拠点として一定の勢力を保っていた。そのため、「紀元節復活運動」も保守層のもくろみとは相反し、実現までには紆余曲折を余儀なくされた。結局のところ、「紀元節」そのものの復活ではなく、一九六六年六月二五日の「国民の祝日に関する法律」改正により新たな国民の祝日として「建国記念の日」を制定することで問題は一応の決着をみた。しかし、この「建国記念の日」制定も紆余曲折を経てのことであった。同法改正で、「建国記念の日」を制定はしたものの、その日を明確に規定することができなかったのである。「建国記念の日」を二月一一日の旧紀元節の日とすることに依然、根強い反対があったことによる。

結局、「建国記念の日」は、法律にその日を盛り込むことができず、同年一二月九日の「建国記念の日となる日を定める政令」で、その日を二月一一日に定めるという手続きを取らざるを得なかった。政府・与党の保守勢力が目論む復古的天皇観の復活に対する拒否反応は、彼らが想像する以上に大きく、これらの動向を無視できなかったからである。

「建国記念の日」制定以降の祝日学校儀式

「建国記念の日」が制定され、その日を二月一一日とすることが決定されたことにより、その日に祝賀の学校儀式を挙行するかどうかが学校現場にとっての大きな問題として浮上した。『小学校学習指導要領』（一九五八年）には、「国民の祝日などにおいて儀式などを行う場合には、児童に対してこれらの祝日の意義を理解させるとともに、国旗を掲揚し、君が代を斉唱させることが望ましい」と記されていたからである。

この時期には、元日などの学校儀式が普及し始めていた。そもそも二月一一日の「紀元節」における学校儀式の挙行には、当時の政府・与党も積極的であり、「建国記念の日」が「国民の祝日」に加わった以上、学習指導要領にもとづき祝賀の学校儀式を挙行することは、政府・政権与党が強く望むところだった。しかし、二月一一日に「建国記念の日」の祝賀式を挙行することは、天皇の神格化を是認し、復古的天皇観の復活を認めたことと見られることにもなりかねないため、学校現場では日教組を中心に激しい抵抗運動が展開された。

この点に関して、当時の文部大臣劔《けんの》木《き》亨弘《としひろ》は、二月一一日を「建国記念の日」とすることを政令で決定した一九六六年一二月九日の閣議終了後の記者会見で、①学習指導要領の「国民の祝日」に示してある通り、学校で儀式を行うことは望ましいが決して強制しない、②「建国記念の日」についてその意義を児童・生徒に理解させるためのパンフレットを出す計画があること、③「建国記念の日」は、二月一一日を日本の建国の日と決めたわけではなく、あくまでもこの日は、肇国《ちょうこく》を記念するための日としたまでであり、児童・生徒に説明する場合にも科学的根拠の面で苦労することはないとの見解を示した。事実、「国民の祝日に関する法律」では、「建国記念の日」について、日を確定せず、「政令の定める日」とするとともに、「建国をしのび、国を愛する心を養う」と説明し、建国の日とは規定していない。革新陣営の反対運動にも配慮せざるを得なかったからである。

文部省は、一九六七年一月一三日に文部次官通達を発し、「建国記念の日」を周知するよう求めた。一方、学校儀式の挙行に関しては、他の祝日と同様、市町村教育委員会との協議できめるものであり、式を行うか否かは各学校の自由との方針を示した。また、劔木が指摘したパンフレットの作成も時期尚早との判断で見送りになり、当初の方針に比べると、そのトーンも下がった。

「国民の祝日に関する法律」の改正後、最初の「建国記念の日」となる、一九六七年二月一一日を迎えるにあたり、日教組を中心とする革新勢力は当日の学校儀式挙行に強く反対した。日教組委員長宮之原貞光《みやのはらさだみつ》は同年一月二五日の記者会見で、「建国記念の日に学校でやる行事に反対する。〔中略〕このため強行する学校ではトラブルが起こることも当然予想される」と強い調子で牽制した（小野雅章「講和独立後の学校儀式と紀元節復活運動――高知県繁藤小学校の動向を中心として」）。

賛否両論が錯綜するなかで最初の「建国記念の日」を迎えることになったが、この日のとらえ方や学校儀式の状況などには都道府県により大きな違いが見られた。『朝日新聞』によれば、学校儀式などの行事を一切行わず、「静観」を構える都道府県は三五に上った。これに対して、児童・生徒に登校を促し、式典を実施したり、市町村・民間団体主催の祝賀行事に学校単位で参加した県は、宮城、群馬、富山、福井、三重、奈良、島根、徳島、高知、福岡、宮崎の一一県に止まった。この一一県は、①「建国記念の日」を旧紀元節の復活として祝おうとしている、②神話につながる神社のおひざ元という共通点があるとも分析されている。すなわちこれらは特殊な事例であり、多くは、「文部省の指導に従って当日は休日とし、特別の行事はしないという学校が圧倒的」であった。しかも、「建国記念の日」の意義についても、「各学校とも、制定をめぐって国会などで議論となったような問題にはふれず、文字通り『建国を記念する日に決まったので、明日はお休みにします』といった程度の講話でお茶を濁す」のが実態であった(同前)。

このように、講和独立以降、復古的天皇観の復活を望む保守層による強力な「紀元節復活運動」の成果と位置づけられる「建国記念の日」制定だが、実際には、この日に学習指導要領にもとづく祝賀式を挙行し、「国旗」を掲揚し、「君が代」を斉唱した学校はきわめて少数であった。一部には、旧紀元節学校儀式に準ずる行事を実施して、「建国記念の日」の制定を紀元節の復活とみなす事例もたしかにあったが、それが全国的に大きな動きになることはなかったのだ。

それればかりか、この「建国記念の日」制定を境にして、いったん復活したかにみえた祝日学校儀式が衰退するという皮肉な結果が出来した。「建国記念の日」を含め、祝日学校儀式を行い、そこで「国旗」を掲揚し、「君が代」を斉唱することが、戦前の復古的天皇観を象徴するものとして大きな批判にさらされることになったのだ。

批判を恐れる文部省は、「式を行うのはいわば学校の自由にまかされている」との方針を取り続けた。その後、学習指導要領は、一九六八年、一九七七年に改訂されたが、祝日における学校儀式に関する記述は、多少の文言の違いは確認できるものの、「国民の祝日」に学校儀式を行う場合、「国旗」を掲揚し、「国歌」を斉唱することが望ましいとされるに止まった。そして実際、学校儀式を挙行する学校数は激減していた。学校に「国旗」も「国歌」もないと保守層から厳しい批判を受けるようになるのは、一九八〇年代以降の新保守主義による政治改革の中でのことであった。

第七章　一九七〇年代以降の教育と天皇・天皇制

1　教育勅語有効論の台頭と「教育宣言」の模索

保守陣営による教育勅語有効論

一九五〇年代に入ると、保守層による復古的天皇・天皇観復活の動きが急速に台頭した。国民の祝日、とくに元日、天皇誕生日、文化の日に「日の丸」の掲揚と「君が代」の斉唱をともなう学校儀式の挙行を推奨することが一九五八年改訂の学習指導要領に明記されたことが、この動向に拍車をかけた。

その後も、旧紀元節を「建国記念の日」として「復活」させるなど戦前への回帰とも見られる動きが顕著になった。紀元節、あるいは「建国記念日」ではなく、「建国記念の日」と表現を曖昧にしたものの、その日を二月一一日としたことにより、「建国記念の日」制定は、国体史観の復活とみなされる傾向にあり、学校儀式として取り入れることへの拒否感は強かった。この「建国記念の日」制定を境に学校現場での「日の丸」掲揚・「君が代」斉唱は激減し、学習指導要領の記述は有名無実化した。周知のとおり、学校儀式における「日の丸」掲揚と「君が代」斉唱はその後、義務化されたが、その対象となる学校儀式は国民の祝日から入学式・卒業式へと替わって現在へと至っている。

教育勅語についても、祝日学校儀式と同じように、講和独立以降にその復権の動きが顕在化した。一九四八年六月の国会における教育勅語の排除・失効確認の決議により廃止されたにもかかわらず、講和独立前後を境に保守層からその容認や部分的な復活を求める動きが現れたのである。それは、日本国憲法、および教育基本法「改正」を求める動きとも連動していた。

一九五三年三月九日の衆議院文部委員会において、日本社会党の山崎始男《やまさきもとお》は文部大臣岡野清豪《おかのきよひで》に対して、以前の国会における発言で岡野が教育勅語は「千古不磨の真理を持っている」と述べたことについて、その確認を行った。これに岡野は「〔教育勅語は――筆者注〕やはり千古の真理ではないか、こう私は考えております」（「第一五回国会衆議院文部委員会議事録第一六号」）と、以前の発言を認める答弁を行った。このような発言は、その後も保守層から繰り返された。同年六月三〇日の衆議院文部委員会で大達茂雄《おおだちしげお》文相は、「勅語の形式、つまり天くだり式形式はとっておるけれども、その内容におきましては、わが民族の伝統の道徳精神を盛り込んであるものと思っておるのであります」（「第一六回国会衆議院文部委員会議事録第五号」）と答弁した。

これらの答弁内容は、教育基本法制定時の国会における議論にも共通するものであり、教育勅語は、勅語形式であることに問題はあるが、そこに示されている徳目は有効であるという、部分的な肯定論である。その後も、田中角栄《たなかかくえい》、福田赳夫《ふくだたけお》、森喜朗《もりよしろう》など歴代首相によって同様の教育勅語の徳目の内容を部分的に肯定する発言が国会で繰り返された。

一九七四年三月二八日の衆議院本会議で、日本社会党の稲葉誠一《いなばせいいち》が、首相田中角栄への質問のひとつとして、「近来特に問題となってまいりましたところの日の丸、君が代の法制化についての考え方と、あるいは教育勅語、憲法に対する考え方でございます」と、教育勅語に対する考え方を質した。これに対して田中は、「これを復活することは考えておりません。しかし、その中には、多くの普遍的な人倫の大本を示した部分があることもまた事実でございます。でありますから、形式を超えて現代にも通ずるものがあるという事実に徴《ちょう》し、それらについては、国民の共感を得られるような状態で世論に問うべきではないかという考え方を持っておるのでございます」（「第七二回国会衆議院議事録第二一号」）との答弁を行った。

一九七七年二月五日の参議院本会議で日本共産党の春日正一《かすがしょういち》が質問に立ち、そのなかで総理大臣福田赳夫に対して、「〔福田総理が――筆者注〕教育勅語は国際的にもりっぱに通用する倫理である。教育勅語が余り無視され過ぎてきたことは問題だなどと述べています。あなたは、あの侵略戦争の道具となった教育勅語に基づく戦前の教育については反省しておりません」と批判したうえで、教育勅語に関する見解を求めた。これに対し福田は、「私は、教育勅語ですね、いま読んでみても、人の道というものをこんなに明快に示しておる、そういう資料というものは、これはもう他に見ないです、これは。私は、教育勅語の示しておる人の道というものは、これは今日においても脈々として生きておるし、またこれを生かしていかなければならぬと、こういうふうに考えるのであります」(「第八〇回国会参議院会議録第四号」)と答弁した。

二〇〇〇年四月二五日の参議院予算委員会では、自由民主党の片山虎之助《かたやまとらのすけ》が首相森喜朗に対して、教育基本法の改正をふくむ戦後教育の見直しについて質した。この質問に森は教育勅語について、「あの中の超大国的な主義、超国家的主義、こういうものは私は排除しなきゃなりませんけれども、祖国愛であるとか夫婦相和することとか兄弟が仲よくするということは、どんな歴史を超えても大事な私はこれは哲理、哲学だろうと思いますが、こういうことが結局国会で完全に何の議論もなしに排除されてしまった」と答弁した。

一九五〇年代以降二〇〇〇年代に至るまで、教育勅語について、君主が「臣民」に下すという形式は問題だが、内容そのものは評価すべきものであるという教育勅語有効論が、歴代総理大臣・文部大臣を含めた保守政治家から繰り返されている。しかるに、海後宗臣の『教育勅語成立史の研究』、稲田正次《いなだまさつぐ》の『教育勅語成立過程の研究』など、教育勅語に関する本格的な実証研究が明らかにしたように、教育勅語に示されている徳目は、そのすべてが国家に万一のことがある場合は、一身を投げ出し、「天壌無窮の皇運（永遠に続く天皇・皇室の運命）」を助けるためのものであるという、国体論に立脚したものである。しかも、教育勅語は全体としてひとつのものであり、それを部分的に解釈することは不可能であることもすでに明らかにされている。

それにもかかわらず、その後も上述のような教育勅語容認論は、恒常的に政財界の指導者の発言に頻繁に現れ現在に至っている。その発言の内容が学術的な手続きを経た学問研究の成果を無視し、感情的、かつ情緒的なものであることも共通している。こうした教育勅語有効論は、戦後教育改革への否定的な評価とも相まって、日本国憲法・教育基本法「改正」論とも密接に絡み合うことになった。とくに、「国と郷土を愛する態度」との関係で、教育勅語が注目された。二〇〇六年一二月の第一次安倍内閣による教育基本法「改正」は、「戦後レジームからの脱却」を標榜する安倍晋三《あべしんぞう》の日本国憲法「改正」への地均《じなら》しともいえるのだが、この点については改めて論じたい。

教育勅語に代わる「教育宣言」の模索

教育勅語に示された徳目そのものは有効であると主張する教育勅語の部分的有効論は、教育勅語に示された徳目を含んだ、教育勅語に代わる「教育宣言」発行の動きに連動した。教育基本法の成立により教育勅語の役割が終焉したとの認識は、世論も含めての共通理解であったが、その後、わずか一年も経過しない時点で教育勅語的な発想を復活させようと、天皇・天皇制と結びつけた「教育宣言」を提示しようとする動きが現れたのである。

一九四九年五月、その前年に政権に復帰した吉田茂は、私的諮問機関として「文教審議会」を設置した。吉田はここで教育勅語に代わる道義を確立するための「教育宣言」制定を試みたが、審議会構成員からの同意を得ることができず実現できなかった。その後、文教審議会のメンバーのひとりであった天野貞祐が一九五〇年五月、吉田茂によって文部大臣に登用された。天野は文教審議会のメンバーとして、安倍能成らとともに吉田の「教育宣言」には正面から反対していた。しかし、文部大臣に就任すると、教育勅語が廃止されたことにより、それが示した徳目までもが否定される状況を憂えた地方の現場から「〔道徳に関する〕一般的な基準を明示する仕事は当然文教の府の責務として考えて欲しい」（天野貞祐『天野貞祐全集　第四巻　今日に生きる倫理』）との要請を受けたことでそれまでの方針を転換し、教育勅語に代わる「教育宣言」の発表を模索するようになった。

先述のとおり、同年一〇月一七日に天野は、国民の祝日に学校行事を行う際、「国旗を掲揚し、国歌を斉唱することもまた望ましいことと考えます」との「天野談話」を公表した。この学校行事を祝賀のための学校儀式と理解する教育委員会や学校が圧倒的多数であったため、「戦前型」の学校儀式が全国規模で普及した。ついで、一一月七日に、天野は全国都道府県教育長会議の席上で、修身科の復活の必要性を指摘して、「教育勅語に代わる教育要綱といったものを決めたい」と発言し、その年の一二月、教育課程審議会に「道徳教育振興方策」を諮問した。しかし、この諮問に対する答申（一九五一年一月四日）は、天野が提示した方向とは異なり、道徳教育を主体とする教科・科目の設置を否定し道徳教育は学校教育全体を通して行うという内容のものであった。

サンフランシスコ講和条約と日米安全保障条約の調印（一九五一年九月八日）が行われた直後の九月二二日、天野は訪問先の富山県で、講和条約の批准成立とともに「国民実践要領」を公表すると発言した。一〇月一五日、天野は参議院本会議でこの「国民実践要領」について、国民に対して天皇の象徴性の理解を深めるような徳目を提示したいとの意欲を示す一方、「国家の道徳的中心は天皇にある」とまで明言した。

天野の「国民実践要領」は、その骨格とされる文書が『読売新聞』（一九五一年一一月一七日付）でスクープされた。それは四〇〇字詰原稿用紙七〜八枚の分量で、「前文」と四つの章から構成されていた。「前文」には「日本が自由独立国家になるためには国民が自主独立の精神にめざめることが根本問題である」との記述があり、そのうえで、「第四章　国家」の「六、天皇」で、「われわれは独自の国体として国家の象徴たる天皇をもっている、長い歴史を通じて天皇があったところにわが国の特徴がある、天皇の地位は国家の象徴としての道徳的中心なる性格をもっている」としている。天皇を象徴と明記してはいるものの、「独自の国体」、「長い歴史を通じて天皇があったところにわが国の特徴がある」など、国体主義に立脚した天皇・天皇制に共通する発想があったのは明らかであろう。

同月二六日には、参議院文教委員会で参考人質問が行われたが、「国家の道徳的中心は天皇にある」との見解には批判が集中した。天野の主張の趣旨は一定程度、理解されたものの、その内容への積極的な賛成はなく、翌二七日に至り、天野は白紙撤回せざるを得なかった。世論調査などによる世論の動向は、「国民実践要領」の必要性について拮抗《きっこう》していた。にもかかわらず、天野がこれを白紙撤回したのは、自分を理解していると思っていた周囲の知識人たちからの反対、とくに当時は最高裁長官になっていた田中耕太郎の反対が大きく影響したといわれている（長谷川亮一『教育勅語の戦後』）。天野は、文部大臣退任後、前文と全四章四一ヵ条からなる「国民実践要領」を雑誌『心』（一九五三年一月号）に発表し、その後、同年三月に酣灯社から出版したが、もはや影響力を持つことはなかった。

その後、国家による「教育宣言」の提示が社会的問題になったのは、一九六三年であった。池田勇人《いけだはやと》内閣の文相荒木萬壽夫《あらきますお》は、同年六月二四日に中央教育審議会に対して、「後期中等教育の拡充整備について」を諮問した。この諮問の課題はふたつあり、ひとつが「期待される人間像について」であり、もうひとつが「後期中等教育のあり方について」であった。この時の中央教育審議会の会長は森戸辰男《もりとたつお》（経済学者、片山哲《かたやまてつ》・芦田均《あしだひとし》内閣の文部大臣）であった。その間に池田勇人内閣から佐藤栄作《さとうえいさく》内閣へと政権は交代していたが、中央教育審議会の審議は継続され、一九六五年一月一一日に「期待される人間像」の草案が公表され、翌一九六六年一〇月三一日に最終案が中央教育審議会答申「後期中等教育の拡充整備について」の「別記」として掲載された。起草者は、主査の高坂正顕《こうさかまさあき》であった。「期待される人間像」は、戦後社会の状況を「敗戦による精神的空白と精神的混乱はなお残存している」と分析し、「物質的欲望の増大だけがあって精神的理想の欠けた状態」、「戦後新しい理想が掲げられはしたものの、とかくそれは抽象論にとどまり、その理想実現のために配慮すべき具体的方策の検討はなおじゅうぶんではない」と、こうした状況を明確に否定した。

そのうえで、「国家は世界において最も有機的であり、強力な集団である。個人の幸福も安全も国家によるところがきわめて大きい」と、愛国心の形成を極めて重視した。そしてその愛国心は、「日本国の象徴たる天皇を敬愛することは、その実体たる日本国を敬愛すること」である、と愛国心と天皇への敬愛とは対の関係にあるとしている。「期待される人間像」について、審議会の会長森戸辰男は、正しい愛国心、象徴（天皇）への敬愛の念により、優れた国民性を伸ばすことを求めたこの「第四章　国民として」を特に重視するように求めた。

「期待される人間像」の扱いについては、当時の文部大臣有田喜一《ありたきいち》が同年九月三〇日の参議院文教委員会で、「教育憲章的な形にしようというような考えは現段階では持っておりません」と答弁した。世論を沸《わ》かせた「期待される人間像」だが、一九六八年改訂の小学校学習指導要領で、六年の社会科において、「天皇についての理解と敬愛の念を深める」などとの記述に影響を与えたと指摘されはしたが、それ以上の大きな影響をもたらすには至らなかった。その後、「国民実践要領」や「期待される人間像」など、国家や政府のレベルで天皇への「敬愛」と愛国心とを結びつけた「教育宣言」を提示する動きは消滅した。

教育勅語を教育する学校

一九七〇年代に入ると、政府のレベルで復古的天皇観にもとづく学校儀式や教育勅語に代わる「教育宣言」などを提示するような動きは沈静化した。しかし、これ以降も教育勅語は、公教育のレベルでの影響を失うことはなかった。そもそも一九六〇年代にはすでに、教育勅語そのものや「八紘一宇《はっこういちう》」を公然と校歌の歌詞に入れ、教育理念の柱に置こうとする学校までもが現れていたのである。ここでは、淞南高等学校《しょうなんこうとうがっこう》（現立正大学淞南《りっしょうだいがくしょうなん》高等学校）、オイスカ高等学校（現オイスカ浜松国際高等学校）をその一事例として検討したい。

淞南高等学校は、右翼活動家の岡崎功《おかざきいさお》が創設した学校法人淞南学園が設置した私立高等学校であった。創設者の岡崎功は、戦前・戦後一貫して、国粋主義運動に積極的に参画した人物である。同校の設立は一九六一年であり、その建学の精神を教育勅語に求めていた。建学精神を教育勅語に求める同校の方針は、その後も一貫して現在に至っている。この学校は、「校内に神社がある。〔中略〕朝、登校してきた生徒たちは、神社の前にくると帽子をぬぎ、小わきにかかえて石段をあがり、参拝する。集団登校の生徒も同じである。これが毎朝の日課である」と紹介されている。さらに、それぞれの教室には天皇・皇后の写真〔正規の御真影かは不明—筆者注〕と教育勅語が掲げられるとともに、生徒手帳には、教育勅語が掲載されていた。毎朝の朝礼があり、そこでは、「東方遥拝」（宮城遥拝と同じ—筆者注）、参加者全員による教育勅語「奉唱」と「君が代」斉唱を極めて重視した。

同校の祝祭日と記念日は、以下の通りである。祝祭日は、四方拝（一月一日）、紀元節（二月一一日）、春季皇霊祭（三月二一日）、天長節（四月二九日）、秋季皇霊祭（九月二三日）、天祖祭＝神嘗祭（一〇月一七日）、明治節（一一月三日）、新嘗祭（一一月二三日）である。また、記念日は、陸軍記念日（三月一〇日）、楠公祭（五月二五日）、海軍記念日（五月二七日）、教育勅語発布記念日（一〇月三〇日）、開校記念日（一一月一日）、三島由紀夫顕彰の日（一一月二五日）、大東亜戦争宣戦布告の日（一二月八日）、大正天皇祭＝先帝祭（一二月二五日）であった。元始祭

（二月三日）、神武天皇祭（四月三日）は祝祭日から外され、本来は祝祭日に数えるべき、大正天皇祭を記念日とするなど、戦前との違いを指摘できる。同校の「生徒心得」は、「本校の目標とする敬神崇祖《けいしんすうそ》、尊皇斥覇《そんのうせきは》、質実剛健を基本として」とある。このように、同校では、儀式・行事が頻繁に行われた国民精神総動員運動以降の国家動員下の日常が再現されている。以上が一九八六年の状況である（林雅行『天皇を愛する子どもたち――日の丸教育の現場で』）。

二〇一七年七月の時点でも、現理事長岡崎朝臣《おかざきともおみ》（岡崎功の長男）はインタビューに「毎年生徒が入学してきますと、最初に私が『教育勅語』の講義を行い、その精神を易しく嚙み砕いて伝え、その後も授業や生活指導を通じて浸透を図っています」（「子供たちに誇りを持たせる淞南学園理事長の教育」WEB chichi）と応じているので、現在も建学の精神を遵守した教育が行われていると判断できる。

もう一校のオイスカ高等学校は、その校歌の一節に「天の下天の下　宇なる地球の大御代を　築かん歴史千代よろず　気宇壮大に日の御旗　掲げよ血潮ああ燃ゆる」とある。同校は、中野與之助《なかのよのすけ》が一九六七年に設立した天文地学専門学校を母体とし、一九八三年に開校した。当時の特殊財団法人（現在は公益財団法人）オイスカ・インターナショナル（The Organization for Industrial, Spiritual and Cultural Advancement-International）を設立母体とする高等学校である。オイスカはそれぞれの頭文字を取ったものである。同校は、創設当初全寮制であった（二〇二二年時点でも生徒の三五パーセントが寮生活を送っている）。この寮生活は、寮から校舎への登下校は、寮室ごとに整列して行進を行い、寮の前で他生徒とすれ違う場合は、互いに敬礼するなど、軍隊生活に近いものであった。同校の「生徒心得」は、「1　礼儀」から始まる。その筆頭に、「礼儀は集団生活が円滑に行われるために必要であり、敬神崇祖、長幼の序は社会生活に欠くことのできない精神的要素である」と記していた。

当初の寮生活には、「国旗」掲揚と降下、および校内に設置してある「天地神社」の参拝が含まれていた。同校の歴史教育は、「神代の歴史」から学び、日本は神が創造した国家であることを強調する「皇国史観」による歴史教育を行った。こうした方針は、当初の卒業式にも現れていた。一九八〇年代の卒業式の状況が、以下のように説明されている。

男子高校生は、剣を腰に下げて海軍兵学校まがいの分列行進をする。背筋を伸ばしアゴをひいて足を高くあげて行進する。中央部にくると「カシラーッ！　右」の号令がかかり、男子生徒は、中央に立つ中野良子校長のほうに頭をむける。女子生徒は、右手を右上にかざすのである。／先頭には、右手にサーベルをかまえた生徒がいて、後ろに校旗を持った生徒が続く。バックに流れるのは「愛国行進曲」である。

（同前『天皇を愛する子どもたち』）

「愛国行進曲」は、国民精神総動員が官製の国民運動として開始されて間もない一九三七年九月、内閣情報部によって「君が代」に次ぐ国民歌として企画された歌曲であり、まさに戦時下日本の国民統合・動員を代表する歌曲である。

オイスカ高等学校創設者である中野與之助は、大本教の出口王仁三郎《でぐちおにさぶろう》の影響を受けて入信、長沢雄盾《ながさわかつたて》に霊学をまなび、一九四九年に三五教《あなない》を開設し、各国の宗教家と交流を深めた人物であった。オイスカを設立する以前、一九六〇年に財団法人国際文化公友会を設立した。同会は、設立の翌年である一九六一年五月に「第一回精神文化国際会議」を東京両国の日本大学講堂で開催した。

この会議は、「六〇年安保の時に国民のあいだに浸透した安保反対の気運を〝精神文化の復興〟で沈静化させようという役割をはたすもの」としたが、これがオイスカの前身であると評価されている。国際文化公友会が主催する「精神文化国際会議」は、立正佼成会《りっしょうこうせいかい》とも全面的な協力体制を創り上げ、中野はこの過程で当時の首相岸信介《きしのぶすけ》とも深い関係を築いていった。オイスカ高等学校の教育の背景には、こうした戦後の右翼運動やそのフィクサーとの密接な関係があったことを指摘しておきたい（同前）。

戦前の国体主義にもとづいた教育を行う公教育機関がこの当時すでに存在していたのはまさに驚くべきことである。先述の通り、一九六六年の国民の祝日に関する法律改正により「建国記念の日」が制定されたことと引き換えにする形で、日本の公教育全体のなかから祝日学校儀式や「国旗」掲揚・「国歌」斉唱などが衰退していった。このような状況のなか、戦前の国体主義そのものを教育理念とする学校が、一部であるにせよ支持され、命脈を保ち続けていたという事実は、その後の急激な保守化傾向への傾斜の下地がすでにその当時からあったことを示している。

2　ネオ・ナショナリズム台頭と教育の保守化

臨時教育審議会の教育「改革」

一九六〇年代から八〇年代の、およそ四半世紀にわたる経済成長は、この国を経済大国へと変容させた。多国籍化した日本企業は海外に積極的に進出した。こうした事態に対応し、日本の国益と企業の利益を守るため、他の先進諸国と同様に軍事行動を可能にする必要性や、そのための防衛力強化を正当化するイデオロギーとして、大国主義的ナショナリズム構築の必要性が論じられるようになった。このような状況に対応するものとして、日本がそれまでに持っていたものは、戦前期、特に一九三〇年代以降の戦時下の天皇制イデオロギーによる国民動員しかなかった。その帝国日本の海外侵略のイデオロギーを一九八〇年代という時代状況にアレンジし、装いも新たに「象徴天皇制イデオロギー」として構築する動きが中曽根康弘《なかそねやすひろ》内閣のもとで本格化した（渡辺治『日本の大国化とネオ・ナショナリズムの形成――天皇制ナショナリズムの模索と隘路』）。

中曽根康弘は、一九八二年一一月に首相に就任すると、「戦後政治の総決算」を政権のスローガンとした。このスローガンには、それまでの経済成長を最優先とする保守政治との決別が含意されていた。中曽根は、靖国神社《やすくにじんじゃ》の公式参拝、建国記念の日の式典など、一見すると復古的な行動に出た。しかしながら、靖国神社公式参拝はアジア諸国の反発により中断せざるを得なくなり、建国記念の日の式典は首相の出席にあたり神社神道のイデオロギーを表象するような部分が除去されるとともに、「紀元節の歌」の斉唱も除かれたため、右翼の反発によりこれが継続されることもなかった。この二つの事例に共通するのは、一見、復古的天皇観にもとづく儀礼や式典も、日本国憲法との整合性や国際協調を最低限整えたうえで敢行されたという動かしがたい事実である。

中曽根内閣は上述の「象徴天皇制イデオロギー」により、愛国心の涵養《かんよう》と国家統合を目論んだ。そのもとで行われた政策が「民営化」であった。三公社（日本専売公社・日本電信電話公社・日本国有鉄道）はそれぞれ、日本たばこ産業株式会社、ＮＴＴグループ、ＪＲグループへと民営化され、小さな政府と市場の自由を標榜する政策が繰り広げられた。その結果として、国鉄労働者組合（国労）など、戦後の革新政党を支えた組合勢力が分断され、日本社会党をはじめとする革新政党の衰退を招くことになった。

この教育版が臨時教育審議会による教育「改革」であった。臨時教育審議会は、一九八四年八月、「臨時教育審議会設置法」にもとづき当時の総理府に設置された、首相直属の教育改革を提言する審議会であった。臨時教育審議会は、①個性重視の原則の確立、②生涯学習体系への移行、③変化への対応として国際化・情報化の三つを改革の眼目としたとされるが、それだけでなく、中曽根内閣が目指す、「戦後政治の総決算」の一環としての戦後教育改革の見直しという意図もこの臨時教育審議会の設置には強く見られた。

結局この時点では教育基本法に手を付けることはできなかったが、上述の「象徴天皇制イデオロギー」を教育のなかに取り込もうとする動きは確かにみられた。第一次答申（一九八五年六月）で、「戦後教育改革には、ややもすれば我が国伝統文化の特質・長所の否定、徳育の軽視」の面があったと、否定的な評価を下すとともに、「教育の現状分析」として、その内容が「日本人としての自覚に欠けている」と指摘し、「戦後十分には考慮されていなかった我が国の文化、社会の個性をしっかり見据えて、日本人としての自覚を育む教育の在り方を示すこと」を明記した。

この時点でも、学校行事等における「国旗」掲揚・「国歌」斉唱の義務化などへの論及は一切ない。これは、あえて「国旗」「国歌」についての論及を行わなかったというのが事実である。香山健一《こうやまけんいち》など臨時教育審議会の主要メンバーは、高度経済成長を経て「大国化」を実現し、これからも経済発展を可能にするためには「平和」を大切にし、民主主義社会に生きる国民意識に適合した新たなナショナリズムの育成が必要であるとの認識をもっていた。その新たなナショナリズム育成のための「手段」として、彼らには「天皇」も「国旗」・「国歌」も念頭にはなく、戦前の方式のような形での愛国心の形成を目指そうという意識はなかった。

「国旗」・「国歌」に関して、香山健一は、「『日の丸』『君が代』を強調する自民党系の主張に対して、〝それは、ナショナリズムを否定する日教組の対極にある『不健全なナショナリズム』であり、日教組もこういう『不健全なナショナリズム』も双方ともにダメだ〟」(教育科学研究会・山住正己編『あなたは君が代を歌いますか　日の丸・君が代問題と学校教育　「教育」別冊1』)と言って憚《はばか》らなかった、との指摘さえある。

その香山は、東京大学経済学部在学中に全学連委員長に就任したが、後に日本共産党を脱退し、共産主義者同盟（ブント）を結成した経歴をもつ。大学院修了後学習院大学に就職するが、大平正芳《おおひらまさよし》内閣成立にともない、内閣に設置された政策に関する研究会に積極的に関与し、公文俊平《くもんしゅんぺい》・佐藤誠三郎《さとうせいざぶろう》とともに、中心的役割を演じた。その後、中曽根康弘内閣においても、公文・佐藤とともに政策ブレーンとして重きをなし、中曽根が重視した教育改革には、臨時教育審議会の委員として参画したが、以上に見られるように、復古的な保守主義者とは異なる、合理的な一面をもっていた。

香山らのこうした方針に対して、臨時教育審議会の発案者である中曽根自身をはじめとする自民党タカ派は相当な不満を持った。政府自らが臨時教育審議会に対して圧力をかけ、文部大臣であった塩川正十郎《しおかわまさじゅうろう》により「強引に臨教審答申のなかへ『日の丸』『君が代』をそう入することが求められ」（同前）、第四次答申（一九八七年八月）では、「国旗・国歌のもつ意味を理解し尊重する心情と態度を養うことが重要であり、学校教育上適正な取扱いがなされるべきである」と、学校において「国旗」・「国歌」の教育を重視する内容が盛り込まれた。臨時教育審議会答申における「国旗」「国歌」問題への言及は、中曽根を中心とした自民党保守派による強引なまでの介入の結果であったのだ。

臨時教育審議会の答申には政府全体で対処することになり、第一次答申が出されると、首相の主宰による、全閣僚によって構成される教育改革推進閣僚会議が設置された。文部省内にも事務次官を本部長とする教育改革推進本部（一九八七年八月の第四次答申を気にして、文部大臣を本部長とする教育改革実施本部に改組）が設置され、答申内容の具体化に努めた。なかでも、初等中等教育の内容にかかわる問題については教育課程審議会に諮問され、その答申を受けて、学習指導要領の改訂などによって具体化された。学校行事における「国旗」掲揚・「国歌」斉唱の義務化もこうしたプロセスを経て政策化されたものであったが、それは臨時教育審議会の意思というよりは、先にも述べたように、自民党保守派の強引なまでの介入の結果であったことを、ここで確認しておきたい。

学習指導要領改訂（一九八九年）と国旗・国歌の強制

臨時教育審議会第一次答申（一九八五年六月）が出された直後から、愛国心教育との関係で、学校における「国旗」掲揚と「国歌」斉唱の徹底化を図る動きが文部省経由でも顕著になった。これまで検討した経緯から推察すると、これは、政権与党から臨時教育審議会への示威行動であったのかもしれない。一九八五年八月二五日、文部省は初等中等教育局長発都道府県・政令指定都市教育委員会教育長宛通知「公立小・中・高等学校における特別活動の実施状況に関する調査について」（文初小第一六二号）を発し、「入学式及び卒業式において、国旗の掲揚や国歌の斉唱を行わない学校があるので、その適切な取り扱いについて徹底すること」を求めた。この通知を境にして、学校現場における「国旗」掲揚と「国歌」斉唱への圧力が強まった。

政府・自民党保守派が臨時教育審議会で、その答申のなかに学校行事における「国旗」掲揚と「国歌」斉唱に関する事項を入れようと画策しているのとほぼ同じ時期、教育課程審議会「教育課程の基準の改善に関する基本方向について（中間まとめ）」（一九八七年一〇月二〇日）が公表された。そこには「日の丸」「君が代」を学校教育のなかで明確に教育することが盛り込まれていた。同年一二月二四日の教育課程審議会答申「幼稚園、小学校、中学校及び高等学校の教育課程の基準の改善について」において、「入学式や卒業式などの儀式等においては、日本人としての自覚を養い国を愛する心を育てるとともにすべての国の国旗及び国歌に対して等しく敬意を表する態度を育てる観点から、国旗を掲揚し国歌を斉唱することを明確にする」としていた。

この答申を受け、一九八九年三月、学習指導要領が改訂された。一九五八年の学習指導要領改訂以降、学校行事における「国旗」・「国歌」の扱いについて、若干の字句の違いはあるものの、一貫して、「国民の祝日などにおいて儀式を行う場合には」、「国旗」を掲揚し、「国歌」を斉唱させることが「望ましい」と記述されていた。それがこの改訂によって特別活動の学校行事について、「入学式や卒業式などにおいては、その意義を踏まえ、国旗を掲揚するとともに、国歌を斉唱するよう指導するものとする」になった。それまで「国旗」掲揚と「国歌」の斉唱を行う国民の祝日として、元日、天皇誕生日、文化の日など戦前の旧四大節との関連性の強い祝日が想定されていたものから、「入学式、卒業式など」へと対象の式日が変更されたのである。

学習指導要領の改訂によって「日の丸」掲揚と「君が代」斉唱を行う日が「国民の祝日」から入学式・卒業式へと転換したことは、天皇制との関係からすると非常に大きな変化であった。戦前の天皇制と教育との関係の影響を引き継ぐ「国民の祝日」の学校儀式がほとんど実施されていない状況に直面し、「国旗」掲揚と「国歌」斉唱を実施する学校儀式を入学式・卒業式に変更し、さらにはそれを義務化したことは、本来、従来方式での愛国心教育や国民統合の方式に大きな転換をもたらす試みであったはずである。それは、臨時教育審議会を主導した人物のひとりでもある香山健一が、学校教育のなかに「日の丸」「君が代」を採り入れることをことさら強調する状況を「不健全なナショナリズム」と批判したことにもつながる発想である。学校儀式と天皇・天皇制との関係は、「国旗」掲揚と「国歌」斉唱の対象が祝日学校儀式から入学式・卒業式へと変更されたことにより、思想的には断絶したことになる。

ところがこのような思想的転換など全く顧慮されることもなく、入学式・卒業式における「日の丸」掲揚と「君が代」斉唱は、ナショナリズムや愛国心教育の一方的な強制として教育現場に大きくのしかかることになった。学校にとって欠くことのできない最も重要な儀式である入学式・卒業式を「狙い撃ち」にして、「国旗」掲揚と「国歌」斉唱が強制された。学習指導要領改訂にともない、文部省幹部（初等中等教育局長菱村幸彦《ひしむらゆきひこ》）は、各教育委員会に対して、「この春［一九九〇年三月のこと――筆者注］の入学式で国旗・国歌の対応が十分でなかった学校に対しては、新指導要領の趣旨を十分に徹底し、今後さらに適切な対応ができるよう、繰り返し指導をしていただきたい」（「新教育課程への移行の留意点――教育委員会のチェック・ポイント」『教育委員会月報』一九九〇年七月号）と、この問題への強力な指導を求めた。

一九九〇年度の入学式から開始された「日の丸」掲揚と「君が代」斉唱の強制は、これに反対する激しい抗議活動に直面した。文部省教育助成局地方課編『教育委員会月報』により、この問題に対する教員の処分の実態を知ることができる。入学式・卒業式挙行阻止のための妨害（卒業証書隠匿、抗議発言、「日の丸」掲揚妨害、児童・生徒に対する「君が代」斉唱時の不起立の指導など）、「君が代」斉唱時の不起立、「日の丸」掲揚・「君が代」斉唱に反対するビラの保護者への配布（職務に関係ないとの教育委員会の判断）などの理由があげられている。さらに、学校長に対しても、入学式・卒業式で「日の丸」掲揚・「君が代」斉唱を実施しなかったことを理由にして、文書諭告《ゆこく》に処する事例もあった。

そもそも学習指導要領は、あくまでも教育課程編成のための基準を示す「文部省告示」であって法令ではない。また、「日の丸」を国旗、「君が代」を国歌と定める法令が制定されたことは、戦前・戦後を通じて、それまで一度もなかった。法的根拠がきわめて稀薄な状態で学習指導要領が改訂され、入学式・卒業式における「国旗」掲揚と「国歌」斉唱が強制されたのであるから、法的根拠のあいまいな状況下で強引に政策を推進したことへの批判が大きかったのは当然だろう。教育現場を預かる校長にとっては、自身の信条の問題とともに、法的にもあいまいな状況下で職務命令を下すことへの憚りもあった。当時の文部省は、学習指導要領には法的拘束力があるとか、「日の丸」「君が代」は慣習法として、法律と同様の効力があるとの方便も使ったが、いずれも反対派を納得させる十分な根拠にはならなかった。その結果、毎年の入学式・卒業式のシーズンは、教育現場に大混乱をもたらした。

「国旗及び国歌に関する法律」制定と学校儀式

一九八九年の学習指導要領改訂から数年を経て、多くの都道府県の小・中学校で入学式・卒業式における「日の丸」掲揚と「君が代」斉唱の実施率は一〇〇パーセントに近づいていた。しかし北海道、東京都、大阪府、広島県、高知県など日教組の組織力の強い地方を中心に、政府・与党の思い通りにいかないところも少なからず存在した。

こうした状況のなか、広島県福山市の教育が自民党による批判の対象になった。この問題は一九九八年四月一日の国会（参議院予算委員会）で取り上げられ、文部省に対して調査が要求された。文部省は同年四月二七〜二八日に広島県教育委員会と同県福山市教育委員会の調査を実施したうえで、五月二〇日、一三項目にわたる「是正指導」を行った。そのなかのひとつに「卒業式、入学式の国旗掲揚・国歌斉唱」があった。五月二二日・二九日の両日に広島県は、県立学校長会議と市町村教育長会議を開催し、文部省からの是正指導の内容を周知徹底した。その後、一二月一七日に同県教育委員会は県立学校長、市町村教育委員会、及び教育事務所長に指導通達（通知）を発し、卒業式、入学式における「国旗」掲揚、「国歌」斉唱の指導をはじめ、各学校における「国旗」・「国歌」の取扱いが学習指導要領にもとづいて適切に行われるよう指導するように指示した。

翌一九九九年二月二三日に同県教育委員会は臨時県立学校長会議を開催し、卒業式・入学式における「日の丸」掲揚と「君が代」斉唱の徹底を職務命令により行うように指示した。その後、同県教育委員会は「校長支援」を名目として、連日二四時間体制で県立学校長への指導を行い、各校長は卒業式における「君が代」斉唱に向けて、職員会議での発言内容、教職員組合への対応、保護者・生徒への対応を逐一報告するように求めた。

このような広島県教育委員会の強引な方針は、それまでの県高教組、その他の団体との協調路線を完全に無視したものであり、学校現場に大きな混乱を引き起こした。特に、学校長は教育委員会と県高教組所属の教職員との間の板挟みになり、ついには広島県立世羅《せら》高等学校長石川敏浩《いしかわとしひろ》が、卒業式の前日（二月二八日）に自殺するという悲惨な事件になった。このような痛ましい事件があったにもかかわらず、同年三月一日に広島県下の多くの公立高等学校で挙行された卒業式には、自民党の広島県議団が出席し、「国旗」掲揚と「国歌」斉唱の確認を行うという、異常な事態に陥った。

石川校長の自殺は大きく報道された。法的な根拠があいまいな「日の丸」を「国旗」とし、「君が代」を「国歌」として、それを強制することへの批判も大きかった。こうした状況をふまえ、当時の小渕恵三《おぶちけいぞう》内閣の内閣官房長官であった野中広務《のなかひろむ》は、国旗・国歌の法制化を表明した。これは、突然の方針転換であった。なぜならば、石川校長の自殺事件が発生する三日前の同年二月二五日の参議院予算委員会で小渕首相は、狩野安《かのうやす》（自由民主党）が国旗・国歌の法制化の可能性を質したのに対して、「現時点では政府として法制化について考えておりません」と答弁していたからである（「第一四五回国会　参議院予算委員会会議録　第五号」一九九九年二月二五日）。

政府は、第一四五回国会の会期末が迫った同年六月一一日、「国旗・国歌法案」を閣議決定し、政府提出法案として国会に提出した。国会の会期末は六月一七日であったが、当時の与党（自民党・自由党・公明党）の賛成多数により、会期の八月一三日までの延長を決定したうえで、六月二九日の衆議院本会議で趣旨説明の質疑が行われ、七月一日の内閣委員会で同法案の審議が開始された。議事の経過は先行研究に詳しいのでそれに譲るとして、ここでは、同法案と天皇制との関係、さらには「日の丸」・「君が代」と学校儀式との関係で交わされた議論を中心に検討してみたい。

　六月二九日の衆議院本会議における同法案の趣旨説明とそれに関する質疑において、社会民主党の中西《なかにし》績介《せきすけ》による、「日の丸」・「君が代」をどう認識するのかは国民ひとりひとりの思想・信条にもとづくものと思うが、この点についての見解をとの質問に対して、文部大臣有馬《ありま》朗人《あきと》は、「文部省といたしましては、今回の法制化は学習指導要領に基づくこれまでの国旗・国歌に関する取り扱いを変えるものではないと考えており、今後とも学校における指導の充実に努めてまいります」（「第一四五回国会　衆議院会議録第四一号」一九九九年六月二九日）と答弁したが、これはほとんど「反故《ほご》」にされた。

　法案の審議過程における重要な論点のひとつが、「国歌」とする「君が代」の「君」は何を意味するのかであった。この点は、政府と野党との間で激しい論争になった。小渕首相は、「君」は象徴天皇を指すとし、「君が代」は「天皇を日本国及び日本国民統合の象徴とするわが国」と説明した。そのうえで、歌詞は「わが国の末永い平和と繁栄を祈念したもの」と結論づけた（同前）。

さらに、「君が代」の歌詞は、天皇を指すということは、主権在民の原則に抵触するとの指摘についても、小渕首相は「〔「君が代」の――筆者注〕『代』とは、本来時間的概念をあらわすものでありますが、転じて、国をあらわす意味もある」と述べ、「日本国憲法下では君が代とは、日本国民の総意に基づき天皇を日本国及び日本国民統合の象徴とする我が国のことであり、君が代の歌詞も、そうした我が国の末永い繁栄を祈念したものと解することが適当であると考えております」と述べ、「主権在民の精神にいささかも反するものではない」と答弁した（同前）。法案成立後、政府の「君が代」解釈が学校教育を拘束するのかとの質問に対しては、文部省初等中等教育局長御手洗《みたらい》康《やすし》が、「学校教育におきまして、この見解をもとに指導をお願いする」（「第一四五回国会　参議院国旗及び国歌に関する特別委員会会議録　第三号」一九九九年七月三〇日）と明言した。

学校儀式（入学式・卒業式）における「国旗」掲揚と「国歌」斉唱に関する議論も行われた。小渕首相は、学校教育における「国旗と国歌の指導は、児童生徒が国旗と国歌の意義を理解し、それを尊重する態度を育てるとともに、すべての国の国旗と国歌に対して、ひとしく敬意を表する態度を育てるため」（「第一四五回国会　衆議院会議録第四一号　一九九九年六月二九日」）と答弁した。また、御手洗康初等中等教育局長は、政府側委員として、入学式・卒業式における「国旗」掲揚と「国歌」斉唱の取り扱いについて、「各学校において十分御議論いただき、地域の方々や父母の方々に御了解をいただいた上でそれぞれ祝われる形になっていく、これは各学校、教育委員会の判断に委ねられているところ」（「第一四五回国会　参議院国旗及び国歌に関する特別委員会会議録　第三号」一九九九年七月三〇日）と明言した。

そのうえで、学習指導要領の「特別活動」で、入学式・卒業式におけるこれらの義務を明記していることについて、「学校におきます一年に一度あるいは二度、そういった節目におきまして、子供たちが実際の行動場面におきまして国旗に対しあるいは国歌に対しきちっとした態度がとれる、あるいはきちっと国歌が歌える、そういった実際に教育活動として試される有意義な場でございますので」（同前）と答弁した。

つぎに、学校儀式における「国旗」掲揚と「国歌」斉唱の強制と児童・生徒、および教員の内心の自由の問題に関する国会の質疑を検討してみたい。この点については、日本共産党の志《し》位《い》和《かず》夫《お》は、入学式・卒業式における「日の丸」掲揚、「君が代」斉唱を義務付けることは、「憲法で保障された教職員の良心の自由、子供たちの良心の自由を侵害するものではありませんか」と指摘した。

これに対して、小渕首相は「学校における国旗・国歌の指導は、児童生徒が国旗国歌の意義を理解し、それを尊重する態度を育てるとともに、すべての国の国旗と国歌にたいして、ひとしく敬意を表する態度を育てるために行っているものであり、今回の法制化に伴い、その方針に変更が生じるものではない」、「学校における〔学習指導要領による──筆者注〕このような国旗・国歌の指導は、国民として必要な基礎的、基本的な内容を身につけることを目的として行われておるものでありまして、子どもたちの良心の自由を制約しようというものではない」と応じた（「第一四五回国会　衆議院会議録第四一号」一九九九年六月二九日）。

衆議院内閣委員会で公明党の石垣一夫《いしがきかずお》が、学校現場における「国旗」・「国歌」の指導と児童・生徒の内心の自由との関係で、具体例を示しての説明を求めたのに対して辻村哲夫《つじむらてつお》文部省初等中等教育局長は、①「国旗」に敬礼するように指導することは国際的マナーとして定着しているので内心の自由に立ち入るものとは考えない、②繰り返し指導することに関しては、「程度の問題」と指摘したうえで、丁寧に指導することは許されるものの、「一定の限度を超えて無理強いし、強制する、そして子供たちの判断、考え方にまで踏み込むことになりますと、そこにかかわりが出てくるということもあり得る」と指摘し、③「君が代」斉唱時に起立して敬意を払うことの指導は、これも国際的マナーとして定着しているので子どもたちの内心に立ち入ることにはならない、と答弁した（「第一四五回　衆

議院内閣委員会議録第一一号」一九九九年七月一日)。

このように、卒業式における「日の丸」掲揚と「君が代」斉唱をめぐる教育委員会と現場教員との軋轢の板挟みの結果起きた、当時の広島県立世羅高等学校長石川敏浩の自殺に端を発した、「日の丸」と「君が代」の法制化は、一九八〇年代半ば以降に顕在化した、日本におけるネオ・ナショナリズムを推進する政策の一環のなかで、戦前の天皇制と結びついた国家主義と愛国心を強調する要素を取り入れ、これを学校儀式で強要することへの法的根拠を与えることになった。こうして、戦前の天皇制と直接結びつくような学校儀式の強制がいっそう強まったが、それについては、次節で詳しく扱うことにしたい。

3　天皇・天皇制と教育の現在

戦前に回帰する卒業式・入学式――東京と大阪の現在

二〇〇〇年代に入ると、日本社会の保守化傾向はさらに強まった。教育の分野では、前節で扱った「国旗及び国歌に関する法律」(一九九九年法律第一二七号)が一九九九年八月に公布・施行されて以後、学校儀式における国旗掲揚と国歌斉唱は法的根拠を得ることになった。その結果、異論を許さず、強硬にこれを進めようとする動きが顕著になった。しかも、同法の成立過程で政府側が再三繰り返してきた、国旗掲揚・国歌斉唱については従前の取り扱いを変えるつもりはなく、各学校において十分御議論し、地域や父母の了解を得た上でそれぞれ祝われる形で進めるとの答弁とはまったく逆の状況が進行した。

「国旗及び国歌に関する法律」の法案審議過程で小渕首相や有馬文相は、同法成立後もその扱いは従前と変わることはないとの答弁を繰り返した。しかし一方では、教師による「国旗」・「国歌」の指導に関して、当時の文部省教育助成局長矢野重典《やのしげのり》は、職務命令があったにもかかわらず、教職員が内心の自由を理由にそれを拒否した場合、「職務命令を受けた教員は、これに従い、指導を行う職務上の責務を有し、これに従わなかった場合につきましては、地方公務員法に基づき懲戒処分を行うことができることとされているところでございます。〔中略〕任命権者である都道府県教育委員会におきまして、個々の事案に応じ、問題となる行為の性質、態様、結果、影響等を総合的に考慮して適切に判断すべきもの」（「第一四五回　参議院　国旗及び国歌に関する特別委員会　第七号」一九九九年八月六日）と答弁している。

この文部省による答弁は、それぞれの首長や教育委員会の判断でいかような処分も可能であることを示したものであり、先述の首相および文相の答弁に反している。東京都や大阪府の異常ともいえる、入学式・卒業式における国旗・国歌の問題に対する教員の大量処分は、こうした文部省の答弁を背景にしていたのである。

東京都では、青島幸男《あおしまゆきお》による都政の後半期にあたる一九九八年三月二六日、都教育委員会が「都立学校等あり方検討委員会報告書――校長のリーダーシップの確立に向けて」をまとめ、職員会議を議決機関から校長の補助機関へと「格下げ」する方針を示した。そして同年七月一七日に「東京都立学校の管理運営に関する規則」を改訂し、職員会議は「校長は、校務運営上必要と認めるときは、校長がつかさどる校務を補助させるため、職員会議を置くことができる」（第一二条の七）となった。これは、「学校教育法施行規則」の一部改正（二〇〇〇年）で職員会議が明確に規定される以前の措置であった。

一九九九年四月、石原慎太郎《いしはらしんたろう》が都知事に就任し、その年の八月、「国旗及び国歌に関する法律」が成立し、公布・施行された。「国旗及び国歌に関する法律」の制定以前、都立高校における「国歌」斉唱の実施率は、七・二パーセントと全都道府県の中で下から二番目であった。これを「極めて遺憾」とした東京都教育委員会（以後、都教委と略す）は、是正のため同年一〇月一九日に、「入学式及び卒業式における国旗掲揚及び国歌斉唱の指導について」を発し、学校長が「国旗」掲揚・「国歌」斉唱に際して職務命令を発したときに、教職員がその式典などの準備業務の拒否や式典に参加せず生徒指導をしない場合には、「服務上の責任を問われることがあることを、教職員に周知すること」にした。

この結果、二〇〇〇年度の卒業式から、都立高等学校の国旗掲揚と国歌斉唱の実施率は一〇〇パーセントになった。都教委が問題にしていたのは、卒業式・入学式における国旗掲揚と国歌斉唱の実施率を上げることであった。しかしこの時点では、その後大きな問題になる、教職員の国歌斉唱時の不起立やピアノ伴奏拒否などに対しての徹底処分による追及までは念頭になかった（永尾俊彦『ルポ「日の丸・君が代」強制』）。

都教委の方針が大きく転換したのは二〇〇三年度以降のことである。同年七月二日の都議会の本会議で、民主党所属の土屋敬之《つちやたかゆき》は式典の方法に関して、司会者がそれぞれに「内心の自由」の説明をすること、国歌斉唱に際して起立しない教員の存在、そして、式典運営指針の制定について都教委に見解を求めた。これに教育長横山洋吉《よこやまようきち》は、司会者が「内心の自由」について説明することは「極めて不適切」、「国歌」斉唱に際して不起立の教員の存在については、「あってはならないこと」と述べ、「今後、卒業式、入学式における国歌斉唱の指導を適正に実施するよう、各学校や区市町村教育委員会を強く指導して参ります」と答弁した。

その後、都教委は、「式典運営指針」の制定に向けての準備を開始した。その結果が、都教委による「一〇・二三通達」である。二〇〇三年一〇月二三日、都は、都立学校の校長全員を都庁に招集し、「教育課程の適正実施に関わる説明会」を開催した。これは、「一〇・二三通達」の趣旨徹底のための説明会であった。同説明会で、都教委指導部長近藤精一《こんどうせいいち》は、この通達が都教委から各校長への職務命令であると明言した。

こうして発せられた「一〇・二三通達」の正式名称は「入学式、卒業式等における国旗掲揚及び国歌斉唱の実施について」（二〇〇三年一〇月二三日一五教指企第五六九号）である。この通達は、①学習指導要領にもとづき入学式・卒業式等を適正に実施すること、②入学式・卒業式等の実施については、別紙「入学式、卒業式等における国旗掲揚及び国歌斉唱に関する実施指針」に従うこと、③入学式、卒業式に際して教職員が校長の職務命令に従わない場合は処分の対象となることを教職員に周知することの三点であった。

その別紙「入学式、卒業式等における国旗掲揚及び国歌斉唱に関する実施指針」は、「1．国旗の掲揚について」、「2．国歌の斉唱について」、「3．会場設営等について」の三項目から構成されている。「1．国旗の掲揚について」では、①国旗は式典会場の舞台壇上正面に掲揚すること、②国旗とともに都旗を掲揚し、壇上左に国旗、右に都旗を掲揚すること、③屋外に掲揚する場合は、掲揚塔、校門や玄関など児童・生徒、来校者が十分に認知できる場所に掲揚すること、④国旗掲揚の時間は始業時刻から終業時刻とすることと規定した。「2．国歌の斉唱について」では、①式次第に「国歌斉唱」を明記すること、②国歌斉唱にあたり司会者は「国歌斉唱」と発声し、起立を促すこと、③教職員は指定された席で国旗に向かって起立して国歌を斉唱すること、④国歌斉唱はピアノ伴奏等によると規定している。「3．会場設営等について」では、①卒業式を体育館（講堂）で行う場合、舞台壇上に演台を置き卒業証書を授与すること、②卒業式を体育館（講堂）以外で実施する場合は会場の正面に演台を設置して卒業証書を授与すること、③入学式、卒業式の会場では児童・生徒が正面を向いて着席するような配置をすること、④式日の教職員の服装は、厳粛かつ清新な式典にふさわしいものにすること、を求めている。

都教委は、この通達に関する説明会の内容を公文書として残すことなく、口頭説明に止めた。そもそも入学式・卒業式は、学習指導要領にもとづく特別活動のひとつとして、学校行事のなかの儀式的行事に含まれるもの、すなわち正規の教育課程に含まれるものである。そしてこの教育課程の編成権は、学習指導要領によって各学校にあることが明記されている。したがって、学校行事としての入学式・卒業式の内容そのものに教育委員会が介入することは、教育委員会による教育現場への不当な介入となる。そのため都教委は、式の主体は各学校にあると装いながら、「一〇・二三通達」について、各校長へ都教委からの職務命令として、各校教職員への職務命令を発出するように強要するという、ある意味においては抜け道ともとられかねない方法を採用したのである（前掲『ルポ「日の丸・君が代」強制』）。

「入学式、卒業式等における国旗掲揚及び国歌斉唱に関する実施指針」の内容は、式場の国旗と都旗の掲揚の位置の指定や屋外国旗掲揚の時間の指定、式当日の服装の指定など、戦前の小学校令施行規則（国民学校令施行規則）や礼法要項（一九四一年）などで提示された学校儀式や国旗の扱いをほぼ踏襲している。式典会場に掲揚する国旗の位置は、まさしくかつての御真影「奉掲」の場所である。そして通達により儀式内容を規定し、それを強制する方式も、法令などで儀式の内容そのものを規定しそれを強制するという戦前の方式そのものである。

東京都に遅れること五年、同様のことが大阪府でも発生した。弁護士の肩書でテレビの情報番組などに多数出演していた橋下徹《はしもととおる》が二〇〇八年二月に大阪府知事に就任した。橋下は、過激なまでの新自由主義的政策を推進したが、それは教育にも及んだ。同年八月二九日、文部科学省が公表した二〇〇八年度全国学力・学習状況調査では大阪府は二年連続で全国最低レベルであることが判明した。橋下は「教育非常事態」を宣言し、この調査の市町村別結果を公表しようとしたが、大阪府教育委員会から過度な競争につながるとして反対されると、教育委員会を激しく批判し、直接、教育行政に介入した。

橋下徹は意図的に敵をつくり、その「敵」を激しく罵《のの》り批判する手法でメディアの注目を集め、自らの主張を正当化した。その攻撃の対象は、「生活が苦しい庶民にとって安定しているように見える公務員や教職員、その労働組合など」（同前）で、彼らが「既得権」に固執して、「改革」が進まないと批判し、府民の支持を得るという手法であった。橋下は、二〇〇八年一〇月・一一月の二回にわたり、「大阪の教育を考える――教育日本一をめざして」と題する府民討論会を開催した。こうした討論会を通じて府民と教員との対立構造が仕立てあげられたのである。

その矛先は、国旗・国歌問題にも及んだ。二〇一一年五月八日、橋下は大阪府の幹部職員に「君が代不起立問題」と題するメールを送信した。このメールで、府の教育行政のあらゆる欠陥は、「君が代不起立問題」に凝縮されているとして、入学式・卒業式における国旗掲揚と国歌斉唱の徹底を推進した。

同年六月一三日には「大阪府の施設における国旗の掲揚及び教職員の国歌の斉唱に関する条例」が制定された。この条例は、第1条で、「国旗の掲揚及び教職員による国歌の斉唱について定めることにより、府民、とりわけ次代を担う子どもが伝統と文化を尊重し、それらを育んできた我が国と郷土を愛する意識の高揚に資するとともに、他国を尊重し、国際社会の平和と発展に寄与する態度を養うことを目的とする」と、その目的が規定された。「府の施設」については、「府の教育委員会の所管に属する学校の施設その他の府の事務又は事業の用に供している施設」、「教職員」については、「府立学校及び府内の市町村立学校のうち」学校教育法第一条に規定する学校に勤務する「校長、教員その他の者」と規定した。さらに、第3条で国旗の掲揚について、「府の施設においては、その執務時間〔中略〕において、その利用者の見やすい場所に国旗を揚げるものとする」と、第4条で国歌の斉唱について、「府立学校及び府内の市町村立学校の行事において行われる国歌の斉唱にあっては、教職員は起立により斉唱を行うものとする。〔以下、略〕」とした。

この条例は、明らかに大阪府の教員を「狙い撃ち」して学校儀式における国旗掲揚と国歌斉唱とを強制するものであった。しかも、条例設置の目的が「子どもが伝統と文化を尊重し、それらを育んできた我が国と郷土を愛する意識の高揚に資する」ことにあると規定されていることから明らかなように、この政策は、学校儀式を教化の「装置」とみなし、それへの動員を強要するものであった。しかも、その目的を達成するためには、府当局が「必要な措置を講じなければならない」と明示した。その後、二〇一一年一二月二九日には、大阪市長に転じた橋下徹により、大阪市にも同様の条例「大阪市の施設における国旗の掲揚及び教職員による国歌の斉唱に関する条例」(大阪市条例第一六号)が制定された。

そのうえで、二〇一二年三月二八日に「大阪府職員基本条例」(大阪府条例第八六号)を制定した。その第二七条第二項は、「〔前略〕職務命令に違反する行為を繰り返し、その累計が五回(職務命令に反する行為の内容が同場合にあっては、三回)となる職員に対する〔中略〕処分は、免職とする」と規定した。大阪府は、この二つの条例により、府内の教職員に免職をちらつかせて学校儀式における国旗掲揚と国歌斉唱を強制した。大阪府・大阪市が東京と大きく違う点は、府議会・市議会の議決により条例を制定し、強制が強引に行われた点にある。府民の負託により選出された議会によって制定された条例に反することは、「府民への挑戦」とみなされ、学校行事における国旗掲揚・国歌斉唱に反対する教員たちを孤立させた(同前)。

入学式・卒業式は、特別活動のひとつとして、学習指導要領に規定された学校行事である。「小学校学習指導要領(二〇一七年告示)」では、特別活動の目標のひとつとして、「多様な他者と協働する様々な集団活動の意義や活動を行う上で必要となることについて理解し、行動の仕方を身に付けるようにする」ことをあげている。ここで検討した東京都・大阪府の事例は、入学式・卒業式を利用した子どもたちへの一方的な価値観の強制であり、「多様な他者と協働する」ものとはとうてい言えない。職務命令と処分をちらつかせ、為政者による価値観の強制へと教員を動員するこの状況は、戦前の天皇制教化のための学校儀式・行事とまったく同じ構造なのである。

教育基本法「改正」問題

教育基本法「改正」は、二〇〇六年一二月の第一次安倍晋三内閣のもとで行われた。安倍晋三は、「戦後レジームからの脱却」を標榜し、日本国憲法は米国など占領軍による押し付けであるとして、天皇を元首とする戦前回帰の方向での憲法「改正」を強く主張する、極端な復古的思想を持つ政治家であった。当然、その安倍主導のもと自民党が中心となって行った教育基本法「改正」にも、憲法「改正」の「露払い」の性格があった。実際の「改正」は、二〇〇六年一二月だが、教育基本法「改正」論議は、「国旗及び国歌に関する法律」の制定にめどのついた時期の一九九九年八月一〇日、小渕恵三首相時に、自由民主党教育改革実施本部教育基本法研究グループ（主査河村建夫《たけお》）が教育基本法の見直しを決定したことにより開始されていた。

小渕首相は九月八日に教育基本法の見直しに着手することを明言し、翌二〇〇〇年の第一四七回国会の施政方針演説で、「広く国民各層の意見を伺い、教育の根本にさかのぼった議論をするために、私は教育改革国民会議を早急に発足させたい考えであります」（「第一四七回国会　衆議院会議録　第三号」二〇〇〇年一月二八日）と、この方針を確認するとともに、同年三月二四日に首相の私的諮問機関として、教育改革国民会議を設置した。

教育改革国民会議は小渕内閣の後継首相となった森喜朗に引き継がれ、最終報告書である「教育改革国民会議報告——教育を変える一七の提案」(二〇〇〇年一二月二二日)において、「6.新しい時代にふさわしい教育基本法を」として、教育基本法の「改正」を提言した。同会議が求める新たな教育基本法とは、①科学技術の進展やグローバリズムの進展にともなう新たな時代に対応する学校教育・家庭教育、および学校・家庭・地域社会の連携の明確化、②そして家庭、郷土、国家などの視点を入れた自然、伝統、文化の尊重、③理念的事項だけではなく教育振興基本計画策定に関する規定を設けることであった。

この提案から約一年経過した、二〇〇一年一一月二六日に当時の文部科学大臣遠山敦子《とおやまあつこ》は、中央教育審議会に対して、「1.教育振興基本計画の策定について」、「2.新しい時代にふさわしい教育基本法の在り方について」を諮問した。諮問理由のなかで、教育基本法の掲げる基本理念について、①時代や社会の変化に対応した教育という視点、②一人一人の能力・才能を伸ばし創造性をはぐくむという視点、③伝統、文化の尊重など国家、社会の形成者として必要な資質の育成という視点、が挙げられていた。ここに挙げられている教育基本法「改正」の意図は、グローバル化社会に対応した競争社会を勝ち抜くという国家の意思を実現するような人材養成とともに、格差社会が生み出すであろう社会的分裂を回避し、社会的統合を推進することにあった(市川昭午『教育基本法改正論争史——改正で教育はどうなる』)。

文部科学大臣の諮問を審議するために、二〇〇二年一月二二日、中央教育審議会は総会直属の基本問題部会を設置し、同年二月八日から審議を開始した。総会一五回、基本問題部会二八回を開催、二〇〇三年三月二〇日に中央教育審議会が「新しい時代にふさわしい教育基本法と教育振興基本計画の在り方について（答申）」を文部大臣に提出し、改正の具体的な方向性を示した。教育の基本理念については、「教育は人格の完成を目指し、心身ともに健康な国民の育成を期して行われるものであるという現行法の基本理念を引き続き規定することが適当」としながらも、法改正の趣旨にともない、①個人の自己実現と個性・能力、創造性の涵養、②感性、自然や環境とのかかわりの重視、③社会の形成に主体的に参画する「公共」の精神、道徳心、自律心の涵養、④日本の伝統・文化の尊重、郷土や国を愛する心と国際社会の一員としての意識の涵養、⑤生涯学習の理念、⑥時代や社会の変化への対応、⑦職業生活との関連の明確化、⑧男女共同参画社会への寄与の八項目を前文や各条文のなかに簡潔、かつわかりやすく規定することを求めた。

中央教育審議会の答申を受けて法案作成が開始された。通常は、政府・文部科学省が、教育関係法案作成を開始するのが通例だが、教育基本法「改正」の法案作成は、その前に与党による審議を経ることになった。文部科学省はその理由について、「教育基本法は、教育の基本的な理念や原則を定める法律であり、憲法に準ずるような重要性を有するものとされ、国民的合意を深める必要性から」（教育基本法研究会編著『逐条解説　改正教育基本法』）と説明した。二〇〇三年五月一二日に与党三党（自由民主党・保守新党・公明党）は、幹事長・政務調査会長・国会対策委員長を含めた一八名で構成する「与党教育基本法改正に関する協議会」を設置した。同協議会は、同年六月一二日に、具体的な検討を行う組織として、「与党教育基本法に関する検討会」（座長は保利耕輔《ほりこうすけ》、二〇〇六年一月二五日以降は、保利の離党により大島理森《おおしまただもり》が就任）の設置を議決し、この「検討会」で実質的な議論が行われた。

与党の協議過程で自由民主党と公明党との間で、愛国心、宗教教育、教育行政などの点で対立があったと指摘されている。これらの問題での調整が難航するなか、自由民主党執行部は、教育基本法「改正」のなかに愛国心の条項を含めることを強く求める保守派代表格の中曽根弘文《なかそねひろふみ》を「検討会」メンバーから外すなどして、公明党との協調を図った。この背景には、「ベテラン文教族といわれる議員の多くは愛国心や宗教的情操の教育に強いこだわりを示すのに対し、改正法案の作成に深く関わった河村建夫衆議院議員（文部科学副大臣）や鈴木恒夫《すずきつねお》衆議院議員（自由民主党「教育基本法検討特命委員会」事務局長、検討委員）は、当初から『愛国心』の文言にこだわらず、調整を優先する意向を示していた」（佐々木幸寿『改正教育基本法――制定過程と政府解釈の論点』）からであった。

与党による「協議会」・「検討会」に際して、文部科学省などの政府関係者が、「たたき台」としての法律案などを提供して参画した。愛国心、宗教教育に関して、上述のような自由民主党と公明党との間で深刻な対立があったにもかかわらず、最終的な政府案は中央教育審議会答申を踏まえた内容になった。さらに、二〇〇六年四月二八日に国会へ提出された政府法案が同年四月一三日に公表された与党の最終報告と比べてもほとんど修正されていないことから、法案作成は与党と政府との間の「共同作業」であったと指摘されている（同前）。

政府案の提出を受け、衆議院は同年五月一一日に「教育基本法に関する特別委員会」を設置し、教育基本法改正案の審議を開始した。同委員会は第一六四回国会中に一三回の審議を行ったが、同年六月一八日に会期末となり、同法案は継続審議になった。その後、同年九月二六日に第一六五回臨時国会（第一次安倍晋三内閣の初国会）が開会されると、衆議院は再度「教育基本法に関する特別委員会」を設置し、同二八日から審議を再開した。一一月一五日に同委員会で法案は可決され、翌一一月一六日野党議員欠席のまま衆議院本会議で教育基本法改正案は可決された。続いて参議院も「教育基本法に関する特別委員会」を設置し、同法案の審議を開始した。同法案は、一二月一四日に特別委員会で可決され、翌一五日に参議院本会議に上程され、可決・成立し、同年一二月二二日に公布・施行となった。

教育基本法「改正」は日本の教育理念に大きな変更をもたらし、戦後教育転換の大きな

「節目」になった。しかしながら、この「改正」は自由民主党内でもとりわけ復古的な第一次安倍晋三内閣のもとで公布・施行されたこともあり、日本国憲法「改正」への「露払い」ともいわれたが、日本国憲法の改正は行われることなく現在に至っている。だが一方では教育基本法の「改正」により、同法は旧教育基本法に比べると、つぎの点でその性格を大きく変化させたことは否みがたい。第一点は、教育に関して国家権力を拘束して国民の権利を保障する側面が弱体化し、国民に対して命令し、義務を課す性格が強まったことである。第二点は、教育理念の原則の規定に加え、各分野の教育の振興を図ろうとする内容が盛り込まれたことである。そして、第三点は、ネオ・ナショナリズム、新自由主義的側面が強く反映されたことである。

もっとも、教育基本法「改正」により、戦前回帰という保守層のもくろみが成功したとも言いがたい。そもそも、臨時教育審議会以降の教育改革は、ネオ・ナショナリズム、新自由主義思想の側面を強く持っている。こうした政策の根底には、歴史や伝統・文化の権威にもとづくことなく、市場がすべての価値を決定するという市場原理の重視がある。そこには格差や分断も是認する理念が存在している以上、復古主義そのものにはなりえないのである（前掲『教育基本法改正論争史——改正で教育はどうなる』）。

とはいえこの教育基本法「改正」により、教育における国家主義が強化されたことは事実である。自由民主党保守派が当初、目指していた復古主義的色彩こそいささか薄められたとはいえ、改正教育基本法が日本の教育において国民に義務を課する面を強めたことは、紛れもない事実なのである。

教育勅語の教材容認論の台頭

天皇制と教育をめぐる直近の大きな問題は、「教育勅語教材容認」である。これは、第二次安倍内閣の多くの疑惑のなかでもその中心問題のひとつである、森友学園《もりともがくえん》問題に端を発している。大阪市淀川区の塚本幼稚園《つかもとようちえん》（学校法人森友学園経営）の当時の園長籠池泰典《かごいけやすのり》は、二〇〇六年一二月に改正された教育基本法第二条第五項で「伝統と文化を尊重し、それらをはぐくんできた、我が国と郷土を愛するとともに、他国を尊重し、国際社会の平和と発展に寄与する態度を養うこと」と規定された教育目標に共感し、この精神を同園の教育方針とすることを目的に、園児に教育勅語の暗誦を行わせた。

この教育方針に感銘し、賛同したのが安倍晋三の妻安倍昭恵《あべあきえ》である。昭恵と親交を深めた籠池は、塚本幼稚園の教育方針を小学校にまで継続しようと試み、森友学園に小学校設置を計画し、設置認可申請中の一時期、安倍昭恵を名誉校長に就けていた。土地買収をともなう公文書改竄《かいざん》問題は、二〇二三年一月の時点でも政府の消極姿勢でその全容が明らかになっていないが、この森友学園問題でもう一つ大きな問題となったのが、教育勅語の肯定を政府自身が行ったことである。そもそもの発端は、『朝日新聞』（二〇一七年二月九日付）の「金額非公表、近隣の一割か　大阪の国有地、学校法人に売却」との報道であった。この記事には、以下のような記述がある。

森友学園が買った土地には、今春に同学園が運営する小学校が開校する予定。籠池理事長は憲法改正を求めている日本会議大阪の役員で、ホームページによると、同校は「日本初で唯一の神道の小学校」とし、教育理念に「日本人としての礼節を尊び、愛国心と誇りを育てる」と掲げている。同校の名誉校長は安倍晋三首相の妻・昭恵氏。

安倍夫妻との関係の深い森友学園塚本幼稚園は、「正面玄関から中に入ると、1階で目につくのは教育勅語が掲げられた大きな額。日の丸の旗。安倍総理大臣の写真。階段の途中にも教育勅語が掲示されている。教室をのぞくと、黒板には天皇と皇室の写真が何枚も貼られている」（渡辺国男『ドキュメント「森友事件」の真相』）、まさに戦前回帰の教育機関というべき幼稚園であった。教育勅語を毎朝園児たちに暗誦させ、そのうえに、「五箇条の御誓文」の暗誦、旭日旗を子どもたちに持たせ、「愛国行進曲」、「海ゆかば」「軍艦マーチ」まで歌わせていた。

このような性格の学校法人が幼稚園ばかりでなく、「瑞穂《みずほ》の国記念小学院」と称する小学校を設置し、それが開校間近ということで、土地譲渡が不透明なこととともに、その開校予定の小学校の教育内容、特に学校教育法にもとづく一条校である幼稚園で教育勅語の暗誦が行われていることについて国会での議論になった。

二〇一七年二月二三日の第一九三回国会衆議院予算委員会第一分科会で、辻元清美《つじもときよみ》（民進党）は、防衛相が塚本幼稚園に感謝状を授与した件で稲田朋美《いなだともみ》防衛大臣と論戦を交わした。辻元は、「教育勅語を今現在、子供に暗記させて、そして、唱和させているというのは、現代の、安倍政権の教育の基準からいって、これは問題であると思われるか、いや、いいんじゃないのと思われるか、どっちですか」（「第一九三回国会　衆議院予算委員会第一分科会議事録」第二号）と質した。これに対して稲田は、「教育勅語の中の、例えば親孝行とか、そういうことは、私は非常にいい面だと思います」と、敗戦直後から保守層が主張する、教育勅語の部分的肯定論を蒸し返した。

辻元はこの後、文科省に対して、「教育勅語を小学校で丸暗記させて、素読して、そして朝から唱えるというようなことは、現在の教育基本法や学習指導要領でいえば、これは問題がある教育だということになるんでしょうか」と質した。答弁に立った政府参考人（文科省官房審議官）藤江洋子《ふじえようこ》は、「教育勅語の内容の中には、先ほど御指摘もありましたけれども、夫婦相和し、あるいは、朋友相信じなど、今日でも通用するような普遍的な内容も含まれているところでございまして、こうした内容に着目して適切な配慮のもとに活用していくことは差し支えないものと考えております」（同前）と答弁した。

この答弁は、教育勅語を教育活動で活用することを容認したものであり、まさしく従来の文科省（文部省）の方針からの大転換であった。直接的には、当時の首相安倍晋三・その妻昭恵との関係の深い塚本幼稚園の活動を擁護するものだが、その背後には、日本国憲法を「改正」し、復古的天皇観の復活を目指す安倍内閣への「忖度《そんたく》」があった。その後も、国会ではこの答弁と同様の発言が閣僚や政府関係者から相ついだ。

こうした状況に対して、民進党所属の初鹿明博《はつしかあきひろ》は、同年三月二七日に「教育勅語の根本理念に関する質問主意書」を提出した。そのなかに、「衆参の決議を徹底するために、教育勅語本文を学校教育で使用することを禁止するべきだと考えますが、政府の見解を伺います」があった。内閣は、三月三一日に「衆議院議員初鹿明博君提出教育勅語の根本理念に関する質問に対する答弁書」を閣議決定した。上述の質問に対しては、「学校において、教育に関する勅語を我が国の教育の唯一の根本とするような指導を行うことは不適切であると考えているが、憲法や教育基本法（二〇〇六年法律第一二〇号）等に反しないような形で教育に関する勅語を教材として用いることまでは否定されることではないと考えている」と回答した。

四月一〇日には、民進党所属長妻昭《ながつまあきら》が「教育勅語を道徳科で扱うことに関する質問主意書」を提出した。義家弘介《よしいえひろゆき》文科副大臣が同年四月七日の衆議院内閣委員会において、教育現場で子どもたちに教育勅語を朗読させることに関して、「教育基本法に反しない限りは問題のない行為である」との答弁を行ったことを念頭に、「衆参両院で排除・失効決議がなされている教育勅語を道徳教育で使ったり、教育の現場で子どもたちに朗読させたりすることを政府が是認することには問題があると考える。内閣の見解をお尋ねする」との内容であった。

内閣は四月一八日に「衆議院議員長妻昭君提出教育勅語を道徳科の授業で扱うことに関する質問に対する答弁書」を閣議決定し、「教育に関する勅語を教育において用いることが憲法や教育基本法等に違反するか否かについては、まずは、学校の設置者や所轄庁において、教育を受ける者の心身の発達等の個別具体的な状況に即して、国民主権等の憲法の基本理念や教育基本法の定める教育の目的等に反しないような適切な配慮がなされているか等の様々な事情を総合的に考慮して判断されるべきものである。また、教育において、憲法や教育基本法等に反する形で教育に関する勅語が用いられた場合は、まずは、学校の設置者や所轄庁において適切に対応すべきである」との答弁を確認した。この答弁書は、先の三月三一日の答弁書の内容を意識して、教育勅語を「特別な教科道徳」の授業での教材としての使用を否定するものではなく、むしろ教材使用はあり得るとするものである。

結局のところ、問題の発端となった森友学園の「瑞穂の国記念小学院」に関して、同年三月一〇日、国有地売却問題に絡み籠池泰典が設置認可申請の取り下げを表明するに及び、教育勅語問題も鎮静化した。しかし、閣議決定した政府答弁書によれば、「特別な教科道徳」を含め、教育勅語が学校教育の教材として使用されることが危惧されたため、教育関係の学会、労働組合などを中心にした多くの反対声明が発表された。さらに、日本教育学会や教育史学会では、公開シンポジウムを開催するとともに、その成果を公刊して、教育勅語の成立過程から解き起こし、そもそも、「憲法や教育基本法（二〇〇六年法律第一二〇号）等に反しないような形で教育に関する勅語を教材として用いること」などはあり得ないことを、それぞれの学会の研究の蓄積をもとにして指摘した（日本教育学会教育勅語問題ワーキンググループ編『教育勅語と学校教育――教育勅語の教材使用問題をどう考えるか』）。

教育勅語に示された徳目のなかに普遍的な内容を含むという部分的肯定論は、敗戦直後から現在に至るまで、教育勅語を容認する保守勢力の常套手段であった。しかし二〇一七年三月に起こった教育勅語に関する議論は、閣僚や政治家の個人的発言からさらに一歩踏み込み、政府が閣議決定を行い教育勅語を学校教育の教材として使用することを容認した点において、まさしく未曽有《みぞう》の事態であった。

この答弁書は撤回されないまま現在に至っている。

おわりに

近代日本の教育理念は、教育勅語の発布によって国体主義という枠組みが示されたのちにも一定することはなく、近代化を推進するリベラルな理念と国体論にもとづく復古的理念の間でつねに揺れ動きつづけていた。それは、各学校レベルにおける御真影の取り扱いの変化、教育勅語を補完する詔勅の発布、教育勅語の解釈の変更、そして、学校における学校儀式の位置づけの変化に現れている。

教育勅語は、皇国史観にもとづく国体論が日本の教育の「根源」であること、そして、前近代から日本の人々に受け入れられてきた通俗道徳の徳目を国体論と結びつけることにより、それを普遍的価値のあるものとしたことに大きな特徴があった。それは、幕末以降の近代日本が直面した、欧米に範を求める近代化と、儒教を中心とする伝統文化との間をいかに調整するのかという大きな課題へのひとつの対応であった。しかし、それによって問題が解決したわけではなかった。それどころか、最後の章でも見たように、リベラル派＝近代化論者と保守派との間の確執と譲歩という構造は、二一世紀に入った現在も継続しているのである。

近代日本の国家像はひとまずは、大日本帝国憲法にもとづく立憲君主国家であったといっていい。それは、「万世一系」の天皇が統治するという国体主義と、一定の制限をつけたうえではあるが、「臣民」の「良心の自由」などの権利を認める近代立憲主義とが併存する構造であり、時代と状況によりどちらかに軸足が移動した。このような構造のもと、教育勅語は、近代日本が「行き過ぎた」近代立憲主義に進むことを抑止するための「歯止め」として設置された。すなわち教育勅語の発布は、近代日本の進む方向性に、「国体論」という強力な抑止力が加えられたことを意味している。

戦前日本においてはそれ以降も、日本社会が「リベラル」な方向へ進むことが予想される事態が発生すると、保守層が国体論にもとづく詔勅を発して抑止力とすることが常態となった。それを端的に示すのが、戊申詔書（一九〇八年一〇月）、「国民精神作興ニ関スル詔書」（一九二三年一一月）、「青少年学徒ニ賜ハリタル勅語」（一九三九年五月）の発布である。かくして、「我が国教育の根本原理は一に教育勅語にある。其の他の詔勅は皆特殊の事情に即して教育勅語の聖旨を敷衍遊ばされたるものと拝察せられる」（吉田熊次『教育勅語と我が国の教育　教学叢書第九輯』）との理解が一般化した。

この極端な国家観に基づく国体論は、最終的に日本を破滅へと向かわせた。かくして、太平洋戦争での壊滅的な敗北、および戦前の国家主義体制を否定する民主国家として新たに再生した戦後日本において、国体論はいったん退潮したかに見えた。しかし戦後間もない時点から、その復権の兆しはすでに明らかになっていた。

たしかに、日本国憲法の成立により、政治的な実権を有するものとしての天皇・天皇制は否定された。しかし、宮中祭祀など、儀礼的な権威としての天皇・天皇制に関しては、多くが戦前から引き継がれた。また、国家の主権者から象徴へとの制度上の変更が、裕仁(昭和天皇)という同一人物によるものであったことが、戦前からの変革を人々に意識させがたくした。

「新生」日本として再出発を果たしたはずの戦後日本においても、保守派の指導層は戦前に表舞台に立っていた人々が多数を占めていた。彼らは、戦後の天皇・天皇制の改革が「あいまい」であった状況を巧みに利用し、戦前の手法を戦後にも生き残らせることに成功した。また、こうした活動を支援する保守勢力支持層が、戦後日本にも確実に存在したことを忘れてはならない。しかしその一方では、大衆運動や革新政党が社会の動向に大きな影響を与えるなど、戦前とは明らかに異なる状況もあった。活発な大衆運動が可能になり、保守派の動きを抑制することに成功する事例もあった。

このような、戦後においても長くつづいた教育における「リベラル派」と「保守派」の相克の秤が「保守派」へと大きく傾く契機となったのが、中曽根内閣による臨時教育審議会（一九八四〜八七年）の設置である。これ以降、日本の教育「改革」は、ネオ・ナショナリズム、新保守主義的傾向を色濃く持つようになってゆく。この一連の「改革」は、市場原理にもとづき、格差・分断を積極的に認めるものであり、国家主義や愛国心の強調を天皇・天皇制に求めるとしても、それ以前の復古的天皇・天皇制とは明らかに異なる側面を有していた。しかしこのネオ・ナショナリズム、新保守主義の要素を多分に持つ教育「改革」も依然として、日本国憲法・旧教育基本法の枠組みのなかでの政策に止まっていた。革新政党（日本社会党）はなお大衆の支持を背景にして、過度な保守化への抑止力になり得ていた。二一世紀に入り急速に進行することになったあからさまな戦前回帰とは、この時点ではいまだ一線が引かれていた。

戦後日本の天皇・天皇制と教育との関係において大きく状況が変化したのは、二一世紀に入ってからである。当時の東京都知事石原慎太郎・大阪府知事（後、大阪市長）橋下徹は、地方首長の強い権限を用いて地域レベルで復古的な天皇・天皇観にもとづく教育政策を推進し、通達や条例により、本来、各学校の教育課程編成の裁量のなかで行うべき入学式・卒業式の儀式内容を教育委員会レベルで詳細に定めて強制するという、戦前の「小学校令施行規則」（一九〇〇年）による三大節学校儀式とほぼ同じ思考で学校に「国旗」・「国歌」を強制した。

二〇〇六年には、日本国憲法の「改正」を明言した安倍晋三内閣の憲法「改正」の先兵として、教育基本法「改正」が行われた。これにより、旧教育基本法の持つ、教育への国家権力の介入を可能な限り制限し、国民の権利を保障する側面が弱体化し、国家が国民に対して義務を求める側面が強まった。これは、国家・社会に国民が同化することを求める方向性が強められ、その運用により権力の側が意図的（確信犯的）に復古的な天皇観による施策を教育に取り込むことを可能にした。

その結果、二〇一七年三月には、第二次安倍内閣により、日本国憲法や教育基本法に反しない限りにおいて、「教育に関する勅語を教材として用いることまで否定されることではない」と閣議決定書に明記され、教育勅語を一部教材として使用することが容認された。本来、教育勅語をたとえその一部ではあれ、教材として使用することを容認するのは明確に憲法違反である。しかしこれは撤回されず現在に至っている。

そもそも教育は、戦前・戦中を通じて天皇・天皇制にもとづく国民統治を最大限に機能させる手段として、一貫して権力の側にきわめて重視されてきた。戦後社会においても、戦前からの連続性を巧みに利用して、国体主義的な動きを強めようとする動きが顕著である。天皇・天皇制は、時代の状況に合わせて変化し続けながらも、その柔軟性（柔構造）により、この国の教育、特に教育理念に今なお影響を与え続けているのではないだろうか。

天皇・天皇制と教育との関係は、戦前のみの問題ではない。それはいま現在も問題であり続けているのである。

あとがき

前著『御真影と学校――「奉護」の変容』(東京大学出版会、二〇一四年)を公刊してから、はや八年が経過した。その間にも、第二次安倍晋三内閣による教育勅語の教材化一部容認の閣議決定(二〇一七年三月)、菅義偉《すがよしひで》内閣による日本学術会議会員任命拒否問題(二〇二〇年九月)、そして二〇二二年一二月時点における、岸田文雄《きしだふみお》内閣による、会員の選考をふくめた日本学術会議法「改正」という名の改悪案の提示など、教育や科学・学術などを政府や政権に従属させようとする動きが止まらない。さらに、岸田政権が閣議決定で強行突破しようとしている防衛費問題(財源についてもあいまいなまま、軍備増強だけが独り歩きする状況)などもふまえ、この状況は、すでに「戦前」ではないか、との議論も今や生じている。

わたしは、前著において、学校における御真影の取り扱いの考察を通して、戦後改革の結果、天皇制は象徴天皇制へと転成を果たし、教育においても、御真影、学校儀式や国旗・国歌は日本国憲法にもとづいて扱われてきたことを提示した。しかし、これと同時に日本国憲法の精神が順守されている限りにおいては、大きな問題を含みながらも少なくとも「戦前」化を抑止できていたが、日本国憲法自体を否定する動きが従来以上に加速化し、改憲をせずして日本国憲法の精神が否定されるという状況の進捗と、それを少なからぬ人々が是としている現今の状況について改めて考え直す必要があるように思っていた。

　その時、気になっていたのは、ずいぶん前の話だが、教育史学会第二一回大会シンポジウム「教育史的認識をいかに形成するか」で佐藤秀夫先生が教育史における時期区分の議論の重要性に論及し、戦前・戦後の関係について、「ことによったら、『皮袋』は変ったが『葡萄酒』はどの程度変質したのかという側面から、一九四五年八月一五日あるいは一九四七年四月一日を境界とする『戦前教育史』（近代教育史）と『戦後教育史』（現代教育史）との時期区分の有効性も問い直されるようになるかもしれない」（佐藤秀夫「提案シンポジウム：教育史的認識をいかに形成するか」）と提案されたことであった。戦前・戦後での大きな変化については多くの先行研究が明らかにしているところだが、連続性を意識した研究は、教育史に関していえばあまり多くないように思われる。そのため、何が変わらずに現在にまで至っているのかを自分なりに考え、まとめてみたいと思うようになっていた。

　そのような時、講談社現代新書の山崎比呂志さんから、前著をもとにしながら、教育の歴史にかんするものをまとめてみないか、とのお誘いを受けた。二〇一七年五月のことと記憶している。だがそのころは、第二次安倍晋三内閣による教育勅語の教材化一部容認の閣議決定問題にも関与するなどいくつかの仕事と重なって、すぐ執筆に着手することができなかった。

当初の構想では、一九八九年の学習指導要領改訂で、入学式・卒業式における「国旗」掲揚・「国歌」斉唱が義務化（強制）されるまでをまとめようと思っていた。だが、山崎さんから、現在までを射程にした近・現代教育と天皇制との関係史にするべき、との助言を受け入れ、それこそ、「清水の舞台から飛び降りる」思いで執筆に取り組んだ。

一読してお気づきとも思うが、戦前の部分は、佐藤先生の時期区分に学びながらも、自分自身の考えも取り入れたものにできたと思うが、戦後の部分はいかにも脆弱である。わたしが本格的に教育史研究に従事し始めたのは、一九八〇年代前半である。そのころから、被占領期を中心とした戦後教育改革史研究が活発化した。日本の敗戦から三五年経過した時点である。そう考えると、少なくとも、一九九〇年代まではすでに教育史研究の対象とすべきであるように思う。個別研究の深化は、妥当な時期区分を導き出すに違いないが、本書は、そこまでには至っていない。改めて、戦後教育史研究の深化の必要性を今まで以上に感じるとともに、わたし自身の浅学を感じずにはいられなかった。

もうひとつ、いままで新書などに携わったことはなく、全くのゼロからの出発であった。いわゆる学術書、学術論文を書くことに専念し、「硬い」文章しか書くことのなかったわたしは、一般の方々にも、学術的に議論になっている事項を解りやすく伝える、という、わたしたちにとってきわめて重要な任務をこの年齢になるまで怠ってきたことを、つくづく反省した。これまでは、多分、「独りよがり」であったであろう。勅語・詔書、行政文書、書状など史料の現代語訳などに悪戦苦闘したが、これからの執筆活動には、大きな糧になったことだけは間違いないように思っている。わたしのわかりにくく、拙い原稿に、的確な批判と指摘をしてくださった山崎比呂志さんなくしては、本書は成立しなかったであろう。お礼の言葉が見つからないほどである。

それにしても、わたしが本書の執筆を本格化しようとした二〇二〇年初頭からの新型コロナウィルス感染症の世界規模のパンデミックは、日常生活そのものを根底からくつがえし、オンライン授業への対応などに、研究時間を割かなければならない状況が続いた。勤務先でも、これが「学問の府」といえるのか、と思う社会への背信事件などもあった。また、わたし個人も、個人的な事情で東京（八王子）の自宅をほとんど不在にして、八ヶ岳の麓から勤務先に通うなど、生活のサイクルが大きく変化した。いろいろあったが、何とかお約束の仕事を形にできたと「ホッと」しているところもある。あい変わらず、家族の協力のもとに仕事を何とか進めているというのが本当のところである。この三年間、ほとんど病しらずの毎日を送っているのには、日ごと二万歩以上の散歩をともにする愛犬ハロの尽力も大であろう。

また、原稿の段階で、平野正久先生や宮坂朋幸さんにも多大なご指摘を賜った。この仕事を糧にして、幕末から現代にいたる日本近現代教育史について、戦前・戦後を軸に置きながらも、そのなかで一貫して変わらないもの、戦前・戦後で確実に変革したもの、そして、戦後あらたに発生した問題を、見取り図でもいいので明らかにしたいと思っている。そこまで行けるかは定かでないが、この仕事をもとに、さらにもう一歩、自分の研究を深化させたいと思っている。

小野　雅章

二〇二三年三月　　八ヶ岳の麓の書斎にて

主要参考文献

資料集

天野貞祐『天野貞祐全集　第四巻　今日に生きる倫理』栗田出版会、一九七〇年。

伊藤隆・広瀬順晧編『牧野伸顕日記』中央公論新社、一九九〇年。

大久保利謙編『森有禮全集』全三巻、宣文堂書店、一九七二年。

教学局編『教育に関する勅語渙発五十年記念資料展覧図録』内閣印刷局、一九四一年。

木戸日記研究会編『木戸幸一関係文書』東京大学出版会、一九八三年。

近代日本教育制度史料編纂会編『近代日本教育制度史料』全三五巻、大日本雄弁会講談社、一九五六年～一九五九年。

宮内庁編『明治天皇紀』第一～第一二、吉川弘文館、一九六八年～一九七五年。

国民精神文化研究所編『教育勅語渙発関係資料集』第一巻～第三巻、国民精神文化研究所、一九三八～一九三九年。

佐藤秀夫編『日本の教育課題1　「日の丸」「君が代」と学校』東京法令出版、一九九五年。

佐藤秀夫編『続・現代史資料8　御真影と教育勅語1』～『続・現代史資料10　御真影と教育勅語3』みすず書房、一九九四年～一九九六年。

佐藤秀夫編『日本の教育課題5　学校行事を見直す』東京法令出版、二〇〇二年。

鈴木英一・平原春好編『資料　教育基本法50年史』勁草書房、一九九八年。

聖旨奉行会輯『国民精神作興詔書奉礼満十周年記念　聖旨奉行録』聖旨奉行会、一九三四年。

世界思想社編集部編『瀧川事件――記録と資料』世界思想社、二〇〇一年。

東京市編『東京市教育復興誌』東京市、一九三〇年。

遠山茂樹他編『日本近代思想大系2　天皇と華族』岩波書店、一九八八年。

内閣・内務省・文部省『国民精神総動員と小学校教育』国民精神総動員中央連盟、一九三八年。

日本近代教育史料研究会編『教育刷新委員会・教育刷新審議会会議録』全一三巻、岩波書店、一九九五年～一九九八年。

日本文化協会編『教学刷新評議会答申及ビ建議』日本文化協会、一九三七年。

文部省『聖訓ノ述義ニ関スル協議会報告』一九四〇年。

文部省『資料臨時教育会議』第一～第五集、文部省、一九七九年。

文部省編『復刻版　文部行政資料』全一八巻・別巻一、国書刊行会、一九九七年。

山極晃・中村政則編『資料日本占領1　天皇制』大月書店、一九九〇年。

山住正己編『日本近代思想大系6　教育の体系』岩波書店、一九九〇年。

立命館大学西園寺公望伝編纂委員会編『西園寺公望伝別巻二』岩波書店、一九九七年。

『教学刷新評議会資料』全二巻、芙蓉書房出版、二〇〇六年。

研究書・一般書

網野善彦・樺山紘一他編『岩波講座　天皇と王権を考える2　統治と権力』岩波書店、二〇〇二年。

網野善彦・樺山紘一他編『岩波講座　天皇と王権を考える4　宗教と権威』岩波書店、二〇〇二年。

網野善彦・樺山紘一他編『岩波講座　天皇と王権を考える5　王権と儀礼』岩波書店、二〇〇二年。

市川昭午『教育基本法改正論争史――改正で教育はどうなる』教育開発研究所、二〇〇九年。

稲田正次『教育勅語成立過程の研究』講談社、一九七一年。

岩井忠熊・岡田精司編『天皇代替り儀式の歴史的展開――即位儀と大嘗祭』柏書房、一九八九年。

岩波書店編集部編『徹底検証　教育勅語と日本社会』岩波書店、二〇一七年。

岩本努『「御真影」に殉じた教師たち』大月書店、一九八九年。

尾崎ムゲン『日本資本主義の教育像』世界思想社、一九九一年。

小野雅章『御真影と学校――「奉護」の変容』東京大学出版会、二〇一四年。

小股憲明『近代日本の国民像と天皇像』大阪公立大学共同出版会、二〇〇五年。

小股憲明『明治期における不敬事件の研究』思文閣出版、二〇一〇年。

海後宗臣『教育勅語成立史の研究』私家版、一九六五年。

海後宗臣・仲新『教科書でみる近代日本の教育』東京書籍、一九七九年。

海門山人『森有禮』民友社、一八九七年。

籠谷次郎『近代日本における教育と国家の思想』阿吽社、一九九四年。

梶山雅史『近代日本教科書史研究――明治期検定制度の成立と崩壊』ミネルヴァ書房、一九八八年。

神谷美恵子『神谷美恵子著作集9　遍歴』みすず書房、一九八〇年。

河西秀哉『「象徴天皇」の戦後史』講談社選書メチエ、二〇一〇年。

河西秀哉『平成の天皇と戦後日本』人文書院、二〇一九年。

教育科学研究会・山住正己編『あなたは君が代を歌いますか　日の丸・君が代問題と学校教育「教育」別

冊1』国土社、一九九〇年。

教育基本法研究会編著『逐条解説　改正教育基本法』第一法規、二〇〇七年。

教養研究会編『国民学校経営資料』教養研究会、一九四三年。

教養研究会編『国民学校経営資料　続編』教養研究会、一九四三年。

教育史学会編『教育勅語の何が問題か』岩波ブックレット、二〇一七年。

久保義三編著『天皇制と教育』三一書房、一九九一年。

久保義三『昭和教育史——天皇制と教育の史的展開』三一書房、一九九四年。

熊本県教育会編『熊本県教育史　下巻』熊本県教育会、一九三一年。

小泉策太郎筆記・木村毅編『西園寺公望自伝』大日本雄弁会講談社、一九四九年。

古関彰一『日本国憲法の誕生』岩波現代文庫、二〇〇九年。

佐々木幸寿『改正教育基本法——制定過程と政府解釈の論点』日本文教出版、二〇〇九年。

佐々木克『幕末の天皇・明治の天皇』講談社学術文庫、二〇〇五年。

佐藤秀夫『教育の文化史1　学校の構造』阿吽社、二〇〇四年。

佐藤秀夫『教育の文化史4　現代の視座』阿吽社、二〇〇五年。

佐藤秀夫『新訂　教育の歴史』放送大学教育振興会、二〇〇〇年。

佐藤能丸『近代日本と早稲田大学』早稲田大学出版部、一九九一年。

島薗進『国家神道と日本人』岩波新書、二〇一〇年。

島薗進『戦後日本と国家神道——天皇崇敬をめぐる宗教と政治』岩波書店、二〇二一年。

須崎慎一『日本ファシズムとその時代——天皇制・軍部・戦争・民衆』大月書店、一九九八年。

鈴木英一『日本占領と教育改革』勁草書房、一九八三年。

高木博志『近代天皇制の文化史的研究――天皇就任儀礼・年中行事・文化財』校倉書房、一九九七年。

高橋紘・鈴木邦彦『天皇家の密使たち　秘録占領と皇室』現代史出版会、一九八二年。

高橋陽一『くわしすぎる教育勅語』太郎次郎社エディタス、二〇一九年。

高橋陽一『共通教化と教育勅語』東京大学出版会、二〇一九年
多木浩二『天皇の肖像』岩波新書、一九八八年。

田口富久治他編『紀元節問題――「建国記念の日」制定はなにをめざすか』青木書店、一九六七年。

武田清子『天皇制思想と教育』明治図書、一九六四年。

武田清子『天皇観の相剋――一九四五年前後』岩波書店、一九七八年。

田中伸尚『日の丸・君が代の戦後史』岩波新書、二〇〇〇年。

玉澤光三郎『所謂「天皇機関説」を契機とする国体明徴運動』司法省刑事局、一九四〇年。

茶谷誠一『象徴天皇制の成立――昭和天皇と宮中の「葛藤」』NHKブックス、二〇一七年。

辻田真佐憲『文部省の研究――「理想の日本人像」を求めた百五十年』文春新書、二〇一七年。

帝国教育会編『教育塔誌』帝国教育会、一九三七年。

冨永望『象徴天皇制の形成と定着』思文閣、二〇〇九年。

内務省神社局編『国体論史』内務省神社局、一九二一年。

永尾俊彦『ルポ「日の丸・君が代」強制』緑風出版、二〇二〇年。

中島三千男『天皇の代替りと国民』青木書店、一九九〇年。

中村紀久二編『復刻版　国定教科書編纂趣意書　解説・文献目録』国書刊行会、二〇〇八年。

中村政則『象徴天皇制への道』岩波新書、一九八九年。

名護市教育委員会文化課市史編さん係編『語りつぐ戦争　第二集　市民の戦時・戦後体験記録』名護市教育委員会、二〇一〇年。

日本教育学会教育勅語問題ワーキンググループ編『教育勅語と学校教育――教育勅語の教材使用問題をどう考えるか』世織書房、二〇一八年。

日本放送協会編『国民学校教則案説明要領及解説』日本放送出版協会、一九四〇年。

蓮田宣夫『多摩の学童疎開と御真影疎開』神奈川学童疎開史研究会、二〇〇三年。

長谷川亮一『教育勅語の戦後』白澤社、二〇一八年。

林雅行『天皇を愛する子どもたち――日の丸教育の現場で』青木書店、一九八七年。

久木幸男他編『日本教育論争史録』第一巻近代編〈上〉、第一法規出版、一九八〇年。

尾藤正英『日本の国家主義――「国体」思想の形成』岩波書店、二〇一四年。

藤田昌士『学校教育と愛国心――戦前・戦後の「愛国心」教育の軌跡』学習の友社、二〇〇八年。

藤田大誠『近代国学の研究』弘文堂、二〇〇七年。

古川隆久『大正天皇』吉川弘文館人物叢書、二〇〇七年。

古川隆久『昭和天皇』中公新書、二〇一一年。

牧原出『田中耕太郎――闘う司法の確立者、世界法の探究者』中公新書、二〇二二年。

増田知子『天皇制と国家――近代日本の立憲君主制』青木書店、一九九九年。

馬原鉄男・岩井忠熊編『天皇制国家の統合と支配』文理閣、一九九二年。

宮沢俊義『天皇機関説事件』上・下、有斐閣、一九七〇年。

宮地正人『日露戦後政治史の研究──帝国主義形成期の都市と農村』東京大学出版会、一九七三年。

森川輝紀『国民道徳論の道──「伝統」と「近代化」の相克』三元社、二〇〇三年。

森川輝紀『増補版　教育勅語への道──教育の政治史』三元社、二〇一一年。

文部省『国民学校教則案説明要領及解説』日本放送出版協会、一九四〇年。

安丸良夫『神々の明治維新──神仏分離と廃仏毀釈』岩波新書、一九七九年。

安丸良夫『近代天皇像の形成』岩波現代文庫、二〇〇七年。

山崎雅弘『「天皇機関説」事件』集英社新書、二〇一七年。

山住正己『教育勅語』朝日選書、一九八〇年。

山田孝雄『国民精神作興に関する詔書義解　昭和八年度改訂増補版』宝文館、一九三三年。

山中恒『子どもたちの太平洋戦争──国民学校の時代』岩波新書、一九八六年。

山本信良・今野敏彦『近代教育の天皇制イデオロギー──明治期学校行事の考察』新泉社、一九七三年。

山本信良・今野敏彦『大正・昭和教育の天皇制イデオロギー〔Ⅰ〕──学校行事の宗教的性格』新泉社、一九七六年。

山本信良・今野敏彦『大正・昭和教育の天皇制イデオロギー〔Ⅱ〕──学校行事の軍事的・擬似自治的性格』新泉社、一九八六年。

山本悠三『近代日本の思想善導と国民統合』校倉書房、二〇一一年。

山本義隆『近代日本一五〇年──科学技術総力戦体制の破綻』岩波新書、二〇一八年。

吉田熊次『教育勅語と我が国の教育　教学叢書第九輯』教学局、一九四〇年。

米原謙『国体論はなぜ生まれたか──明治国家の知の地形図』ミネルヴァ書房、二〇一五年。

渡邉幾治郎『教育勅語の本義と渙発の由来』藤井書店、一九三九年。

渡辺治『戦後政治史の中の天皇制』青木書店、一九九〇年。

渡辺治『日本の大国化とネオ・ナショナリズムの形成――天皇制ナショナリズムの模索と隘路』桜井書店、二〇〇一年。

渡辺治『「平成」の天皇と現代史』旬報社、二〇二一年。

渡辺国男『ドキュメント「森友事件」の真相――首相夫妻の野望と破綻、そして野党共闘』日本機関紙出版センター、二〇二〇年。

亘理章三郎『国民精神作興詔書衍義』中文館書店、一九二四年。

雑誌論文

小野雅章「戦後教育改革における教育勅語の処置問題」日本大学教育学会紀要『教育学雑誌』第二二号、一九八八年。

小野雅章「『国民精神作興ニ関スル詔書』の発布とその影響」日本教育史研究会『日本教育史研究』第一二号、一九九三年。

小野雅章「象徴天皇制の成立過程と教育」日本大学文理学部人文科学研究所『研究紀要』第五二号、一九九六年。

小野雅章「関東大震災と学校の復興――東京市の復興過程を事例として」日本大学文理学部人文科学研究所『研究紀要』第五六号、一九九八年。

小野雅章「関東大震災後における学校教育の変容過程――一九三〇年代中頃までの東京市を事例として」日

本大学文理学部人文科学研究所『研究紀要』第五八号、一九九九年。

小野雅章「集団勤労作業の組織化と国民精神総動員――宮崎県祖国振興隊を事例として」日本教育学会『教育学研究』第六六集第三号、一九九九年九月。

小野雅章「小学校令施行規則（一九〇〇年八月）による学校儀式定式化の諸相」日本大学教育学会紀要『教育学雑誌』第四五号、二〇一〇年。

小野雅章「戦前日本における「国旗」制式統一過程と国定教科書」教育史学会紀要『日本の教育史学』第五九集、二〇一六年。

小野雅章「講和独立後の学校儀式と紀元節復活運動――高知県繁藤小学校の動向を中心として」日本教育史学会編『日本教育史学会紀要』第七号、二〇一七年。

小野雅章「象徴天皇制下における祝日学校儀式の展開過程」日本大学教育学会紀要『教育学雑誌』第五七号、二〇二一年。

窪田祥宏「戊申詔書の発布と奉体」日本大学教育学会紀要『教育学雑誌』第二三号、一九八七年。

古野博明「教育基本法成立史再考」日本教育学会機関誌編集委員会編『教育学研究』第六五巻第三号、一九九八年九月。

小林輝行「学校下付「御真影」に関する一考察――明治期中・高校教育機関へのその下付と普及」日本歴史学会編『日本歴史』第四八三号、吉川弘文館、一九八八年八月。

小林輝行「明治期学校への「御真影」下付政策に関する一考察――『文部省総務局長通知』の背景とその意義」日本史研究会編『日本史研究』第三一五号、一九八八年一一月。

小林輝行「私立諸学校への『御真影』下付」日本歴史学会編『日本歴史』第五〇三号、吉川弘文館、一九九九

○年四月。
佐藤秀夫「提案シンポジウム：教育史的認識をいかに形成するか」教育史学会紀要『日本の教育史学』第二一集、一九七八年。

新田和幸「井上毅の学校儀式削減施策に関する試論――史料紹介をかねて」『教育史・比較教育論考』第一五号、一九九一年。

新田和幸「小学校への「御真影」下付政策の端緒について：明治二二年一二月一九日「総三〇〇〇号」通知文書の意図」教育史学会紀要『日本の教育史学』第三八集、一九九五年。

新田和幸「一八九二年文部省による尋常小学校への『御影』普及方針確定の経緯――『御真影』下賜実現の追求から『御真影複写』『肖像画』奉掲許可へ」教育史学会紀要『日本の教育史学』第四〇集、一九九七年。

新田和幸「明治期における『御影』普及に関する覚え書き――明治期小学校への『御影』普及方針確定直後の『肖像』販売戦略と受容上の諸問題」『北海道教育大学紀要　第一部C　教育科学編』第四八巻第二号、一九九八年二月。

久木幸男「教育勅語四〇周年」『横浜国立大学教育学部紀要』第一九集、一九七九年。

久木幸男「江原素六教育勅語変更演説事件」佛教大学『教育学部論集』第四号、一九九二年。

久木幸男「明治期天皇制教育研究補遺」佛教大学『教育学部論究』第六号、一九九五年。

森川輝紀「天皇制教育と儀式の位相――日の丸と学校儀式をめぐって」歴史学研究会『歴史学研究』第六二〇号、績文堂出版、一九九一年六月。

矢治佑起「『幼学綱要』に関する研究――明治前期徳育政策史上における意味の検討」教育史学会紀要『日

本の教育史学』第三三集、一九九〇年。

講談社現代新書　2701

教育勅語《きょういくちょくご》と御真影《ごしんえい》——近代天皇制《きんだいてんのうせい》と教育《きょういく》

二〇二三年四月二〇日第一刷発行

著者　小野雅章《おのまさあき》

発行者　鈴木章一

発行所　株式会社講談社

東京都文京区音羽二丁目一二—二一　郵便番号一一二—八〇〇一

電話　〇三—五三九五—三五二一　編集（現代新書）

〇三—五三九五—四四一五　販売

〇三—五三九五—三六一五　業務

装幀者　中島英樹／中島デザイン

印刷所　株式会社新藤慶昌堂

製本所　株式会社国宝社

定価はカバーに表示してあります　Printed in Japan

N.D.C. 210.6　332p　18cm

ISBN978-4-06-531760-0

「講談社現代新書」の刊行にあたって

教養は万人が身をもって養い創造すべきものであって、一部の専門家の占有物として、ただ一方的に人々の手もとに配布され伝達されうるものではありません。

しかし、不幸にしてわが国の現状では、教養の重要な養いとなるべき書物は、ほとんど講壇からの天下りや単なる解説に終始し、知識技術を真剣に希求する青少年・学生・一般民衆の根本的な疑問や興味は、けっして十分に答えられ、解きほぐされ、手引きされることがありません。万人の内奥から発した真正の教養への芽ばえが、こうして放置され、むなしく滅びさる運命にゆだねられているのです。

このことは、中・高校だけで教育をおわる人々の成長をはばんでいるだけでなく、大学に進んだり、インテリと目されたりする人々の精神力の健康さえもむしばみ、わが国の文化の実質をまことに脆弱なものにしています。単なる博識以上の根強い思索力・判断力、および確かな技術にささえられた教養を必要とする日本の将来にとって、これは真剣に憂慮されなければならない事態であるといわなければなりません。

わたしたちの「講談社現代新書」は、この事態の克服を意図して計画されたものです。これによってわたしたちは、講壇からの天下りでもなく、単なる解説書でもない、もっぱら万人の魂に生ずる初発的かつ根本的な問題をとらえ、掘り起こし、手引きし、しかも最新の知識への展望を万人に確立させる書物を、新しく世の中に送り出したいと念願しています。

わたしたちは、創業以来民衆を対象とする啓蒙の仕事に専心してきた講談社にとって、これこそもっともふさわしい課題であり、伝統ある出版社としての義務でもあると考えているのです。

一九六四年四月　野間省一

日本史Ⅰ

1258 身分差別社会の真実―斎藤洋一・大石慎三郎
1265 七三一部隊―常石敬一
1292 日光東照宮の謎―高藤晴俊
1322 藤原氏千年―朧谷寿
1379 白村江―遠山美都男
1394 参勤交代―山本博文
1414 謎とき日本近現代史 野島博之
1599 戦争の日本近現代史 加藤陽子
1648 天皇と日本の起源 遠山美都男
1680 鉄道ひとつばなし―原武史
1702 日本史の考え方―石川晶康
1707 参謀本部と陸軍大学校 黒野耐

1797 「特攻」と日本人―保阪正康
1885 鉄道ひとつばなし2―原武史
1900 日中戦争―小林英夫
1918 日本人はなぜキツネにだまされなくなったのか 内山節
1924 東京裁判―日暮吉延
1931 幕臣たちの明治維新 安藤優一郎
1971 歴史と外交―東郷和彦
1982 皇軍兵士の日常生活 一ノ瀬俊也
2031 明治維新 1858―1881 坂野潤治・大野健一
2040 中世を道から読む―齋藤慎一
2089 占いと中世人―菅原正子
2095 鉄道ひとつばなし3―原武史
2098 戦前昭和の社会 1926-1945―井上寿一

2106 戦国誕生―渡邊大門
2109 「神道」の虚像と実像 井上寛司
2152 鉄道と国家―小牟田哲彦
2154 邪馬台国をとらえなおす―大塚初重
2190 戦前日本の安全保障―川田稔
2192 江戸の小判ゲーム―山室恭子
2196 藤原道長の日常生活 倉本一宏
2202 西郷隆盛と明治維新 坂野潤治
2248 城を攻める 城を守る―伊東潤
2272 昭和陸軍全史1―川田稔
2278 織田信長〈天下人〉の実像 金子拓
2284 ヌードと愛国―池川玲子
2299 日本海軍と政治―手嶋泰伸

日本史Ⅱ